貴族院会派〈研究会〉史

昭和編

芙蓉書房出版

研究会事務所・昭和会館新築工事地鎮祭（1927年5月31日撮影）
1927年5月31日に行われた研究会新事務所及び昭和会館（公正会）の建設における地鎮祭で撮影。

研究会審査部集合写真（1929年5月）
審査部は法案の審査を行い、政府当局の説明を吟味して議会に臨むために1894年に研究会内に設置された（設置時の名称は調査部）。本写真は、1928年に竣功した研究会新事務所の屋上で撮影。左奥に建設中の帝国議事堂が写っている。

丹那トンネル視察（1934年か）
東海道本線熱海駅と函南駅を結ぶ丹那トンネル前で撮影。工事は難航を極め、16年の歳月をかけて開通した。竣工に合わせて行われた視察であろう。

東京高速鉄道株式会社地下鉄工事視察（1936年6月30日）
虎ノ門附近における地下鉄工事（現在の銀座線）視察時に撮影。虎ノ門には華族会館、研究会事務所、昭和会館などがあり、議員たちにとってこの路線の整備は日常の利便性からも歓迎されるものであったと考えられる。

研究会懇親会（1939年12月23日）
1927年に新築された華族会館前で撮影。当時の研究会の中心的人物である松平頼寿や酒井忠正、岡部長景らの姿が見える。

研究会有志によるシルクール工場視察後の宴会（1940年1月31日）
豆粕を原料とする人造繊維シルクールを製造する昭和産業株式会社の工場を視察した研究会一行は、視察後に同社社長の招きで宴会を行った。

研究会農業視察（1941年11月7日）
研究会会員の三島通陽が経営する那須野農場を視察した際に撮影。前列左より土方梅子、徳川宗敬、西尾忠方、三島通陽、平塚廣義、松平康春。後列左より阪谷正子、大岡忠綱、牧野康熙、酒井忠英、入江為常、芦屋泰造、三島昌子。

研究会による華北皇軍慰問（1941年）
1941年に実施された華北皇軍慰問において、盧溝橋付近で軍人から説明を受ける一行。

研究会調査部第四部による霞ヶ浦海軍航空隊視察
研究会と同友会の合同で行われた航空隊視察。議員の視察に合わせて真珠湾攻撃に参加したパイロットが招かれた（２列目の左右）。戦時期にはこうした軍事施設も視察場所となった。

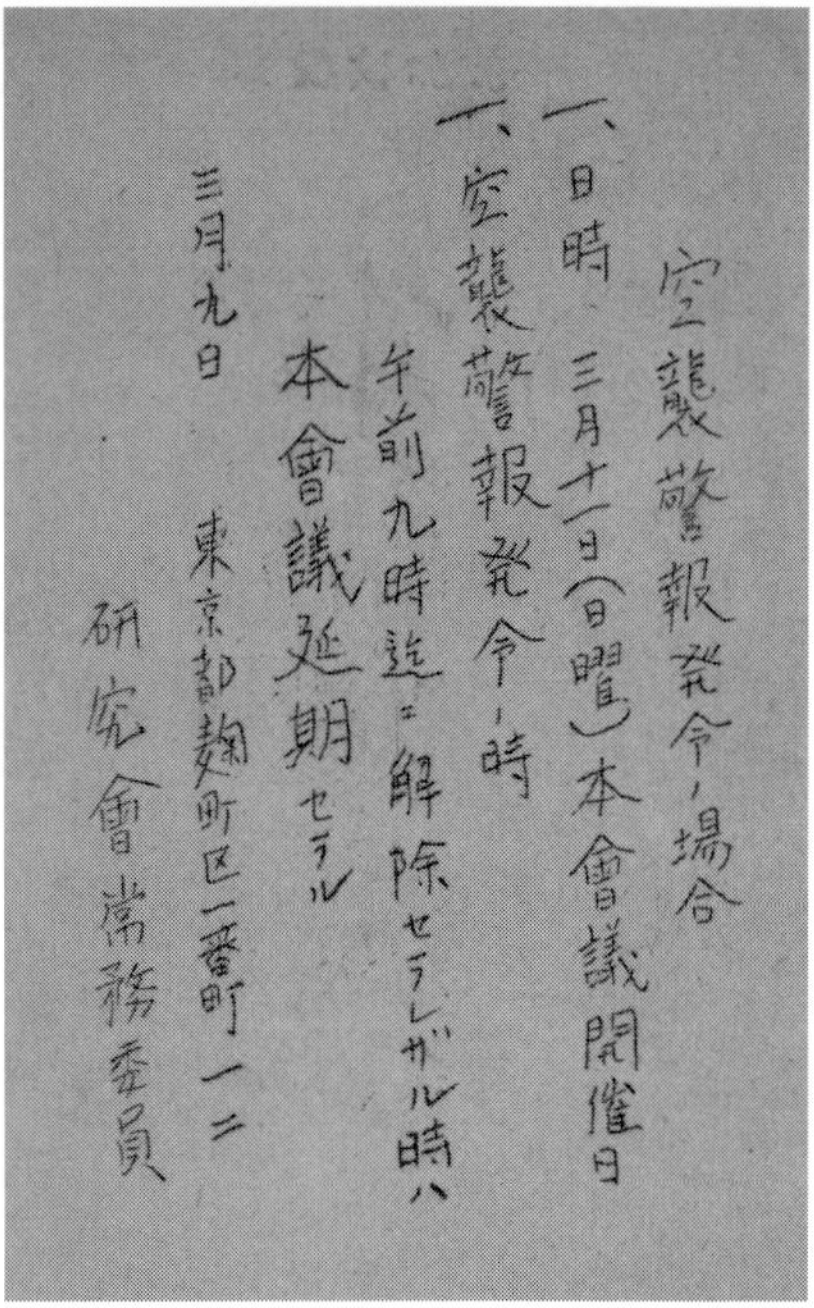
空襲警報発令ノ場合
一、日時　三月十一日(日曜)本會議開催日
一、空襲警報発令ノ時
午前九時迄ニ解除セラレザル時ハ
本會議延期セラル
三月九日
東京都麹町区一番町一二
研究會常務委員

本会議開催通知

1945年3月11日に開催予定の本会議に関する研究会常務委員からの通知葉書。午前9時までに空襲警報が解除されない時は延期とされている。この通知葉書の出された翌日、東京は大空襲に見舞われた。なお、本会議は予定通り開催され、小磯首相による仏印への対策説明に論議が起きたとの記録が残る。

貴族院最終日

1947年5月2日、大日本帝国憲法の改正と日本国憲法発布に伴い貴族院は消滅した。帝国議事堂（国会議事堂）前で最後に撮影された貴族院議員の集合写真。この日、研究会も解散を宣言した。

復刻版刊行にあたって

一般社団法人尚友倶楽部理事長　山本　衞

一般社団法人尚友倶楽部では、公益事業のひとつとして、日本近現代政治、経済、文化等の史料集を刊行、既に尚友叢書四四冊、尚友ブックレット三四冊を刊行し、広く学界に寄与してきた。これら史料集刊行の基となるのが、尚友倶楽部会員故水野勝邦氏による貴族院関係報告書十二冊である。しかしすべて非売品であり、部数も少なく、現在では入手が難しい本となっている。中でも「貴族院の会派研究会史」明治大正篇、昭和篇は憲政史研究の上で貴重な図書として、多くの学界関係者から復刻を希望する声が強く上がっていた。

今回の復刻版刊行にあたっては、原書の明らかな間違いはこれを正した。

本書の上梓に際し、「研究会史」を出発点として近代史研究の中枢となられた小林和幸青山学院大学教授、内藤一成宮内庁書陵部主任研究官、西尾林太郎愛知淑徳大学教授、今津敏晃亜細亜大学准教授、長谷川怜皇學館大學助教の各氏から解説原稿を賜った。また、季武嘉也創価大学教授、櫻井良樹麗澤大学教授の両氏には本書刊行のきっかけとなる企画の立案、推進にご協力いただいた。さらに、伊藤隆東京大学名誉教授には復刻作業の過程で御助言をいただいた。

これら多くの方々の熱意とご協力によって本書が完成したことに深甚の感謝を申し上げる。既刊の史料集同様、本書が近代日本憲政史研究に役立つことを願ってやまない。

なお、編集には、尚友倶楽部史料調査室の上田和子、藤澤恵美子、松浦真が参画した。

目次

「貴族院の会派研究会史　昭和篇」

まえがき

「研究会」は明治二十四年に貴族院の政治会派として創立され、それから七十年の長きに渉って憲政に参画したのであるが、その間どれだけ国政に貢献したか、又その内容などについて今日顧みて漠然としているし、今後一層分らなくなってしまうことを取り挙げ、研究会の後身である尚友倶楽部において纒めることとなった。去る昭和四十六年に当倶楽部が「研究会史」を刊行したのを増補改訂して今回の刊行となった。既に五十五年九月に明治大正篇を刊行し、その後編であるで本書は昭和篇とし、三党首会談（昭和二年一月）から年代を追い、東条の戦時内閣と議会との関係、日本国憲法の成立、帝国議会の解消までを研究会を中心に記述した。殊に連合軍の占領下の議会・公職追放には意を注いだ。日本が敗戦によって受けた苦難の中で、公職追放が日本によってどれだけ大事件であったのかを研究会所属議員にしぼり記載した。記述の中に筆者の私見や追憶が随所に出て来る。その点史実の記録からは逸脱し、資料価値を著しく損った個所が少なくない。この点はご諒承いただかなければならないと思っている。しかし一議員の心境としてご覧いただければ幸で、敢えて駄足を添えることとした。

編集にあたって多くの資料を参考としたが、その目録を記載しなかったのは、自分なりに消化したからである。この編纂にあたっては当倶楽部の会員は勿論、関係のある多くの方々からお話やご意見を賜った。殊に疑問の個所の解明や訂正には前編同様に海保勇三氏を煩わした。ここに謝意を表する次第である。

昭和五十七年三月

尚友倶楽部理事　水野　勝邦

第一章　研究会動揺期

（昭和二年～昭和五年）

第一節　若槻内閣と研究会

一、三党首会談

大正十五年十二月二十五日大正天皇崩御により、摂政宮である裕仁親王の践祚が行われ、元号を改められ、書径の堯典にある

「百姓昭明　万邦協和」

によって昭和と改元となった。あたかもこの時は第五十二議会が召集されていて、政府は第一次改造の若槻内閣であった。十二月二十六日は開院式であったが、勿論天皇の臨幸はなく、若槻首相が開院式の勅語を捧読する異例の議会であった。

第五十二議会開会の二日目（十二月二十八日）には貴族院は衆議院から送付された大喪費予算案を緊急上程し、大喪費二、九八九、一五一円を可決成立させた後直ちに休会にはいった。

休会明けは昭和二年一月十八日で、再開となった処種々問題が起った。社会問題では朴烈問題、松島遊廓不正事件、綱紀粛正問題などで、財界も不況により多くの経済問題が相次いで起ったから、政府はこれらの難問題に対処しなければならなかった。研究会は若槻内閣に政務官を就任させていたから与党的立場で、政府を支持する態度をとり、大会派としての会の発言力は大きかった。この頃の衆議院では与野党の数が接近していたから、両派の攻防は激しく、政府として決して安泰ではなく、政局は険悪であった。これを数字で示すと

憲政会（与党）一六五名　新正倶楽部　二六名　立憲政友会　一六一名　無所属　一二名
政友本党　九一名　実業同志会　九名　合計四六四名

憲政会と政友会とは政策上の対立ではなく、徒らに政権争奪へと鎬をけずっていた。政友本党はその間に在って政治の要諦は大義名分を守ることに在りとの声明を行い、両党の何れにも不則不離の態度をとっていたから、憲政両党から接近工作が行われ、本党を挾み三党は激しく対立していた。

社会問題となっていた朴烈事件とは、朝鮮の朴準植と愛人の金子文子とが大逆を企て、それが未然に発覚し、裁判で死刑の判決が出されていた。それについて減刑運動が起っていた時に、司法部内で尊厳を冒瀆する事件であった。次に松島遊廓事件とは、移転にからんで不正が暴露したものである。この二つの事件には何れも政党の幹部や政府の役人が関係していた。これが綱紀粛正問題にまで発展して、憲、政両党ともこれに関係があった。一方財界は不況によって苦しんでいた。

この様な事態の中で動いてたのは後藤新平であった。同年十二月にはいり後藤は田中政友会、床次政友本党の両総裁に働きかけ、朴烈、松島両事件にたいし共同で反政府態度をとらせた。これが「内閣ノ処決ニ関スル決議案」なる内閣不信任案で、休会明けに共同提出とする準備となった。両党が共同で提案すれば政府は敗れることは明白であったから、政府はその場合は衆議院の解散をもって臨むこととなった。しかるに十二月二十五日に大正天皇の崩御によって国を挙げて諒闇にはいり、やがて大喪が近く行われることになっていた。この様な時に議会は政府と野党は解散と不信任案上程で争うこととなったのである。

この政界の動きを憂えたのは研究会であった。当時研究会から大臣を送り、政務官を出していたから与党の立場であった。しかも貴族院の最大会派としての発言力を生かして収拾に乗り出した。研究会は伯爵小笠原長幹、青木信光、水野直、牧野忠篤の三子と勅選議員馬場鍈一の幹部は勅選議員の佐竹三吾鉄道政務次官と協議し、衆議院における与野党対立の仲裁をすることを決め、研究会所属の子爵井上匡四郎鉄道大臣と佐竹政務次官を通じて献身的に動き、三

三人で　一平

政治の事はこの三人の申合せで、よろしくやつてくれる相だから、議會四百六十人の大政治家連は國へ歸つていつでも寢る方が生產的だらうよ。

（朝日新聞より）

党首にたいし「今日は大喪の時、政争をなすの非を」説き、更に若槻首相にたいしては研究会所属の政務官の一斉引き上げの条件を示して説得した。更に青木子は議院内で田中、床次の両総裁に面会して諒闇中の国民の責務を説いた。

議会は予定通り昭和二年一月十八日に休会明けにより再開となり、政友会は朴烈、松島事件について政府を追究して一月二十日開会劈頭内閣不信任案を提出した。いよいよ本会議に上程を目前にして突如三日間の議会停会の詔勅が出た。そしてその直後に若槻首相は憲政会総裁として田中、床次、両総裁に会見を要請、議会内で三党首の会談が行われた。これは当時与野党が真向から戦う態度をとっていた時であったから、一般は勿論、政界も全く予想しなかった会見であった。

これについてもう一度研究会の動きを見なければならない。青木子はこの日より十日前、即ち一月十日に若槻首相をその私邸に訪問し、更に一月十九日に再び会っている。その後青木、田中の会談が行われ、更に引続いて院内において青木子は床次総裁と会談を行っているからして、今回の三党首会談はすべて研究会が裏面で工作し、水野子が打診し、青木子が会を代表してお膳立をしたことは明らかである。

この三党首会談で、先ず若槻首相は

「大喪に当り　今や国民憂愁の裡にあり　ただ政治家が国の為め必要なりとして　その主張を貫徹せんとするは固より妨げなき所なるも　できるならば昭和御代の初めにおいて　予算不成立というが如きことのなきよう致したきは　お互に希望する所なりと信ずる。ついてはこの際政戦をやめて　この議会を無事にする訳に行かないか　切にご考慮を乞う」

との趣旨を述べた。これにたいし田中、床次両総裁は

「昭和の御代の初めから　予算不成立になる様なことは望む所ではないが　事が玆にいたったのはやむを得ない理由がある　政府はそれを充分に諒解してもらいたい」

との考えを述べている。三者の会談の後に床次総裁の提案によって三者は

「新帝新政の初めに当り　お互に政治の公明を望むをもって　今後は各自党員を厳に戒飭して言論を慎み　益々国民の議会に対する信頼を厚くすることに努力すべし」

と申し合せを行い、田中、床次の両総裁は協議の結果内閣不信任案は撤回し、政府も議会解散をしないことで済んだ。これが所謂〈深甚なる考慮を払う〉とする申し合せで、漸く政局の危機の収拾と妥協が成立して政争は中止となったし、研究会が条件として出していた政務官一斉引き上げもなく、政府は安心し政局は一応治り、研究会のとった仲裁は形の上では成功であり、会の政治力の大きいことを示した。しかしこの様な三党首会談が行われたことには各党とも無条件での満足ではなかった。殊に政友会内の強硬派は強い不満の意を示し、不明朗として総裁を非難する者も出ている。それが今議会に上程された震災二法案に向けられたから、その取扱いは難行し影響するところは大きかった。一方貴族院でも三党首会談について賛否両論があった。貴族院で最も強く研究会を非難したのは公正会で、幹部の横暴としたが、憲政会系の同成会と無所属の議員は研究会の努力を多とし、研究会に接近する態度を示している。

〔子爵　青木信光〕あおき　のぶみつ

議員在職　明治三十年七月～昭和二十一年三月（隠居）

研究会役員　協議員　常務委員　事務所建築資金募集委員
旧摂津国麻田藩主家　明治十七年七月授爵（子爵）
明治二年九月生　男爵中山信次男　宮内省宗秩寮審議官　日本銀行監事　社団法人尚友倶楽部理事　尚友会幹事
永年在職表彰議員　昭和二十四年十二月二十七日没

二、震災手形二法案

二法案とは震災手形損失公債法案、震災手形善後処理法案をいい、その内容は大正十二年九月一日に発生した関東地方の大震災によって蒙った経済界の損失（二億七百万円）を救済するための応急対処策の一つであった。震災を蒙った手形にたいし、第一の法案は特別触通の途を拓く緊急勅令（第一二四号）が出て、金銭上の支払の猶予をすることとし、一億円を限度として国家が補償する手段を講ずるものであったが、その補償契約の期間が延長されないために生じる損失を補償するために国債を発行しようとするためのものである。第二の法案は日本銀行が割引した震災手形の未決済分にたいする事後措置を内容としたものであった。政府はこの両法案によって財界の混乱を防ぎ、不安を解決しようとするものであると説明した。しかしこれらの手形決済は財界への影響が大きく、議会では論争が起り、殊に第二の法案には台湾銀行の不良融資による神戸の鈴木商店の救済がこの中に含まれているとの見方から、政界の一部の密着を示すものとして強い反対があった。

衆議院では三党首会談に不満の政友会内の強硬派が反政府態度をとり、二法案に強く反対したが、憲政会と政友本党との政治協力が固まったため漸く一二九対一八六で可決され、直ちに貴族院へ送付となった。貴族院には三月五日に上程された処、第一読会で早くも論争が起りそれが研究会にとって大問題となった。それは三党首会談の工作をした研究会の行動に反発していた公正会が、この二法案の取扱に関して研究会内の反幹部派と結んでの行動となったからである。

その経過を見ると、この法案を付託する特別委員会の委員数につき、研究会はその委員の数を九名とする動議を出した。これは慣例として予め各派交渉会の了解のもとに研究会が動議提出を担当し、又研究会総会においても幹部（交渉委員）からの説明により既に議決していたのであった。しかるに公正会の男爵阪谷芳郎は突如として特別委員の数を一五名とする動議を出した。そこで公爵徳川家達議長は阪谷男の動議につき賛否を問うた処賛成者があったので成立した。阪谷男の動議の採決のため賛成者に起立を求めた。議長は起立少数とし阪谷男の動議は不成立との発言にたいし、異議を唱えた者が出たため、改めて賛否を問うた処今度は成立した。実際には起立による賛成と否とはその数は接近していて徳川議長の不成立との発言に疑問が生じていたからである。改めて公正会の動議により記名投票によることとなった。投票の結果は阪谷男の一五名の案を可とするもの一〇八票にたいし、否とするもの八二票であったから研究会は敗れたのである。しかもこの一〇八名の賛成票の中には研究会員が八名もいた。これは幹部に対する反対の態度を示したばかりではなく、総会の決議を破ったことでもあったから、研究会としては規則違反であって重大問題となった。その八名は野村益三、大河内輝耕、板倉勝憲、花房太郎の四子、勅選の鈴木喜三郎と金子元三郎、山崎亀吉、菅沢重雄の三多額議員である。この様に八名によって総会の決議が破られたことは反幹部派の存在が明確に打ち出されたことを示している。記名投票であるので造反者の氏名は判明することを承知での行動であるからその意志は非常に強固といえる。しからば何故この様な行動に出たのか、更に掘り下げて見よう。

この法案が貴族院に上程されるに先立って、研究会はその取扱いについて総会を開いている。その席で特別委員の数を一五名にする案が出ていたのを、常務委員は九名案で押し切った。たしかに震災手形の問題は財界へ与える影響は大きく、最初はこの法案の上程を一年延期せよとの論があり、一部には否決を唱える会員もあった程であったから、特別委員会では相当もめることが予想できた。そこで常務委員としては今の政府とは与党的な立場にあるから論争をなるべく避ける様にするため九名とする方針をとった。それに対し、反幹部派は問題のある重大性から一五名の特別委員とすることに賛成したのであって、むしろその考えは正しかった。それを総会の議決の形で九名で抑え、更に拘束の規則によって個人の自由で変更できない様にした。それを八名の会員が敢えて破ったのであるから会内は動揺し、不祥事となったのである。この事は幹部の余りにも与党的態度に傾き過ぎ、限度を超した行動であったし、八名の側から見れば研究会改革の先鋒であった。研究会の規則に反したことで当然何んらかの制裁があったことと思うが未だその記録は見当らないから、形式的な処分はなかったのかも知れない。しかし会員間の融和の上からは問題が残った。

特別委員は次の一五名が指名され、委員長には伯爵林博太郎が選ばれた。○印は研究会

伯　林博太郎○	子　前田利定○	子　裏松友光○	勅　阪本釤之助	勅　橋本圭三郎
勅　菅原通敬	勅　馬場鍈一○	勅　樺山資英	勅　大橋新太郎○	勅　石塚英蔵
男　福原俊丸	男　池田長康	男　阪谷芳郎	多　坂田　貞	多　左右田喜一郎

一般国民の間にも疑惑をいだいていたから、貴族院における審議は注目された。新聞は論説で震災手形二法案のことをとり挙げ、第一の公債法案は問題はないが、第二の処理法案は国民の負担となるから問題である。今貴族院で審議されることとなったが、慎重に取扱ってほしい（昭和二年三月十八日東京朝日）と述べている。委員会は全会一致で第一の法案は可決したが、第二の法案は政府の説明が不充分でしかも台湾銀行の取扱いは民間の非難や疑惑を生じているとして決定を保留とする意見まで出た。しかし台湾銀行の取扱いは統治の上から国際的信用に関するとの判断から次の三項の付帯決議をなし漸く特別委員会は可決した（三月二十二日）。この採決に阪本委員は反対を表明し、阪谷男は退席した。

付帯決議

一、震災手形の処理法運用には審査委員会を設けて厳正公平なる審査をすること。

二、台湾銀行にだけに限るが調査委員会を設け、同行の基礎を鞏固にすること、そのために必要があれば法案と

する。

三、両委員会には貴衆両院議員を加えること。

この付帯決議に対し、片岡蔵相から決議に同意するとの声明があった。三月二十三日の本会議にて付帯決議が認められ、論争の激しかった両法案は政府提出の原案通りに可決成立した。この両法案の成立までには前述の様に研究会内の議決違反が出たり、特別委員会では延期論が又否決論まで起った。殊に台湾銀行への恩恵が大きいことに不満があったが、研究会はそれらを纏めるため努力を惜まず、大勢を妥当の方向にすすめ得たことは、会の機構が整っていたことを示すものである。しかし八名の決議違反者が出た問題は未解決に終った。

三、研究会政務審査部の機構と活動

予算案、法律案が議会に提出されると、それから議会で審議が始められるが、それでは纏まるまでに審議手続から論議されるため、法案の審議にはいるまでに多くの時間がかかり、議会運営上からして迅速化が要望され、予備的な審議機関を設ける必要が起った。又議員は会派を作りはじめたから、そこでも事前審議を行う方法がとられた。その最初のものは明治二十三年八月に設立した華族会館調査部であった。研究会では明治二十七年四月に伯爵正親町実正と子爵岡部長職の提案によって調査部が設置されたのが最初で、後四十一年十月にこれを審査部と改め侯爵黒田長成が審査長に就任し機構は一段と整備され成果を見るようになった。

この審査部は事前に予算案、法律案の審査を会員と政府当局の出席を得て行われる。若し本会議上程等の手続との間に時間的に間に合わない時は会期の中途で行うことがある。審査部は七部に分かれ分担を決め、会員は何れかの部に分属する。会員の希望で数部を兼務することも認められている。各部に部長、副部長各一名と理事二名乃至三名が任命される。各部の取扱う内容は

第一部　大蔵関係
第二部　外務関係
第三部　内務関係
第四部　陸海軍関係
第五部　農林水産商工関係
第六部　逓信鉄道関係
第七部　内閣拓務関係

審査部の活動は議会時だけではなく、平常も必要な調査や視察を随時実施し、又政治上に関係のある講演会、報告会を開いた。

前記の震災手形法の場合（審査長子爵牧野忠篤）は法案が大蔵省関係であったから、第一部（部長　勅志村源太郎、副部長　子西尾忠方、理事　子綾小路護、多若尾謹之助）で、研究会事務所で第一部会を開き、政府当局より説明を聴き、部としての取扱い態度を決め、総会にその結果を報告する。この報告は理事が行うのが慣例で、今回の震災二法案は議論が多く出たが、部は結果を「可決の意味をもって常務委員並びに特別委員に一任と決った」旨を報告、ここにおいて常務委員は執行機関として総会の意見を纏める。今回問題となった特別委員の数も常務委員に一任の形で議決となる。会員は規則第八条によりこの決議拘束を守らねばならないこととなる。若しこの場合一五名を主張し、どうしても議決に至らない場合には自由投票が認められるが、この後にはその例は起っているが、この時までには未だ前例はなかった。

昭和二年五月の第五三臨時議会召集時の審査部の役員は次の通り。

審査長（研究会相談役）　子　牧野忠篤
同副長　勅　小松謙次郎

同幹事　子　藪　篤麿　子　渡辺七郎　子　岩城隆徳
第一部長　勅　志村源太郎
同副部長　子　西尾忠方
同理事　子　綾小路護　同　多　若尾謹之助
第二部長　侯　中御門経恭
同副部長　子　板倉勝憲
同理事　子　森　俊成　同　子　東園基光
第三部長　勅　若林賚蔵
同副部長　子　大河内輝耕
同理事　子　白川資長　同　子　保科正昭
第四部長　伯　堀田正恒
同副部長　子　立花種忠
同理事　子　大久保立　同　子　今城定政
第五部長　勅　藤山雷太
同副部長　子　西大路吉光
同理事　子　鍋島直縄　同　多　本間千代吉
第六部長　伯　酒井忠正
同副部長　子　秋田重季
同理事　伯　酒井忠克　同　子　石川成秀
第七部長　子　野村益三
同副部長　子　片桐貞央
同理事　伯　黒木三次　同　子　戸沢正己

四、国政振作決議案での研公の対立

公正会は三党首会談で示した研究会の政府への協力に不満であったし、次第に政府へも反発を強めて、政府の政策を攻撃する態度をとった。震災手形の二法案は公正会の不満のうちに辛じて成立したが、官業の整理、行政の整理の必要があり、松島事件などの失政があったことから、公正会は男爵阪谷芳郎の外会員四〇余名と各派の有志を合せ八三名によって〈国政振作ニ関スル決議案〉を提出した（三月二十四日）。この決議案は国政を振作して国民の決意を促すことを目的としたものであったが、実際には政府にたいする不信の表明であったから、若槻内閣としてはこの決議案が可決されることは好ましくなかった。研究会もこの決議案には反対した。その理由は文案はたとえ穏かであっても、これが通過した時は、内容が内閣不信任を意味するから、若し衆議院の場合は解散ができるが、貴族院にはそれがない異なった事情があるから、この様な不信任を意味する決議案は出すべきでないとし、「研究会としては本決議案が政局に及ぼす重大なる影響に鑑み、容易に応ずる訳には行かない」との声明を出し、これを公正会をはじめ茶話会、交友倶楽部の代表者に提示し通告した。その間政府も研究会の井上鉄相、佐竹鉄道政務次官を介して公正会に決議案提出を見合せるよう交渉したが受け入れられなかった。

この決議案は第五二議会の最終日（三月二十五日）阪谷男が提出理由を説明し

「……政府を弾劾するものではない、若し弾劾のつもりであれば会期末（最終日）に提出はしない」

と前提しての説明を行った。伯爵林博太郎（研究会）の反対討論があった後、記名投票が行われ、投票総数二三九

可とするもの（白票）　五六

否とするもの（青票）　一八三

結果は否決となった。この青票に岩倉道倶、安場末喜、黒田長和、矢吹省三、長基連、井上清純の七名の男爵議員が含まれていた。ここにも公正会の一人一党の行き方が表われている。

この決議案を廻っての研究会と公正会の反目の原因は二つあった。一つは時の政府である憲政会を研究会が支援したことで、貴族院は二院制の立場から衆議院の政党と結ばることは避けるべきであるとする本質論を示したのが公正会の主張で、これにたいし、研究会は時の政府にたいし是々非々を堅持してはいるが必ずしも無色ではなかったことが挙げられる。第二の理由は研究会の決議拘束主義にたいする排撃で、これが両会の対立を生んだのである。この様

な反目の中で注目される会合が昭和二年三月十一日に開かれた。それは華族会館にて有爵議員全体会議と称する会合で、従来は有爵議員は別々に団体を組織していて全体の懇談の機会がないことから、その打開が目的であった。席上子爵曽我祐邦は有爵者全体の懇談の機会を持ちたいといい、男爵黒田長和は有爵議員はすすんで互に近づこうとしないのが現状で、そのため憲法上の重大な使命は果せないと。男爵稲田昌植は研究会の決議拘束は厳格すぎると非難した。これらは両会の反相の解決のための意図は充分にあったが、研究会側にはまだ機の熟さないものが見られ進展にはならなかった。

第二節　田中内閣と研究会

一、若槻内閣の総辞職と田中内閣の成立

昭和二年三月十四日衆議院の予算総会の席上で片岡蔵相は不注意にも、経済不況によって東京渡辺銀行が破産したことを報告したため、同行はこれに刺激され恐慌に陥入って、翌十五日から休業するにいたった事件が起った。第二の事件は台湾銀行等を救済するため、憲法第八条及び第七〇条による日本銀行に非常貸出補償令なる緊急勅令を発令せんとし、枢密院にその諮詢の手続をとった処、枢密院は該当せずとして否決したため発令が不可能となり台湾銀行など三二の銀行が相ついで休業するにいたり、深刻な金融恐慌となった。若槻内閣はこの時反対上奏をすることができたのに敢えてその手続をとっていない。これは若槻首相が枢密院と対決する決意ができなかった弱さの為で、この事件の責任をとり内閣は総辞職した。

次期首班には元老西園寺公望の奉薦により、陸軍大将政友会総裁田中義一に組閣の勅命が出た。田中総裁は組閣に際し、貴族院との関係を有利にするため、先ず研究会に支援を求めた。しかし研究会は、曽ての政友会が示した対貴族院偏党工作があったことから警戒して、純政党内閣を支持することには積極的には動くことを躊躇していた。

結局研究会からは入閣者は出なかった。これについて新聞は研究会側は入閣を希望し割込を計ったが田中首相に拒絶され失敗したと評した（四月二十一日東京朝日）。田中内閣（政友会内閣）は四月二十日に成立

首相兼外務　　田中義一

内務　鈴木喜三郎
大蔵　高橋是清
陸軍　白川義則
海軍　岡田啓介
司法　原　嘉道
文部　三土忠造
農林　山本悌二郎
商工　中橋徳五郎
逓信　望月圭介
鉄道　小川平吉
内閣書記官長　鳩山一郎
法制局長官　前田米蔵

その後勅選議員馬場鍈一（研究会）が勧業銀行総裁に就任したことを入閣にかわる利権といわれたが、これを利権と結び付けることはむしろ偏見で、田中内閣の重大任務であった財界建直しの大きな責任を研究会は負わされたのである。

二、金融恐慌と十五銀行の休業

十五銀行は大正十二年九月の関東大地震により罹災し市内の本支店一〇店を焼失する大損害を蒙ったが、堅実な経営によってむしろ安定していた。昭和二年三月第五二議会で震災手形の二法案が可決成立したことで見透しには不安はなかった。しかるに若槻内閣の台湾銀行救済策が失敗（枢密院での諮詢手続否決）により同行が休業したことから一般は十五銀行にも不安を向けはじめた。十五銀行は兼ねてよくないとされていた浪速銀行の合併や神戸川崎造船との関係などから悪評が立てられ取付けを受けたため、昭和二年四月二十一日（田中内閣成立の翌日）遂に休業せざるを得なくなった。表面は帳簿整理の理由で、向う三週間即ち五月十一日迄を期限した。

十五銀行は華族の出資によって設立されたことから社会的信用が厚かっただけに社会問題となった。十五銀行の設立の沿革は明治九年八月に〈金禄公債発行条例〉が公布され、華士族にたいし支給されていた家禄、賞典（年金）を公債に切り替えることになり、この公債を出資金として払込みにあてて第十五国立銀行として創立されたのである。これにより明治十年五月の創立時は資本金一七、八二六、一〇〇円で、出資者は大名華族が中心で最高は島津忠義の七六七三株、七六七、三〇〇円以下四八四名で、その信望は極めて厚かった。役員も何れも華族で

取締役頭取　徳川慶勝
取締役　山内豊範
同　黒田長知
同　池田幸政

が選任されたが、何れも宮中伺候の任務を持っていたため、直接銀行業務に専任することができなかったので代理人として次の通り任命された。

取締役頭取　毛利元敏
取締役　松平頼聴
同　山内豊誠
同　五辻安仲
同　池田茂政

明治三十年五月に株式会社十五銀行と改められたが、華族銀行であり上流社会を背景としていることから、社会的信用は厚く、大正二年からは宮内省金庫の納入事務も取扱い、宮内省の本金庫があったから、単なる金融界の問題に止まらず不敬の問題ともなり同行の救済は政治問題となった。五月七日研究会の（勅）内藤久寛と（多）若尾謹之助の斡旋によって、日本工業倶楽部に緊急に昭和懇談会を開き休業銀行対策を協議し、研究会としても総力を挙げて政府への働きかけを積極的に行った。政府も救済の途を講じることとなったが、高橋蔵相は十五銀行のみ重点に救済することには反対であった。しかし第五三臨時議会が五月三日に召集され、同議会で日本銀行特別融通及損失補償法案、台湾ノ金融機関ニ対スル資金融通ニ関スル法律案と昭和二年勅令第九六号（金銭債務ノ支払延期等ニ関スル件）事後承諾の三件が成立した。これによって十五銀行は、日本銀行より一億六千九百万円の特別融通を受けることができ、更に銀行自身の交渉によって八百万円の融資ができたことで六月二十一日には整理に着手し得た。

この時の法案の成立に両院議員が如何に努力を惜しまなかったかが、議会運営によく表われている。衆議院はこの三法案の審議で論争があって、漸く議会最終日（五月八日）の午後六時三十分に希望条件を付し、修正議決して貴族院に送付した。送付を受けた貴族院は、緊急を要するとして直ちに本会議に上程し、特別委員会に付託した。特別委員会は審議可決して再び本会議にその結果が委員長青木信光子によって行われた。時刻は既に午後十時を過ぎていた。青木委員長の報告通りで全会一致可決成立したのは午後十時二十五分であった。重大な法案ではあったが、四時間足らずで通過成立させたのである。この様な取扱をしたことについて、一部議員から十五銀行救済のための何等かの暗黙が政府との間にあったのではないかとささやかれた程であった。しかし貴族院はそれよりも一刻も早く財界の安定を計らなければならないとし、そのため全く余裕のなかったことからの努力であった。両院共私的感情を捨てた国家の不安を除かんとする誠意が示されている。成立した法案は翌日施行され休業中の銀行は愁眉を開くことができた。

十五銀行はこの年の十二月十五日にいたり整理がつき、翌年（昭和三年）一月三十一日休業以来二八五日振りに業務を再開し、この日は先ず小口預金の払出しを行い、四月二十八日から全国の本支店が一斉に営業を開始した。

今回の十五銀行の休業は単に金融界の不祥事であった他に、別な社会的問題があった。その一つは一般から経済的に恵まれていたとされていた大部分の華族が経済上で大きな打撃を受けたこと、第二に社会に対して責任があった。宮内省本金庫をお預りしていたことからの不敬もあった。華族会館は会館自体の損失は多かったが、それよりも社会的信用と不敬にたいしての解決のため献身的であった。これを受けての努力が研究会の昼夜に渉る奔走と解決への尽力で、成立したばかりの田中内閣に攻め寄った。有爵議員の会派である公正会は研究会とは少しく異った見方をしている。男爵阪谷芳郎は華族の銀行として十五銀行救済には研究会と同様で政府に強く申し出ているが、男爵藤村義朗は十五銀行が華族による銀行なるが故に社会通念として華族がこれを強く要求することは好ましくないとの意見を出していて、会としての救済態度は纒らず、必ずしも積極的に政治団体としては動いていないと見る。貴族院全般としては他の議員（殊に実業家出身）は有爵議員のような強い十五銀行救済論は出していない。むしろ国民経済の安定を希望する見地からの苦心を払っていた。この様に有爵議員が真剣に経済問題を実際に処理したことは余り例を見ない。直接関係があったからとは申せ、有爵者が兎角金銭に関して深入りはせず、又経済問題を自ら処置することが少なかっただけに、今回の努力は特記するに足るものである。

十五銀行の整理案は一、預金債務の割賦償還　二、未払株金の徴収　三、資本金一億円を五分の一に減少し、二千万円とすることなどであった。この整理案により、株主であった華族は、一株二十五円払込であったから、一度に未払処分の一株につき七十五円を払込まねばならなくなり大きな負担となった。これにより預金債務の完済となったのは、それから一〇年を要し昭和十三年五月二十七日であった。

三、宗教法案

第五二議会（大正十五・十二・二十五召集　昭和二・三・二十六閉会）では震災手形二法案が世の注目を浴び重大

視されたため宗教法案は目立たないが貴族院において論争があり遂化審議未了に終っている。この法案の論争となった点は宗教界という特殊な対象であり、各宗教の成立は全く沿革が異なるものを一つの法案で規制しようとする点に無理があった。目標は「宗教制度を確立させて、宗教の発達を図る」としているが、その適用範囲や宗教教師の資格の決定の点、各宗教の性格の異なること、権利の取扱、罰則の方法、寺院の土地問題などで疑義が多く出た。中でもキリスト教の取扱では難行、貴族院の特別委員会は二三回に及んだが決することができず会期を終り審議未了となった。この委員会で研究会員の勉励と責務への努力は大きかった。「これが研究会の伝統の態度であって自負できるものである」（研究会議事報告）と記している。しかし一部から研究会幹部が利権の提供を受けたといわれる程の激しい論争であった。この委員会の委員は次の通り。○印は研究会員

伯　松木宗隆○　子　大河内輝耕○　子　八条隆正○　子　渡辺千冬○　勅　木場貞長○
勅　水野錬太郎　勅　福原鐐二郎　勅　宮川繁太郎　勅　若林賚蔵○　男　千秋季隆
男　二条正麿　男　北島貴孝　勅　田所美治　勅　花井卓蔵　多　浜口儀兵衛○

第三節　研究会の動揺

一、政局の動向と研究会
―近衛公と床次竹二郎の接近

昭和二年四月田中義一内閣が成立したことにより、今後の政局の動向が注目されていた処、果して政友本党の床次竹二郎とその一派は、それから一ヵ月後（六月一日）に政友本党を解散して、憲政会と合同し新しく立憲民政党を結成、その総裁には浜口雄幸が選任された。この様な床次派の行動の裏には研究会との関係があった。ここに至るまでの床次と研究会との関係について溯って触れておこう。

大正七年九月原敬内閣が成立するや、原首相は自ら研究会工作に積極的に乗り出し、床次に政友会と研究会との接近を計らせた。その成果は大きいものがあったが、原首相の急死によって頓挫してしまった。その後を継いで高橋是清は政友会総裁となり、高橋内閣を組織したが、高橋首相は原内閣の延長でありながら、従来の様な研究会との接近は望まなかった。研究会も高橋首相の態度には不満であったから、両者の間は悪化した。しかし床次はそれには動かされず、自分の判断で従来通り研究会に接触を計る態度は崩さなかった。その後高橋内閣は総辞職し（大正十一年六月）加藤友三郎の内閣が成立し、情勢は変った。そこに研究会に近衛文麿公が入会（大正十一年九月）したことから、床次は近衛公に接近し、政局の動きを公に伝えている。公も亦よく床次の意見を聴いていたから、両者の提携はよく保たれていた。

しかるに大正十三年一月に清浦内閣が成立するや、政友会の高橋総裁らは護憲の名のもとに研究会を攻撃し始めた。これにたいし、床次派は清浦内閣を支持し研究会との提携を維持する態度を変えなかったから、政友会にはおられず遂に政友会は分裂し、脱会して政友本党を結成（同年一月）したのである。その後六月にいたり床次は政友本党の総裁になったから、研究会にたいして一層良き理解者となった。床次は近衛公を通し研究会との疎通の役割を果していた。今回田中内閣の成立により、政友本党では政友会とは将来対抗し得ないと判断し憲政会との合同に踏み切ったのである。

二、研究会の決議拘束主義に批判起る

この様な政党の離合の動きは単に政界の一現象ではなく、むしろ混沌たる世相の反映でもあった。この頃共産党や無産諸派の活動が次第に表面化し、国際情勢からも満州問題を中心に社会不安が募って来た。

貴族院の会派にも、又議会人としての立場からも、この世相が反映して各自の意志を尊重する風潮が起り、又旧弊の打破がさけばれ、やがて革新運動となって、研究会の決議拘束主義を批判する会派も現われた。これは規則第八条に「本会ノ決議ハ会員総テ之ニ従フモノトス」とある（大正五年四月改正）ことを指すので、この風潮は研究会内にも起ったので問題は深刻であった。この決議拘束主義は研究会の伝統であって、大会派としての会内の統制に役立ち幹部によって厳しく守られていただけに重大問題であった。議員の一人一人が自己の意志を尊重して、一人一党の態度をもって行動することは理念としては認められるが、会を持ち団体を組織している以上どうなるのか。若し一人一党を建前として、何等団体として拘束がなかったら、それは単なる社交団体であって、議会における団体行動とはなり得ないし、政策にたいしての権威でもない。研究会が貴族院における有力な会派として自他共に認め、政治活動を続けて来たのは団体としての結束があったからである。多くの勅選議員や多額納税者議員が入会し、又入会を希望し

たのもその団結力を認めたからである。会員は団体の一員として互に自己の持つ経倫を披歴し協議して、その中から最も意義ある方策を見い出して、それが個人への期待と、集団としての行動との結び付きによって、国政に寄与して来たのであって、拘束主義は一部幹部の専横の具ではなく活動への過程であった。拘束が厳しく守られる程団体の強化となり力が発揮し得たのであった。

有爵議員特に公家・武家華族にあっては、長い歴史と伝統とによって醸し出されていた上下・前後の秩序や、尊敬と調和によっての結ばれがあって、明治維新から既に五十余年経った今尚存在していて、それが政治団体の活動の上にも脈々として保たれていた。殊に研究会の会員には公家・武家出身の伯子議員が多かったから特質としてこの傾向が表われていた。この様に華族社会に自然に培われていたから、研究会規則にある決議拘束規定は、形の上からは一般の規則と同じ表現ではあるが、官僚的な職責上の制約としての拘束とは自ら異なるもので、今回会内から批判や撤廃論が起ったことは問題があった。

ここで貴族院の構成と有爵議員の質の変遷について述べて見たい。帝国議会開設当初の有爵議員は全員が既に当選以前から社会的に信望があり、優れた経歴の持主でもあった。職歴上の経験ばかりでなく、大名華族は徳川時代からの藩政の経験を持っていた者が多く、明治維新後の廃藩置県により大部分は藩知事に任命され治世（実質は不充分）の経験があった。これらの人々が議員に選任されたものであるから、貴族院の権威は一般も衆議院でも認めていた。第一回当選の伯・子爵議員七六名について見ると、藩知事を歴任したもの二六名で、それに藩権知事と藩の大権参事八名を加えると三四名で約半数を占め、府県知事は五名、判検事四名、元老院議官三名、宮司一、殿掌一、その他に公使、軍人、鉄道頭、区長などが二五名で職名無記載が三名となっている。年齢では文政生れ七、天保生れ二二、弘化生れ九、嘉永生れ一九、安政生れ六、万延生れ一、文久生れ三、慶応生れ一で文政元年生れの子爵長谷信篤が七二才で最年長、最年少は元殿掌の子爵舟橋遂賢の二五才であった。このようにいずれも社会的地位や経歴は優れていたが、既に三〇年近くを経た大正十四年の第六回改選後には開設当初の議員二五一人中残っていたのは僅かに一五名に過ぎない。既に二代、三代と代がかわるにつれ、大学において政治学や法学を専攻した法学士が議員に選ばれるようになったが、社会経験は次第に短かくなっており、それに反比例して議員としての責務と内容とは国家の近代的発展にともない議員に課せられる任務は大きくなった。この様に議員の質は変り社会も変化して行った。

研究会の設立の目的は第二条に「議員中ノ有志ニヨッテ立法上必要ナル事項ヲ研究スル」とあり、第八条には一度決議されたら会員はそれに従わねばならない決議拘束が規定してある。更に研究会の意見を他に発表する場合には許諾が必要で第一一条に「本会ノ意見ヲ他ニ発表セントスル者ハ予メ本会ノ許諾ヲ受クベシ」とある。又更に会員外からの提出案件に賛成する場合にも、本会と協議の上で賛否を決めなければならない（規則第一〇条）とある。これらの条件は確かに自由意志にたいしての拘束ではあるが、政治上の適切な意見を求め、法案に対して適正な処理を行う政治上の手段として認めねばならなかった。このように会員に義務と拘束があったことは問題ではあるが「研究会の特色でもあり、それによって立法府における権威を保ち、整然たる態度を示すことができたのであって、規律の厳正と、会員の節制が保たれた」（子爵鍋島直虎―研究会小史）といえる。

研究会の有爵議員はいずれも互選によって（公侯爵議員は世襲）選任されたのではあるが、その競争率は約二割弱と低いし、衆議院のような解散はなく、七ヵ年の任期が認められていたことを一部では特権として攻撃した。たしかに優遇であった。選ばれた者は経倫の高さや学識経験の量よりも人格本位によって当選する場合が多く、大名・公家出身者が多かったことから所謂政党人的政治家としての条件は具ってはおらず、むしろ円満なる思慮や偏しない態度が伝統によって作り出されていた。それが合理的に生かされるならば二院制としての貴族院の存在は高く評価されるのである。

新任された勅選議員の内には研究会に入会するものが年々増加し、明治三十四年に五名であったのが、大正元年には一〇名となり、昭和二年には二九名の多きを数えた。これらの勅選議員は豊富な経験を生かし、発言は権威があった。ただ就任時の政府や政党との関係は密接であったから、政党は出来なかったが政党色ははっきり持っていた。有爵議員は勅選議員の発言には到底対等を望むことはできなかったが、有爵議員は勅選議員と協力して貴族院の使命の上から確固たる存在を示していた。幹部は常にこの点に意を注いでいた。常務委員会は研究会の最高執行機関で、その構成は有爵、勅選、多額の各議員から公平な比率で選任（手続は会員の投票による選挙）され運営に当った。有力であった有爵の常務委員は明治から大正中期は伯爵正親町実正、子爵岡部長職、子爵三島弥太郎で、その後昭和の初期までは伯爵小笠原長幹、子爵青木信光、子爵酒井忠亮、子爵水野直らが中心となっての運営であった。会の法案や政策にたいしては是々非々の態度であったが、会則により一度総会で議決されたものは、会員の一致した態度で臨んだから、会の力は大きく、政府は研究会に配慮し了解を求める必要があった。若し一人一党主義であったら思慮経験は到底勅選議員には及ばないから、結局会の存在にも影響が出ることになる。会として統制を強くする必要はここに要因があった。この統制そのものの是非は第二として、問題は幹部のとった態度にある。若し結果として国家にたいし望ましい対策が打ち出されたとしたら、幹部のとった態度はよかったといえよう。問題はこの拘束の制度を悪利用した場合なのである。

三、常務委員改選と革新運動

伯子団の対立　昭和二年十月にはいり研究会常務委員の人選について協議がはじまるや、その候補者の推薦に伯子両爵議員団の対立が起った。伯爵議員は議会人としての才能は決して劣ってはいないにも拘らず、明治四十一年に全員研究会を脱会し、大正八年に至り再び入会しているからその沿革からして子爵団に従った形となっていたので、この一歩譲っていたことにたいして反発の機会を伺っていた。たまたま今回の改選に際し、会内に革新の動きや反幹部運動があったことに刺激され表面化した。その先鋒に伯爵小笠原長幹が立った。小笠原伯は現に常務委員であり、子爵議員の幹部との関係はよく、原内閣や田中内閣との交渉には研究会の代表としての役割を果していた。小笠原伯は先ず馬場鍈一勅選議員にあたった。これは青木信光子と交渉を有利にするためで、反幹部派の渡辺千冬、伊東祐弘、曽我祐邦の子爵団の動きに便乗したのであった。しかし幹部派の存在は固く崩せず伯爵団が企画した地位は得られなかった。しかしこの様な内部対立は研究会の本体にもひびがはいったことは否定できない。

子爵議員間の対立　研究会の革新派有志は昭和二年十月二十七日に華族会館で集会を開いた。集まったのは有爵、勅選、多額議員ら三七名で、そこで近く行われる常務委員の改選を議題とし、反幹部派としての対策が協議され、現幹部の排撃、拘束の撤廃について意見を交換した。この会を茶話会と呼んだのでその後も集会名として使われている。この集会の中心になっていたのは渡辺千冬、大河内輝耕、曽我祐邦の各子と木場貞長、志水小一郎の両勅選議員であった。出席者には二条厚基公、酒井忠克伯、保科正昭子の他富谷鉎太郎、小松謙次郎の各勅選議員、津村重舎、金子元三郎、横山章ら多額議員も参加した。この集会で直接拘束問題を徹底的に協議したのではない。幹部（常務委員）の構成についての希望を述べ、幹部の統制にたいする不満を訴えた革新運動で、来る十一月に行われる常務委員改選への運動であった。会内は改選をめぐり革新と穏健の両派の対立は次第に激しくなって来た。その動きを当時の新聞は五派に分けて報道している（昭和二年十一月十六日東京朝日新聞）が、派閥が存在したのではなく、一人一人が言明したのでもないが、動向は一応これに近いものであった。

現状維持、革新反対　青木信光　水野直　大河内正敏　京極高徳　松平直平ら一七名
不即不離　牧野忠篤　西大路吉光　今城定政　秋田重季　薮篤麿　池田政時　清岡長言ら一二名
革新賛成　前田利定　戸沢正己　立花種忠　新庄直知　森俊成の五名
革新急先　渡辺千冬　伊東祐弘　曽我祐邦　大河内輝耕　保科正昭　花房太郎の六名
革新共鳴で中立　酒井忠亮　井上匡四郎　大久保立　八条隆正　吉田清風　野村益三　伊東二郎丸
西尾忠方　三室戸敬光　松平康春　舟橋清賢　綾小路護ら二五名

勅選議員団の革新運動　研究会の勅選議員にも革新の動きが起り、この頃二十日会なる会合を開き、会の革新につ

いて討議を行っている。勅選議員には任期がなく改選もないからその身分は安定していた。しかし勅任されるに際しその推薦によるので政府色や政党色がかなりはっきりしていた。従って与党になるか反政府的になるかがあったから、有爵議員の幹部の方針や態度とは異った態度を示す場合が起っている。これが革新派と結ばれる結果が見られた。十一月の常務委員の改選を目前にしての動きもそのためであった。

子爵板倉勝憲は常務委員の改選が決まる前日（十一月十五日）五項目に渉る研究会改正私案を発表した。元来板倉子は独善的考えが強く会員間の協調には今一歩欠けていたから、革新意見も独走の形で、一会員の意見の考えではあったが、当時この様な考えの会員が無いとはいえない。その五項目とは、

一、会員は常務委員に盲従せず、総会至上主義をとれ。

一、新常務委員は貴族院議員の本分を守っていない（すでに一般会員には投票のため候補者の推薦状が配布済であった）。

一、新常務委員は政府に符合してはならない。

一、常務委員でない者が指揮統率していることを排す（役名のない者の暗躍を指している）。

一、新入会勧誘は慎重にすること（政党関係や政見を配慮せず数の多きことを望んで勧誘していたことに対する批判である）。

以上

常務委員の改選は十一月十六日に行われ、その結果は次の通り。

（新任）伯 溝口直亮　伯 樺山愛輔　子 大河内正敏　子 酒井忠亮　子 野村益三
　　　子 大久保立　勅 小松謙次郎　多 浜口儀兵衛
（留任）子 八条隆正　勅 湯地幸平　多 津村重舎　多 岡崎藤吉
（退任）伯 小笠原長幹　伯 寺島誠一郎　子 前田利定　子 伊東祐弘
（辞任）勅 馬場鍈一　子 青木信光

この他に公二条基弘没により公爵一名減、多額一名増となり一二名が決まった。この結果は革新派の運動が効を奏し、革新系の進出がはっきり認められた。青木子は幹部不信任の運動が起ったことにたいする責任から改選の前日に常務委員を辞し、革新派の中心であった渡辺子も会内の動揺にたいしての責任上から退任した。それ故両派の首悩を退任させた形となった。この後にも革新をめぐる各派の動きはあったが、いずれも私的野心や次期改選のための活動の様な不純は見られず、伝統のある団体を守ろうとする正論に終始していたことは、各自の中に備っていた徳義の現れで、研究会が自負すべき点として認めることができる。

四、会派結成の動き

戊辰倶楽部の成立　研究会にはこの様な形で反幹部派の運動が起り動揺があり、貴族院の他の会派にも種々な動きが起った。それらに共通して見られるのは対研究会の問題で、その衡点は決議拘束主義であったから研究会にとっては重大な問題であった。先ず昭和二年十二月二日丸の内の中央亭に勅選議員の集会が開かれた。この会は有楽会と称し、集会の目的は主として金融恐慌による休業銀行問題ではあったが、その中に研究会幹部のとった十五銀行救済に示した態度の批判が行われた。これは研究会幹部への不満から発生したことは明らかで、しかも出席者の中には佐竹三吾、太田政弘、山川端夫ら研究会所属議員がいた。

その後十二月十二日になり民政系の勅選議員と多額議員三〇余名が星ヶ岡茶寮に集まり反政府の連盟結成を協議した。続いて二十六日と二十八日の会合で準備はすすみ、世話人は研究会の多額議員金子元三郎が当った。会名は戊辰倶楽部と命名し、翌年一月二十一日に築地の錦水で発会式を挙行した。この日は六〇余名が出席し、研究会からは太田政弘、塚本清治、山川端夫、金杉英五郎の四勅選と、本間千代吉、金子元三郎、佐々木志賀二、森広三郎、安田友四郎、中村円一郎、奥田亀造、五十嵐甚蔵の八多額議員が参加した。他の会派からの参加者は

同成会　　　一六名（勅五　多一一）
茶話会　　　四名（勅四）
交友倶楽部　四名（勅二　多二）
公正会　　　一名（勅一）
無所属　　　四名（勅二　多二）
　合計　　　四一名（勅一八　多二三）

幹事には次の五名が選任された。

本間千代吉　金子元三郎（研究会）
高広次平（同成会）
鳴海周次郎（交友倶楽部）
松本勝太郎（無所属）

戊辰倶楽部の目標には（一）研究会の貴族院における政治勢力を少しでも抑えようとする、（二）民政系団体として野党的活動を行うことにあり、その指導的地位に若槻礼次郎がいた。この倶楽部が結成されたことには将来の貴族院として問題であった。会が民政系であり野党的態度をとったことは貴族院に政党色を持ち込んだことになり貴族院の本質論からして不安が生じた。第二は研究会に批判的態度をとっていたから、今後反幹部運動に他会派と連繋をとってくることが予測され、研究会の決議拘束主義反対の運動に展開することになるから、研究会にとって警戒が必要となった。

昭和倶楽部の結成―結成の発端　大正十四年一月第五〇議会が再開されるや、加藤高明首相は貴族院制度の改革と普通選挙の実施を期して議会工作を行った。これにたいし研究会は政府と対立することは得策でないと判断し、進んで接近し折衝を重ねた。これは結果から見て貴族院にとっては成功であったが、他の会派には研究会の幹部の専断と評し不満があった。続いて若槻内閣（大正十五年一月成立）になっての震災手形二法案の成立といい、田中内閣に対する十五銀行救済についての交渉といい、研究会の活動は華々しいものであったから、心よく思っていなかった者は次第に増し、中でも公正会は最もそれが強かった。その態度が研究会の拘束主義と幹部の行動を非難するようになった。しかし公正会内には穏健派もあり二派に分れての対立が起った。急進派は黒田長和、岩倉道倶、松岡均平が中心で、穏健派には船越光之丞、藤村義朗、池田長康らがいた。急進で反幹部派は公正会の中のものだけでは到底研究会に対抗することは不可能として、他会派にも働きかけた。勿論表面にそれを打ち出してはいないが先ず一人一党の方針に基き、同志を求めた。研究会にも形式的であったが勧誘が行われているが、勿論参加する筈はなく、この交渉を拒絶し、交友倶楽部も態度を保留している。

昭和二年三月第五二議会の終了した後、研究会と交友倶楽部を除いた各会派はしばしば会合を行い、研究会に対抗する新団体の結成を協議した。その中心は公正会で最も積極的で、新団体の結成のためには公正会は解体してもよいとまで考えた。設立の準備にはいり事務所を麹町幸町の幸倶楽部内に置き、四派（公正、同成、茶話、無所）によって実現へと活動をはじめた。しかし各会派にはそれぞれに伝統があり沿革を異にしていることから、簡単には新団体結成の話は進まず、先ずそのための調査委員会を設けて協議を重ね、四月にはいり新団体結成の必要を認めた。そこで各派毎に総会を開いて態度を決めることとなったが、仲々纏らず却って公正会の如きは内部対立を一層激しくしてしまった。これを憂えた阪谷男ら五長老（山内長人、阪谷芳郎、坂本俊篤、木越安綱、宇佐川一正）が尽力した結果、五長老の示す妥協案により新団体結成が決った。（昭和二年六月二日）

昭和倶楽部の成立　公正会が漸く新団体結成に踏み切ったことにより、六月十五日に茶話会、同成会、無所属に交友倶楽部も参加（所謂幸無四派）し共同で政務の調査を行うための調査団体の設立となり、〈昭和倶楽部〉と名付けた。したがって院内交渉団体とはせず、会員の政見にも不拘束とすることが決まった。公正会も政治会派として解散はせず存続となった。

創立総会は十月十四日に華族会館にて挙行、目的は共同政務調査機関であって同時に会員の親睦による社交機関となった。会則は七ヵ条からなり十月二十九日に発表した。設立の経過からしてこの団体の裏面には反研究会の意向があり、民政党色を持っていたものが多かったから、現政府とは野党の立場にあった。研究会に対抗しようとする態度は強いもので、予定の会員数は五派を合せると一九二名に達し、研究会の一四六名より多くなり、昭和倶楽部設立の第一の目的は達せられたことになった。研究会にとっては最大の強敵が現われたのである。倶楽部の代表者は五派から選任され次の通りに決った。

公正会…………阪谷芳郎　大井成元　松岡均平
茶話会…………倉知鉄吉　石塚英蔵　嘉納治五郎
同成会…………加藤政之助　田村新吉　菅原通敬
交友倶楽部……南　弘
無所属…………佐佐木行忠　阪本釤之助　金杉英五郎　尾崎元次郎

会務は各派交渉委員中より二名を選任、事務所は幸倶楽部内に置いた。後昭和三年には麹町三年町に新築しここに移った。この新しい事務所を昭和会館と呼んだのは昭和倶楽部が使用することから付けられた館名である（昭和二年五月三十一日の地鎮祭には茶話会、同成会からも参列しているのはそのためである）。

昭和倶楽部の設立により研究会対策の動きは一段落となった。その後の活動と対研究会対策はどう展開したか。会員数の上では研究会の一四六名より四六名も多かったから、若し投票が行われれば絶対有利となった。昭和倶楽部員の構成（種別は一部推測）は勅選議員八九名（茶話会二七、同成会一七、交友倶楽部三三、無所属一二）で、多額議員は二六名（同成会一三、交友倶楽部八、無所属五）、世襲議員は一〇名（同成会一、無所属九）であって、勅選と多額議員は合計一一五名であるのに対し、公正会の男爵互選議員は六七名で約半分にしかならない。又会員の九二名は政党色があって、しかもその中でも政友と民政の党派の対立は常に影響を受け、全員が一致しての投票もなく数の上で予期した成果は上らなかったが唯その中で公正会だけが研究会と対立をつづけていた。この様に沿革の異なる会派であり、政府とのかかわりがあったから、連合はしたが変形の団体でしかなく、親睦以上の期待は望めなかった。総会は定例として月一回開くこととしたが、第一回総会で地租委譲問題が討議されているが、昭和四年以降には昭和倶楽部の名による会合は開かれたかどうか、記録は見られない。ただ昭和三年三月に三年町に新築した事務所を昭和会館と命名し、幸倶楽部にかわってここを会場として何回か各派の集会が開かれている。

衆議院にもこの頃（昭和二年五月）に昭和倶楽部と称する会がある。これは同名異体で政友本党から分離した議員一〇名によって設立されたが間もなく政友会に合併となったもので、貴族院の同名の倶楽部とは関係はない。

茶話会の解散と同和会の結成　貴族院の会派の動きは対研究会問題がその原因の一つになって、既に戊辰倶楽部、昭和倶楽部の結成を見たが、これらは政治会派とはならず社交団体に止まった。〈同和会〉の結成はそれとは異なる過程での政治団体として成立を見た。

同和会の前身は茶話会なる政治団体であって、その歴史は古く、明治二十四年十二月に一八名の勅選議員が任命された。その中の山県系官僚出身の議員が議会対策を協議したのを茶話会と呼んでいた。二十七年に政治団体〈茶話会〉として発足した。その中心は平田東助、船越衛、南郷茂光らであった。その後（明治三十七年一月）田健治郎が入会してから会員は次第に増加し大正七年には最大の六七名に達した。しかし内部の対立が起り、勅選議員・勲功男爵議員・互選男爵議員は政策において対立し反目した。これら勅選議員の下にあることに不満を持っていた男爵議員は新たに〈公正会〉なる政治団体を結成することとなり、一九名が脱会し（大正八年）更に大正十五年五月には茶話会の中心であった田健治郎が枢密顧問官に就任したため議員を辞任したこともあり昭和二年は二五名に減じ、最大期の半分以下になってしまった。そこで茶話会を解散して新しく団体を組織することになった。

昭和三年一月三十一日無所属の一五名と合同し四〇名で新団体〈同和会〉を結成、発会式は華族会館で行い、茶話会は解散した。昭和倶楽部の構成には茶話会の時に準じて参加した。会名の〈同和〉は昭和改元の登極の勅語にある

「……人心惟レ同ジク、民風惟レ和シ……」によった。会則は七ヵ条からなり、その目的には「会員相互の交際と意見の交換にあり、一人一党により政見を約束しない……」ことになっている。この会派は昭和二十二年五月貴族院の解消時まで存続している。会員には幣原喜重郎、若槻礼次郎、永田秀次郎、後藤新平ら我国政治史に大きな足跡を遺した勅選議員が会員にいた。研究会の勅選議員の一部は同成会との連繋のもとでの政治活動を行って権威を示した。

これらの三つの団体の結成は研究会内の反幹部派にも大きな影響を与え、その活動が一層強化したから、幹部は今後の会の統制には今までの様な態度ではできなくなった。拘束主義は次第に大きな問題となって、やがて会の革正運動に発展して行った。幹部は会の統御に苦慮する反面、幹部自身の反省にも大きく役立ち、旧弊の打破への決意を固めることになった。しかし一般はこの動きを研究会の動揺として前途は期待が薄くなったとの見方をした。

第四節　近衛文麿公爵の研究会脱会

一、近衛公研究会脱会

常務委員の改選を間近にして研究会内で反幹部派の動きがあわただしくなり、内部対立がはげしくなった昭和二年十一月十二日に公爵近衛文麿は突如研究会脱会を申し出た。同時に公爵一条実孝と四条隆愛、広幡忠隆、中御門経恭、中山輔親の四侯も公と行を共にすることを声明した。この時近衛公は伯爵松平頼寿と共に研究会の相談役で最高役員であったが幹部の考え方や研究会の存り方には少なからず不満を持っていた。政治に対し、もっと高い理念を持っていたからである。公の申し出を受けた研究会は緊急常務委員会を翌十三日に開き協議した結果、六人の脱会を諒承した。会として一度に六名の世襲議員を失ったことで、会内の動揺は隠すことはできず、驚きと不安により会の前途は暗かった。この時の模様について尚友倶楽部理事長岡部長景は

「近衛君が研究会を脱会したのは全く寝耳に水の突如として起ったことである。たしかあの時は、近衛君らと木戸邸において十一会の会合を開いていた時で、冗談を交えて会合中であった。その席から近衛君がちょっと用事があるといって外出された。それが実は研究会脱会であった。親交の深かった裏松君にも何も話していない。余りの突然のことで、裏松君はそのショックが余程大きかったらしく涙を流して憤激した程であった」

と語っている。

近衛公の脱会はこの談話の様に全く突然のことで誰も知らなかったのか、或いは誰かに相談しての上で準備したの

か知ることはできないが、裏松子の如き、公とは特に親しい間柄であったにも拘らず全く分らなかったことは確かであるから、公は密かに慎重に計画したものと思う。

脱会を決意するまでに公爵徳川家達や公爵西園寺公望には相談していると思う。両公はそれぞれ異った立場から、意見を伝え、近衛公も自分の持っている政治理念や信念を充分に述べたことであろう。それにたいし両公とも簡単には賛成はしなかったであろう。近衛公は近来とみに激しくなった研究会内の対立を見て心よく思ってはいなかったし、将来の日本のために理念が欠けているとした。脱会間近の昭和二年十月二十七日の革新派有志の会にも出席している。この会の様子から会に見切りをつけ決意したと想像できる。

更に外部にも脱会を決意する要因があった。この頃無所属に所属していた世襲議員が兼ねてより同団の勅選議員との合同行動に行詰りを認め、公侯爵議員のみによる新団体を結成する話し合いがかなり進展していた。近衛公もこの動きを知っていたから、脱会の断行の背後の力となっていた。近衛公が脱会したことを知るや無所属団と純無の世襲議員は直ちに近衛公の入会の声明を行った。しかし近衛公はこの新団体に入会するため、研究会を脱会するとは云わず、将来新団体を作りたいとの態度を示しただけでそれ以上の言明は慎重であった。

近衛公と水野直子との間も無関係ではなかった。西園寺公は将来の近衛公への期待は大きいものがあり、既に大正十三年に近衛公の政治家としての指導を水野子に依頼する書簡を送っている。それ以来両者の間には深い信頼が生れていた。脱会についても密かに話し合ったと推測することができる。裏松子は公が脱会したことを知るや、大事件だとして「直ちに水野さんに報告に行ったところ、水野さんは少しもあわてず、それでいいでしょう」といったと語って(水野直子を語る一一五頁)いる。裏松子としてはどんなにか水野子は驚かれることと思っての報告であった筈で、それがこの様な裏松子にとっては意外な冷静な態度での答えであった。これについて三つの過程が推測できる。

一、水野子は公の脱会を事前に知っていて、将来の方針にも腹案ができていたが、黙していた。

二、研究会の現状からして、これしか方法がなかったと自分なりに認めていたことが実現した。

三、研究会を離れる方が、青年近衛の将来は成長できると密かに期待していた。

などがあり、この中のどれかは分らない。水野子は平素から近衛公を立てようと考え、時には直言し又敬意をもって将来の大成を望んでいたことは事実で、西園寺公よりの依頼に応じようと心掛けていた。

近衛公自身の考えはその言明によると、公が研究会に入会して以来、実際に外部と交渉を行って見て、有爵議員について、互選と世襲では根本的に資格条件が異なるものがそれぞれの立場で貴族院の使命に照して解決しなければならない問題を持っていて、そのためには世襲議員は別に新団体を創り、それが底流となって貴族院改革の実現へと進むべきとの信念を燃した。脱会の翌日新聞記者への談（東京朝日）に

「貴族院の使命に顧みて、その本分を忠実に行う団体を創りたいために今日脱会した。事ここに至っては研究会の内情につきかれこれ言いたくない。ただ私はよりよき団体を創りたい主旨から脱会したので、これはかねがね考えていたことを、今回の機運に促されて行ったまでで、反政府とか研究会攻撃とかいう考えは毛頭ない。要は時代というものが私どもを起たしめたに他ならない」

と語っていて、これによってうかがえることは、公が唯華族中の新人といいはやされ、又世襲議員の名目だけに終りたくない。立派に貴族院議員として政治活動を行いたい。それには研究会を離れ、新しい団体を創り、政界の革正など、多年に渉る念願を実現したいとの情熱に燃えてのことであった。

公の脱会は研究会へどんな反響があったか。その第一は幹部はこれまでとって来た会の統制について自ら反省した。第二はこれまでは貴族院革正の運動が外部から起されていたものが、有爵議員自身でその実施を考えることとなった。第三は反幹部派を刺激し、十一月十七日には会内有志による茶話会を開き、反幹部運動が起った。第四は研究会所属の伯爵議員に動揺が起った。大正八年八月に伯爵議員の団体である甲寅倶楽部を解散し全員研究会に入会したが、子爵団の下にあったから不満があり、再び研究会を離れ伯爵議員団の結成を考えるようになった。

二、桃青会

伯爵議員が別に団体を結成するか、或は他の会派と合同することとなれば、研究会は有力な会員を失うことになる。これを憂えた子爵松平康春は伯爵酒井忠正と相謀り、伯子両爵議員の融和に努め、研究会に留まるようにとの目的で桃青会を結成した。桃青とは爵位大礼服の袖口と襟の色（伯爵は桃色、子爵は青色）を表している。この会は月一回例会を開き懇親を重ねた結果、その効があり脱会はなく、そのまま伯爵議員は引続き研究会に留まり、昭和二十二年の解消まで無事大会派として崩れることはなかった。この会の結成時に集まったのは酒井忠正伯と黒木三次伯に、子爵からは青木、八条、岡部、西尾、織田、保科、裏松、松平らで幹部は伯爵議員にたいし鄭重な態度を示し、酒井、黒木両伯は伯爵議員に子爵議員の考えを伝える役割を果している。これにより伯子両爵議員の反目による動揺は切抜けられ、むしろ信頼は一層深まった。

三、火曜会の結成

近衛公の研究会脱会は新団体入会のためと見られたが、公は慎重な態度で新団体の結成を見守っている。新団体の計画には公爵徳川家達にも参画を求め、無所属団と純無も参画し世襲議員の大同団体が準備された。そのため勅選議員と多額議員は入れないこととし、世襲議員の自由な立場にあっての行動がとれるようにした。問題の近衛公も参加が決まり昭和二年十一月二十九日華族会館にて社交団体火曜会として結成した。毎週火曜日を例会日とし、幹事（世話人）には近衛公、細川、中御門両侯が決った。この時の参加者は二一名（五公、一六侯）で、幹事の報告では更に同成会の松平康荘、純無の佐竹義春、浅野長勲の三侯を入会予定者としている。会名を火曜会と決めたのは例会日を火曜日としたことによる。結成当初は社交団体としたことの理由は二つで、第一は院内交渉団体となるには会員数が不足で（二五名を条件としていた）あったこと、第二は近衛公を中心とする政治野心が強く出ることを恐れたためであった。しかし結成されて見てその不安が全くないことが分かったため、早くも昭和三年一月二十四日の火曜会の総会で火曜会を政治団体とする方針を決め、会の目標に貴族院改革をとり挙げることとした。その後前記の三侯と無所属団の野津鎮之助、西郷従徳の他に木戸幸一、鍋島直映、久我常通、池田仲博、佐佐木行忠、大隈信常らが、更にその他（三月十四日）研究会の菊亭公長侯の入会があった。政治団体の成立を声明したのは昭和三年一月三十一日で、その時の声明には研究会の決議拘束主義に反発する一人一党を挙げた。三月十四日に貴族院事務局に届出を行い、院内交渉団体となった。交渉委員には近衛、一条の両公と、徳川頼貞、佐佐木、細川、中御門の四侯の合計六名が決まり、同時に火曜会の幹事に選任された。会員は二六名（元の所属は純無一六名、無所属八名、同成会一名、研究会一名）である。これを結成前の所属で示すと

純　無　公　鷹司信輔　公　徳川家達　公　徳大寺公弘　侯　池田仲博　侯　徳川頼貞
　　　　侯　野津鎮之助　侯　小村欣一　侯　嵯峨公勝　侯　西郷従徳　侯　佐竹義春
　　　　侯　山内豊景
無所属　侯　徳川圀順　侯　細川護立　侯　鍋島直映　侯　大隈信幸　侯　久我常通
　　　　侯　木戸幸一　侯　佐佐木行忠
同成会　侯　松平康荘
研究会　公　近衛文麿　公　一条実孝　侯　中御門経恭　侯　四条隆愛　侯　広幡忠隆
　　　　侯　中山輔親　侯　菊亭公長

火曜会の結成に参加しなかった世襲議員は次の一八名であった。

純　無　公　伊藤博文　公　大山　柏　公　九条道実　公　松方　巌　公　三条公輝
　　　　公　西園寺公望　公　島津忠重　侯　醍醐忠重　侯　井上勝之助　侯　大久保利和

侯　山階芳麿　　侯　前田利為　　侯　小松輝久　　侯　浅野長勲

無所属　侯　徳川義親

茶話会　公　山県伊三郎（昭和二年九月二十四日没）

研究会　侯　黒田長成　　侯　蜂須賀正韶

研究会の世襲議員九名中七名が火曜会に移ったが、黒田、蜂須賀の両侯は脱会しなかった。これは近衛公と政治理念の相異から行を共にしなかったのではなく、それぞれに別の理由があった。黒田侯は研究会創立に参画し、明治二十五年四月議員に就任するや直ちに入会し、同二十七年十月六日貴族院副議長に就任し以後連続五期（大正十三年一月六日）までその職に在り、その間研究会を代表する役割を果している。火曜会について嗣子長礼に「自分は研究会所属の立場は変えないが、将来お前が議員になったら火曜会に入会せよ」と指示された（黒田長礼談）。この事からも侯は研究会を離れる考えはなかったことが伺がえる。昭和十四年八月十四日没するまで終身研究会員として尽された侯爵議員は黒田侯只一人であった。蜂須賀侯も常に研究会の代表的存在で、常務委員に選任され後には副議長に就任し、社団法人尚友倶楽部の設立に当っては設立総代となり、初代理事長に選任されるなど会とは離れ得なかった。他に大久保利武侯爵議員があるが、侯は初め勅選議員となり無所属からの入会であった。因みに昭和十八年七月に同侯が没してから後には研究会所属の世襲議員はいなかった。

第五節　優諚問題—田中内閣

一、経　過

昭和二年四月二十日田中義一内閣は若槻内閣の総辞職の後を受け成立したが、経済界の混乱にたいしての施策は不充分であったばかりでなく、議会においても民政党の批判を受けるなど不安定の中で、昭和三年四月二十日第五五特別議会が会期二週間として召集された。この議会召集の主要目的は治安維持法の改正であった。開会されるや鈴木喜三郎内相が行った選挙取締方針の声明（議会中心主義を排し、皇室中心主義を述べる）は選挙干渉であるとして〈政治、経済、思想、困難決議案〉なる内相弾劾案が提出され、議会は三日間停会となった後決議案が成立して鈴木内相は辞職した。更に民政党は内閣不信任案を準備するなどで、重要法案であった治安維持法の改正案は審議未了となり、政府はやむなく緊急勅令第一二九号の公布によって実施することとなったが、この緊急勅令の奏請により田中内閣の信頼は益々薄らいだ。緊急勅令が公布になって（昭和三年七月三日）五日目には内務省に特別高等警察課が、又翌日には憲兵隊に思想係がそれぞれ設置されている。国民は普通選挙の実施により明るさを得たが一方では暗い世相に触れはじめた。

第五五議会が閉会となった直後に、今度は貴族院において文部大臣水野錬太郎の優諚問題が起った。この事件の取扱について研究会内に幹部にたいする不満と決議拘束の統制に反発する態度が再び表面化して、大会派としての団結の権威をいちじるしく損う結果となった事件であった。

この事件は衆議院において選挙干渉を行ったとして弾劾を受けた鈴木内相が辞職したので、田中首相は改造を計った。内相には望月逓相を、逓相には新しく久原房之助を入閣させることとしたところ、水野文相はこれに反対して辞表を提出した。田中首相は留任を希望し、五月二十三日の久原逓相の親任式に列するため参内し、その拝謁の折、首相は教育のことは目下重大な国務である故、水野文相を留任させることと致しましたと上奏を行った。その翌日政府は声明を出し、文相を参内せしめたる処国勢に尽粋せよとの優渥なるご諚を拝したるにより文相は恐懼して辞表を飜すに至ったと発表した。これは田中首相の作為であることが判り、累を宮中に及ぼす怖れがあるとして宮内省当局が鳩山一郎内閣書記官長に直接申し入れを行った。これを重く視て、水野文相は累を皇室に及ぼすが如き物議を起した政治上の責任を感じ、自発的に辞任した。後任には研究会の勅選議員勝田主計が親任された。

二、貴族院各派の反発と研究会の態度

貴族院ではこの優諚問題を重視し、直ちに協議が行われ、細川、中御門両侯、大河内輝耕、渡辺の両子、黒田男、勅選からは石塚、永田らにより、これは皇室を利用した許すべからざる不都合な行為として、政府を難詰することとなった。先ず火曜会と公正会が主となって共同声明を出すことを申し合せ、研究会にも参加を呼びかけた。各派は緊急合議を開き協議を重ねた。中でも火曜会が最も激しく政府を非難した。政府問責の共同声明提出について、研究会内には二派があった。渡辺千冬派は激しいものを主張したが、水野直派は穏健論で会内不統制を暴露した。他会派にも二派があった。各派交渉会は研究会事務所で開かれている。これは議長召集の公的のものでなかったからである。声明文の起案は研究会で作り各派交渉会に提出した。

「近時水野文部大臣の進退に関し、田中内閣総理大臣の採りたる措置は軽率不謹慎の甚しきものにして、その職責上欠くる処あるを遺感とす」

おじぎの程度（昭和四・二・一五）

首相『貴族院の前へ行つてシツケイ！』研究會の青木『いかゞでせう、みなさん』貴院の四派《は》『どうもシツケイの態度に強情なところがある』

（東京朝日新聞）

これにたいし火曜会等から穏便にすぎるとする反対が出たが、大河内正敏子が改訂を強く拒絶したためやむなく各派はこれを承認し、五派の共同声明として政府に提出した。研究会は共同声明の取扱いで幹部派の方針は崩れたが、研究会起草の声明案文が認められ一応面目は立った。共同提出につき交友倶楽部は最初から穏健論であって共同声明には会としては参加せず、各自個人の自由参加とした。この時は恰も議会は開かれていない期間であったが、各派がこの様にして参加し、共同声明として提出したことは前例がなく今回が初めてであった。これをもって優諚問題は落着したが、この共同声明を提出したことについて、火曜会の近衛公は少し別な意見を持っていた様で

「政府が宮中に関することを発表するのもよくないし、更に内容について彼れこれ言ったことも尚更によくない。共同声明にたいし、首相が反省するところがあったら、改めて問題にする必要はない」

との主旨を述べ（昭和四年二月十三日各派交渉会）公の冷静な態度と判断の優れていることを如実に示している。優諚問題の取扱の態度は研究会ばかりでなく、貴族院の各派に種々の見解が見られたが、この年は一応解決して過ごした。

三、決議案と研究会の統制

優諚問題は解決したと見られていた処、昭和三年十二月二十四日召集の第五六議会で休会明けの二月にはいり貴族院でこの問題が再燃した。昨年共同声明を提出したのは議会閉会中であったので、改めてこの五六議会でとり挙げ、首相にその顚末と心境を議会で報告することを求めた。しかるにその報告の態度に反省の色がない答弁であったため、再び追究の形に出た。殊に研究会の大河内輝耕子にたいする答弁には誠意が認められなかったから不満が出た。大河内子は最初から強硬派であって研究会幹部のとった穏健論には反対していた。元来大河内子は感情的に走り易く、発言も遠慮のない表現であったことから、田中首相はこれを不快に受け留め、又首相も軍人出身のため持前の高姿勢が答弁に出たのである。

ここで研究会はその取扱いについて総会を開いた（二月十九日）。はたして総会はまれに見る激しい論争が起り、座長の林博太郎伯も議事進行ができない程で、常務委員にも収拾が難かしくなった。常務委員の一人である子爵松平康春は

「この際決議を強行し、会の意見を纏めることとなると、今後再び特別の除外例を認めることが相当起ると思われる。若しそうなれば会としての伝統である決議の権威は失われ、今日までとって来た決議の趣旨はなくなる。それよりもむしろこの際はこれを自由問題とすることがよいのではないか。しかし自由問題としても研究会の伝統の精神は会員各位において充分に汲んで行動をとってほしい」

と発言したことで漸く話がついた。この取扱いについては伯爵松平頼寿、子爵牧野忠篤の両相談役に白紙一任することの結論に達した。この時の模様について松平康春子は次の様に語っている。

「従来の研究会がとって来た統制による結論を出さずに白紙一任することとし、自由問題としたことは全く空前の事で、しかも問題が宮中に関係することを取扱ったのであるから、華族議員としての立場は複雑であった。しかも

この拘束主義の撤廃（注：会則上は撤廃はしていない、見送ったことの意味）はその後の法案審議に際して問題となったが、その都度会員は自己の立場と、会の任務とを考え、よく幹部の意を受け入れていたから、今回拘束統制をしなかったことは、結果からすると会のためにはよい結果を生んだといえる」と。

四、決議案上程

研究会が態度を決めたことにより、火曜、公正、同成、同和と純無が共同して、先の共同声明をもととした内容の〈内閣総理大臣の措置に関する決議案〉を二月二十二日上程、研究会の伯爵柳沢保恵が提案理由の説明を行いその中で「……これは忠告するものであって弾劾ではない誠心誠意をもって将来に注意する……」と述べた。採決は無名投票をもって行われ、賛成一七二、反対一四九であったから二三票の差で可決された。この投票の内訳は研究会の態度を示す上で重要な資料であるのでとり挙げ分析することにする。

会派別投票表（新聞報道記事より）

	賛	否	棄権	欠席	計
研究会	五二	八八	―	一二	一五二
公正会	四五	一七	―	三	六五
交友倶楽部	五	三二	―	六	四三
同和会	二二	四	―	一二	三八
同成会	二七	―	一	二	二九
火曜会	一四	二	一	一〇	二七
純無所属	七	六	一	一七	三一

合計	一七二	一四六	二	六二	三八五

この表により研究会と交友倶楽部を除く各派は殆んど反政府で決議案に賛成票が絶対に多いことを示している。交友倶楽部は五対三二で反対していることは、最初から田中首相弾劾には消極的態度をとり、共同声明にも会としては参加しなかった程であるから当然である。

研究会は共同声明の際にも、亦今回の決議案の取扱いにも反幹部、反政府派と幹部派、政府に穏健的態度の派が激しく対立していたし、既述の通り相談役一任にまで収捨された程であったから、投票の結果には大きな関心があった。その結果は表が示す通り、決議案に賛成五二票、否決八八票、棄権〇、欠席一二となった。即ち幹部の方針である穏健派は三六多かった。これは二つの意味を語っている。一つは幹部の絶対の力が弱体化していること、第二は幹部派の方針が支持されていたことを示している。しかし決議案は可決されたのであるからして、研究会の穏健派は敗れたことになった。ただ研究会だけについて言えば幹部の方針を支持している者が多かったことになり、会員の意見陳述は従来より激しくはなったが、その中で研究会の持つ誠実性は失われていないことを語っている。統制拘束は受けなくとも、会員には各自に深い思慮と、幹部をたてる気持は捨ててはいない。今回決議案問題は、田中首相の軽率に端を発し、皇室に累を及ぼす恐れがあったことに問題があったことから、若し余りに強く政府を攻撃すれば却って不敬になることを会員は充分に意識していたことである。一方幹部のとった態度はこれでよかったのか。優諚問題が起った時に、何故もっと速かに断固として田中首相の不謹慎の解決を考えなかったのか。会内に強い不満がありながら、又火曜会の強硬論を積極的に受け入れようとせず、穏健策で終始政府に好意を示していたことは誤りで、この点は批判を受くべきである。しかし何故幹部がこの様な方針をとったかにはもう一つの大きな理由があった。それは昭和三年十一月十日の御即位の大礼が決まっていたからで、大礼を間近にして政界が、宮中にも及びそうな混乱を起してはならないとの心配が、大きく幹部の脳裏にはっきりとしみ込んでいたからであった。柳沢伯が決議案の提案説明で弾劾案でないと言っているのもその意味である。

停電内閣最後の努力

一平

停電内閣の運轉手が最後の努力を拂ふといふ。何の事かと思つたら。例の架線工夫を賴んでくるのであつた。

（「東京朝日新聞」より）

しかし田中内閣に対する信任は益々薄くなっていて、その後に上程される両税移譲法案、鉄道敷法改正案など重要法案が成立せず、更に小選挙区制案、労働者災害扶助法案は審議未了となるなど、政府の責任は重くなりその上満州某重大事件（張作霖爆死事件）などの追求を受け、田中内閣は遂に昭和四年七月に総辞職となった。

第六節　研究会事務所の新築

一、帝国議会新議事堂の竣工

昭和二年四月七日に新議事堂の上棟式が行われた。この議事堂の新築には長い沿革がある。最初の計画は、帝国議会の開設が決まり、議事堂は麹町区永田町に建築することとなり計画したが、準備に手間どり第一回帝国議会の開会には間に合わないため中止している。そして明治二十三年十一月の帝国議会開会に間に合わせるため、麹町区内幸町（現在の郵政省本庁の所在地）に木造ペンキ塗りで急造したので仮建築であった。しかるにこの急造の仮議事堂がそれから僅か二ヵ月後に焼失し、再び仮議事堂が造られた。この建物も大正十四年九月十八日に焼失した。

帝国議会議事堂の本建築計画が復活したのは明治三十三年の第一一議会で、再び永田町に建築することになった。しかしこれも設計の依頼先が決まらず、明治四十三年十一月に中止してしまった。改めて明治四十四年一月の第二七議会にて本建築計画着手が漸く確定した。その時の方針は、建築用材は国産品を使用すること、日本人の手によって設計すること、設計は公募とすること、外観内部共に堂々たるものとすることなどが決った。公募の設計案の審査は臨時議院建築局長官神野勝之助が委員長で、委員には辰野金吾、古市公威、柳田国男ら一二名が任命された。審査の結果一等当選は宮内技師渡辺福三で、大正七年九月十六日に発表された。この一等当選の設計図をもとにして本設計が作られ工事にはいったが、工事は遅々として進んでいなかった。たまたま大正十四年九月に仮議事堂が焼失したことから急ぐことになり、努力の結果昭和十一年十一月に竣工したので、その間実に五〇年の歳月を経ている。

二、研究会事務所の新築

移転の理由　研究会の事務所の新築がとり挙げられたのは、この永田町の議事堂の建築が着工されたことと並行して起っている。いよいよ帝国議会も近く幸町から永田町に移るについて、研究会の事務所の移転の話が出た。正式に常務委員会で議されたのは大正十四年一月二十九日であった。

それまでの研究会の事務所は最初（明治二十五年）赤坂溜池に近い山王下に仮に置かれ、その後明治二十九年に麹町内幸町一丁目五番地にはじめて事務所を持ち、更に大正二年になり芝区新桜田町二九番地に土地を購入して事務所を新築し、尚友会と共にここに移った。

今回移転を決めたのは三つの理由からで、第一は新議事堂がいよいよ永田町移転となるので、事務所もなるべく近い所に移したかった。第二は現在使用している事務所は既に一五年を過ぎ大修繕を必要としていたこと、第三は会員数が増加し第五一議会の時には一五〇名を越し、狭隘となったことであった。

敷地の選定と宮内省　移転が確定し先ずその敷地をさがさなければならなかった。たまたま幸倶楽部も使用中の事務所が老朽となっていたので新築移転のため敷地を探していた。同じ貴族院の会派であるこの両団体は協力して土地を探した結果、たまたま華族会館が内幸町から麹町三年町にあった御料地を宮内省から払下げを受けて、大正十四年から新築工事に着工していた。この土地の一部を借受けることを申出で諒解を得てここに両会は狭い土地なので不本意ではあったが共同で使用する建物を建てる計画をした。その翌年になり華族会館の敷地と道路を隔てて西側に空地約六〇〇坪を発見した。この地は新議事堂にも一層近いし、華族会館とも道路を挾んでいて好条件であった。この土地も御料地であるので、早速宮内省に交換の条件で申請をすることとなり、その交渉を華族会館に依頼した。（最初の会館内一部を借りることになった土地については明確な資料がなく、華族会館の土地に近接していたのか、敷地内であったか詳らかでない）。会館では両会の会員が何れも華族会館員であったから（幸倶楽部の公正会をとり挙げて）明治八年十月七日の勅諭のこともあり好意をもって協力を惜しまなかった。しかるに宮内省は両会とも政治団体であるとして、払下げには応じられないとの態度であった。その後も再三交渉が続けられ、研究会も幸倶楽部も貴族院の会派ではあるが、政党ではないことを説明したが交渉は進展しなかった。そこで青木子と阪谷男の両者は華族会館長公爵徳川家達を訪問し、この御料地の払下げが実現する様に協力を要請した。三者の協議の結果華族会館が宮内省から払下げを受け、会館が子爵議員選挙母体である尚友会と、男爵議員選挙母体である協同会に貸与することとする計画で交渉を進めた。両会の会員は全員華族会館の会員であることから、宮内省との諒解がついて、尚友会は青木、八条両子が、協同会からは阪谷芳郎、松岡均平両男がそれぞれ会を代表し、華族会館幹事福岡孝悌との間で、旧御料地五九七坪五合二勺の貸借契約を結んだ。時価坪当り三〇〇円といわれた土地を、地代は坪当り一ヵ月五〇銭という低額で借りることとなり、尚友、協同の両会は希望通り〈三年町御料地〉という得難き土地を使用することが実現した。この場所は西は日枝神社の森に連り、東から南にかけては溜池を見おろし、遠く東京湾を眺める景勝の高台で、新議事堂も近かった。三年町なる町名の由来については、曽て江戸時代にはこの一帯は全部大名屋敷となったが、それより以前未だ徳川氏の居城が造られる以前（天正十八年頃）には寺院や墓地が多くあった。天文三年紅葉山（江戸城）にあった岩明山和合院天徳寺が天正十三年に桜田霞が関に移ったと記録にある。その時から慶長十六年江戸が完成するまでの二十六年間は天徳寺の境内であった。又慶長年間には内藤修理亮がこの地に霞関山本覚院太宗寺（現在は新宿にある）を創立した。この山号が今日の霞が関の地名の起りだという。この様に寺院が多く、とかく寺院や墓地に通じる坂は道が悪いし、年寄にはよけいころび易いのを戒めてできた俗信に「この坂でころぶと三年のうちに死ぬと戒め、若しころんだらそこの土を三度なめれば死を免かれると教えたことからその名が残り、その三年坂のある町なので三年町と名付けられたという（横関英一……江戸の坂東京の坂）。又町名沿革史には

「侯邸士宅地にして、幕末には延岡藩内藤氏邸存し、他は二本松丹羽氏、三田藩九鬼氏の二邸及び土地ありたり、

ホソバダブ（左後方は華族会館）

安政大江戸図　分部写　　○印は尚友会館位置

維新後之を官収し、明治四年内藤邸祉を工部省に属して工部寮を置き、三年町内の坂名に取りて町名を付す。本町と裏霞ヶ関との間に（今日の大蔵省と文部省の間）三年坂あるを以てなり。又淡路坂と言う。外に永田町一丁目との間に茱萸（グミ）坂あり、昔時両側にグミの樹ありしを以て此の称あり」

とあり、その昔、江戸城の外濠にあった江戸三十六門の一つである虎の御門を入った所で、北は元霞ヶ関が置かれていた江戸時代には屈指の地であった。安政年版の地図によると、九州延岡藩内藤備後守の上屋敷があった。更に明治二年版の地図には御用地と記されている。その後明治二三年一一月になって勅書によって世伝御料と定めている。この地に東京では珍らしいホソバタブの大木が残っていた。この木は旧青山練兵場の中央にも一本あり、俗にナンジャモンジャといい、元来が南方の樹で、日本では近畿から西、南九州や南朝鮮に分布している樹木であるから、恐らく延岡から造園の際か、或は奥方の輿入れの時に運ばれた樹ではないだろうかなどと想像される。

この様に希望通りに最適にして最高の土地が使用できることとなったのには、華族会館のよき理解と協力がこの結果となったのである。

尚最初の目的の様に研究会が使用することになるのだが、土地は尚友会が華族会館から借受け、建物は研究会が建てて使用することなので、問題とはならなかった。

新築計画　最初華族会館敷地内に研究会と幸倶楽部との共同建物を造ることで設計を依頼したが、その後別個とし、小笠原伯、青木、八条両子と多額議員の横山章の四名が中心となってすすめ、大正十五年十月二十二日の評議員会で可決した。これで具体化し建築委員三六名が任命され、内実行委員六名が決った。その後変動があり延四九名でその氏名は

○公　近衛文麿　　公　一条実孝　　公　二条厚基　　伯　松浦　厚　　伯　寺島誠一郎

伯　林博太郎　　伯　松平頼寿　　○伯　溝口直亮　　伯　樺山愛輔　　○伯　小笠原長幹

伯　堀田正恒　　○子　八条隆正　　子　渡辺千冬　　子　京極高徳　　子　稲垣太祥

子　大久保立	子　青木信光	○子　酒井忠亮	子　牧野忠篤	子　大河内正敏
子　前田利定	子　伊東祐弘	子　野村益三	伯　酒井忠克	子　薮　篤麿
子　池田政時	子　裏松友光	勅　内藤久寛	勅　馬越恭平	勅　富谷鉎太郎
勅　今井五介	勅　小松謙次郎	多　高橋源次郎	勅　鈴木喜三郎	勅　太田政弘
勅　馬場鍈一	勅　宮田光雄	勅　志村源太郎	勅　湯池幸平	多　小林　暢
多　絲原武太郎	多　板谷宮吉	多　岡崎藤吉	勅　金杉英五郎	多　津村重舎
多　奥田亀蔵	多　横山　章	多　森平兵衛	多　浜口儀兵衛	○印は実行委員

建築設計は曽根達蔵、中条精一郎の両技師によって作成され、細部については直接八条子と田原技師とで協議した。昭和二年四月十六日に小笠原伯邸にて建築申請書類が作成され、青木子が申請者となって提出した。その時の建築委員であった浜口儀兵衛（梧洞）は当時を回顧して

「自分は常務委員に推され、建築委員を仰せ付かりましたが、当時はまだ当選間もない頃で、何んのお役にもたちませんでした。ただ記憶にあることは八条子爵が実に熱心に且つ緻密な準備をもって細々と注文され、無駄な出費がないように監督は厳重にされ、又エレベーター設置については津村重舎君との間に大部議論があったことを思い出します。最初の計画にはエレベーターは無かったようです。」

と語っている。（昭和三二、三、一八談）

建築資金　新築に要する資金については各委員は苦心している。旧事務所の不動産売却と、第二は会員の寄付金によった。先ず旧事務所は日本中央競馬会に売却した。この時競馬会の理事長は研究会相談役伯爵松平頼寿であったことから売却交渉は円滑に行われた。むしろ松平伯が両者のための斡旋の結果であったと思う。不動産は総坪数一四四坪でその代金は一三五、〇〇〇円であった。この建物は昭和五年十月に中山競馬場に移されて使用されている。売却時は九四坪五合とあるが今はそれより四坪三合三勺小さく九〇坪六合七勺と記載されている。一階二階共に中央に廊

下があり階段も原型を保っている。又付属の撞球室も玉台もあり一見大正調の建物も当時のままのものと思われる。中央競馬会はこの建物をホテルと呼び、地方から上京して来た調教師の宿舎として使用している。研究会の全盛期の建物で大正から昭和の初めまでの貴族院憲政史の上で珍らしい記念物で、当時を無言で語っている。

会員よりの募金については、多額議員には一五〇、〇〇〇円を引き受けさせ、興業銀行から一時借入金として二〇、〇〇〇円が得られた。その他有爵議員と勅選議員には総額三〇〇、〇〇〇円を目標に依頼した。募金規約には

「建物完成の上は永遠に本会事務所に使用することを条件として尚友会に寄付するものとす」

寄付金額一口金五〇〇円

寄付申込期限は昭和二年二月十五日

寄付金払込の方法は一時払と分割払

イ　一時払は昭和二年三月三十日

ロ　分割払は昭和四年三月三十日迄に払込み、回数は寄付者の任意

第一回　昭和二年三月三十日

第二回　昭和二年十二月三十日

第三回　昭和三年三月三十日

第四回　昭和三年十二月三十日

第五回　昭和四年三月三十日

とあり昭和二年二月十四日付で発送された。日付の上では申込期限は一日の余裕しかないが、これは申込書印刷時の予定であったようだ。この年は経済界に金融恐慌が起り経済上に不安があったことにより予定通りには募金は集っていない。同年十二月末には一五三、八四四円五五銭であって、その後に追加応募や入金があり昭和五年十二月末の会計簿によると

会員の寄付金	二八二、九〇〇円
新桜田町不動産売却代	一三五、〇〇〇円
予金利子その他諸収入	二〇、七六七円
合計	四三八、六六七円

と記載されている。寄付者の総数は一五五名と報告されているから、会員の積極的な協力がうかがわれる。寄付者中に個人最高は多額議員岡崎藤吉で金二〇、〇〇〇円と記されているが、同議員は事務所の竣工を見ず、その前年十一月没した。その他にも事務所の完成を見ずに死去或は退会者があった。

研究会事務社建築資金並基金寄付者　昭和六年二月現在

子稲垣太祥	子伊集院兼知	子五辻治仲	子滝脇宏光	多田村駒治郎	多高橋源次郎
子井上匡四郎	子今城定政	子伊東祐弘	子冷泉為勇	子曽我祐邦	勅塚本清治
子伊東二郎丸	子石川成秀	子井伊直方	多津村重舎	子鍋島直縄	勅内藤久寛
子池田政時	子岩城隆徳	勅今井五介	勅中村円一郎	子裏松友光	多宇田友四郎
多伊沢平左ヱ門	多五十嵐甚蔵	多絲原武太郎	子野村益三	侯黒田長成	伯黒木三次
多板谷宮吉	侯蜂須賀正韶	伯林博太郎	伯柳沢保恵	伯柳原義光	子柳生俊久
子八条隆正	子花房太郎	勅馬場鍈一	子藪　篤麿	勅山川端夫	多山崎亀吉
多浜口儀兵衛	多八馬兼介	子西大路吉光	伯松木宗隆	伯松浦　厚	伯松平頼寿
子西尾忠方	勅西野元	多西本健次郎	子松平直平	子牧野忠篤	子前田利定
伯堀田正恒	子保科正昭	多本間千代吉	子牧野一成	子松平康春	多馬越恭平
子豊岡圭資	子戸沢正己	子土岐　章	伯二荒芳徳	子藤谷為寛	子舟橋清賢

勅富谷鉎太郎　多富安保太郎　侯大久保利武　勅藤山雷太　伯児玉秀雄　勅小松謙次郎
伯奥平昌恭　伯小笠原長幹　子大久保立　多小林　暢　子青木信光　子秋月種英
子大河内輝耕　子織田信恒　子大浦兼一　子秋田重季　子秋元春朝　子綾小路護
勅太田政弘　勅大橋新太郎　多奥田栄之進　伯酒井忠克　伯酒井忠正　多佐々木志賀二
子渡辺千冬　子渡辺七郎　勅若林賚蔵　多沢山精八郎　多斎藤喜十郎　子清岡長言
伯川村鉄太郎　伯樺山愛輔　子片桐貞央　多北村宗四郎　勅湯地幸平　伯溝口直亮
勅金杉英五郎　多金子元三郎　多風間八左ヱ門　子三室戸敬光　勅宮田光雄　多三木与吉郎
子吉田清風　子米津政賢　子米倉昌達　子白川資長　子新庄直知　勅志水小一郎
多横山章　子高倉永則　子立花種忠　子東園基光　子毛利高範　子森　俊成
多森広三郎　多森平兵衛　勅鈴木喜三郎　多菅沢重雄

昭和六年二月末日現在

寄付後退会又は死去した会員

公一条実孝　侯中御門経恭　公近衛文麿　侯四条隆愛　侯広幡忠隆　勅佐竹三吾
子大河内正敏　多若尾謹之助　（以上退会）
子板倉勝憲　公二条厚基　子小倉英秀　多岡崎藤吉　勅神野勝之助　勅加太邦憲
子朽木綱貞　子五条為功　伯寺島誠一郎　子酒井忠亮　子京極高徳　子水野　直
勅志佐　勝　子本多忠鋒　子税所篤秀　勅志村源太郎　（以上死去）
多吉野周太郎　（以上資格削減）

建築資金会計締切後の寄付者（基金となす）

伯有馬頼寧　多上郎清助　勅根津嘉一郎　勅藤原銀次郎　勅湯川寛吉　勅磯村豊太郎

総計一五五名

建築工事　建築敷地五九七坪五合二勺（一九七一・二平方米）に両会は別々に建築することになったので、この土地を南北に等分し抽籤により尚友会は南側二九八坪七六と決った。設計監督には中条曽根建築事務所が担当し、常時は中条が当った。中条は工学博士で当時一流の建築家であった。よく建築委員の意を取り入れ、両者は深い理解と信頼によって進められた。

五月三十一日に建築現場において地鎮祭を行った。参列者は研究会より一四名、公正会より一一名の他に茶話会より一名、同成会より二名の計二八名が出席した。茶話会と同成会からの参加は最初は幸倶楽部の事務所の予定であったことによるので、宮内省との交渉の段階で協同会が借主となったためである。結局幸倶楽部の名も適当でないとして事務所を新たに昭和倶楽部とし建物を昭和会館と名付けたと考えられるが詳かでない。

施行は石井組が請負っている。両事務所は設計施工も同一の手によってはいるが、土地の形からして異った設計になったが、外壁は全く同色である。その他注目されるのは両館を地下室で連絡し通れる様に設計され、更に道路を経だてて華族会館へも通じる地下道が図面に乗っている。それによると幅六尺、高七尺で地表より五尺掘り下げるとある。昭和二年六月二十三日の華族会館の役員会で地下道設置が承認され、既に東京市と警視庁と宮内省の許可を取っているが着工していない。ただ尚友会の側には車寄玄関の下に幅三米半の階段は完成している。何故それ以上工事を進めなかったのかは詳かでないが、協同会の周布男が警視庁との間での話で、安全性が不充分といわれたことを伝え、安全を期するためには特に天井を厚くする必要があり、それには工事費が意外にかかることが分ったからだとされている。

さて工事は予定通りに運び、その経過は

地鎮祭　五月三十一日
地階コンクリート打完了　九月十日
一階コンクリート打完了　九月三十日

二階コンクリート打完了　十月十八日
三階コンクリート打完了　十一月九日

内部の設備と付帯工事については建築委員から種々注文が出て、調度家具、金具類にいたるまでそれが生かされた。家具は高等工芸学校の主任を招き設計を依頼し、同校の実習場で製作、カーテン敷物は三越に注文、殊に客室の壁紙は当時は最高の独逸製品が使用された。浄化排水装置は建物の規模に比して大がかりなもので、施設としては高級で完備していた。

竣工　建築工事は順調に進み、昭和三年三月五日には三年町の一角に地下一階地上三階の重厚感のあふれた新屋が完成した。溜池を経て北の高台にその建物が望め、その北には新議事堂を間近にし、研究会が国政に尽さんとする信念を象徴する様に見えた。三月八日の落成式には田中首相をはじめ、徳川家達公、蜂須賀侯の正副貴族院議長と守田茂、松浦五平の正副衆議院議長を始め朝野の名士五五〇名を招待して盛大に行われた。

建築費及び館内整備費等総計二〇四、七三二円五二銭（八条建築委員の計算書より）となった。その内訳は

建築費	一三七、六三五円五九銭	石井組
水道工事	一、一九五円九〇銭	東京市
衛生工事	七、二六六円六二銭	須賀商会
電気工事	八、七三八円七三銭	金丸製作所
瓦斯工事	六二八円一〇銭	東京ガス会社
暖房工事	六、三二八円八二銭	大阪暖房商会
エレベーター	九、九五〇円〇〇銭	内田商事会社
其の他付帯工事	一、六五四円七〇銭	
設計監督費	一一、一八八円一九銭	中条曽根事務所他

庭園費	四四七円二〇銭	横溝政吉
家具装備費	一五、一八一円六二銭	三越・堀商店・東京工芸学校
利子公課諸費	三、三八〇円六七銭	
地鎮祭費	一〇〇円〇〇銭	
落成式費	一、〇三六円三八銭	

以上である。

建物使用面積と用途（数字は単位坪）

地階

総床面積	六五二、二八
宿直小使室	七、〇
会員食堂、撞球室	二八、〇
倉庫	一八、二
炊事室	一〇、八
エレベーター	一、三
物置（書類保存室）	九、五
暖房機関室	一三、〇
廊下（外）	二一、二三
廊下（内）	二九、五
計	一四三、五二

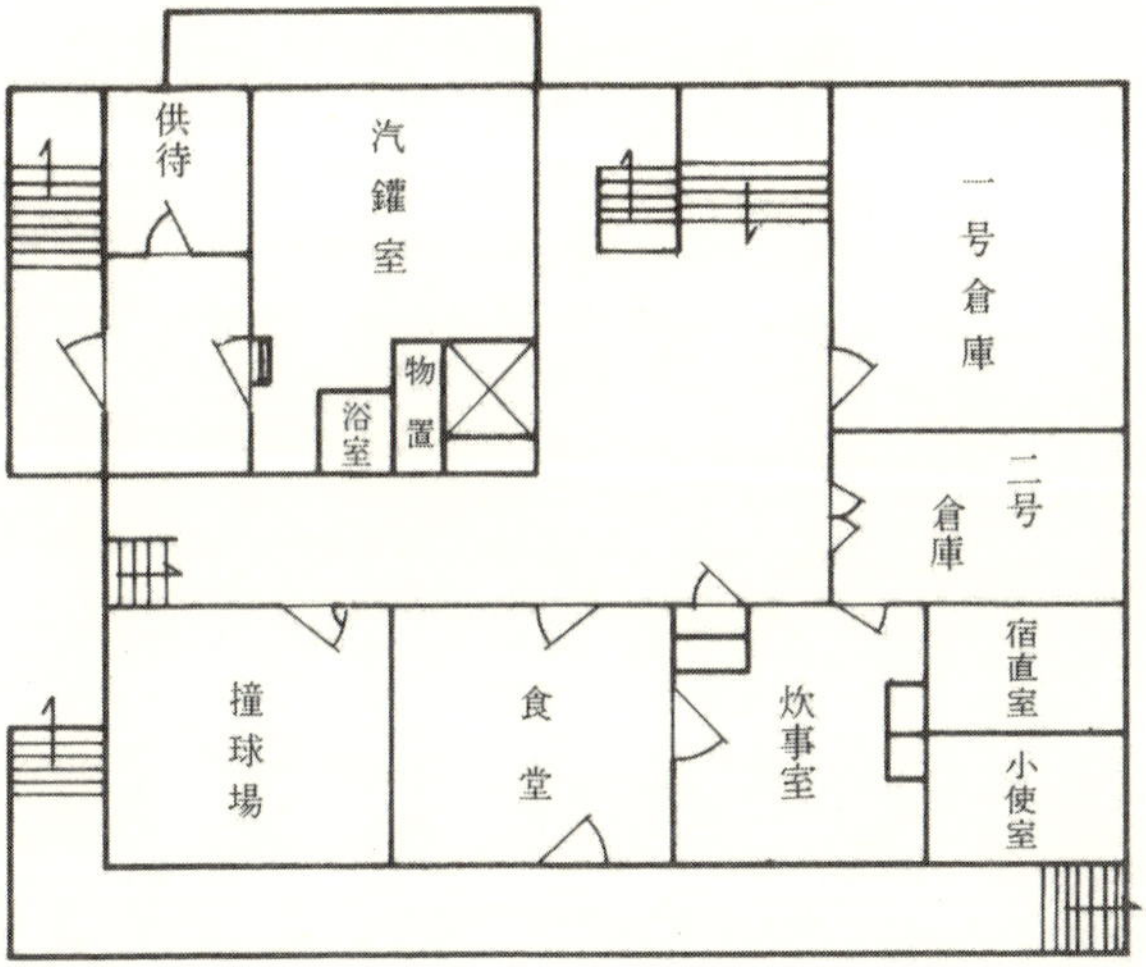

地階

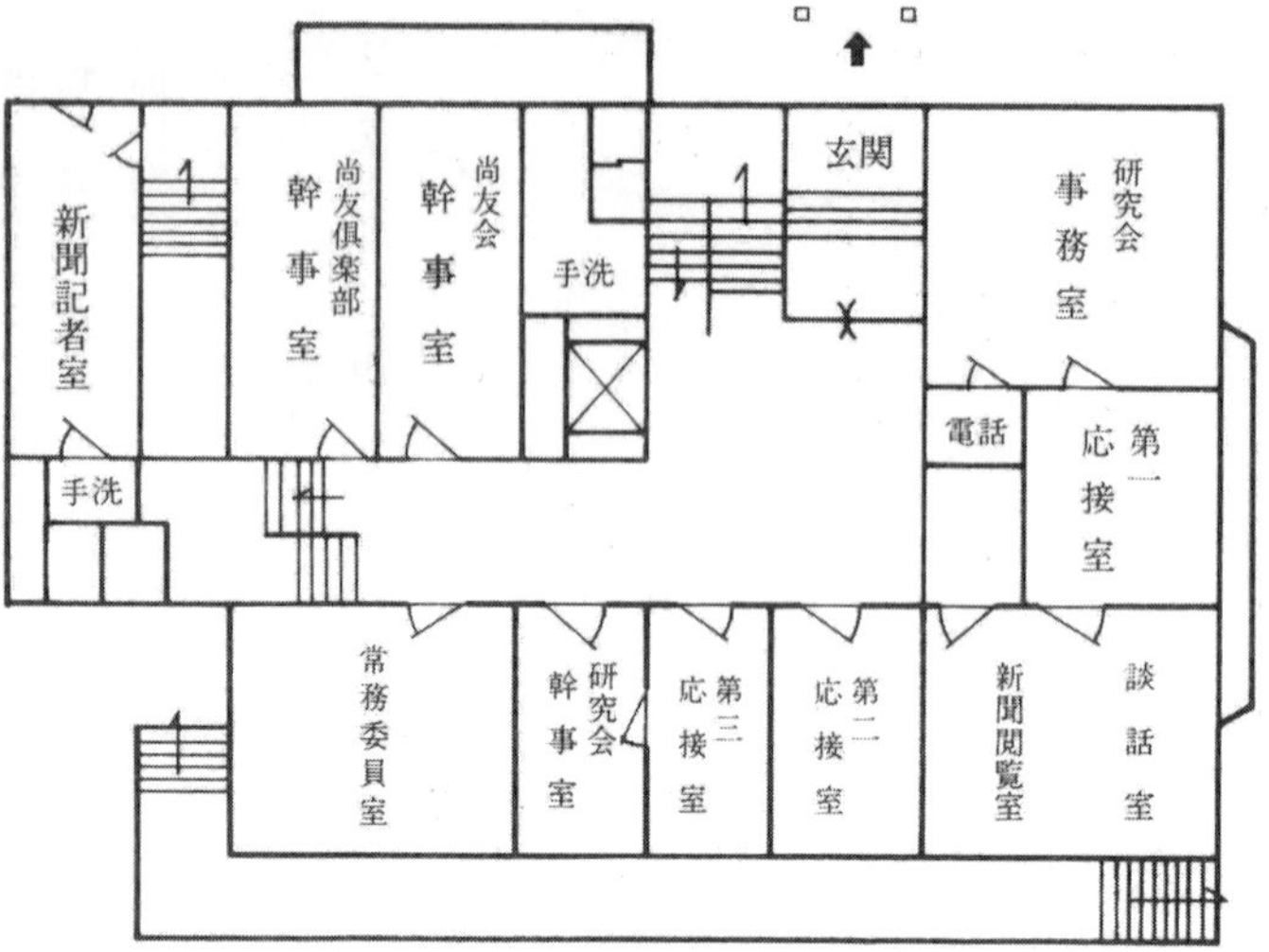

一階

一階

室（一〇）	八四、〇
手洗（二）	一二、三一
廊下	三五、〇
エレベーター及外廊	二六、五五
計	一五七、八六

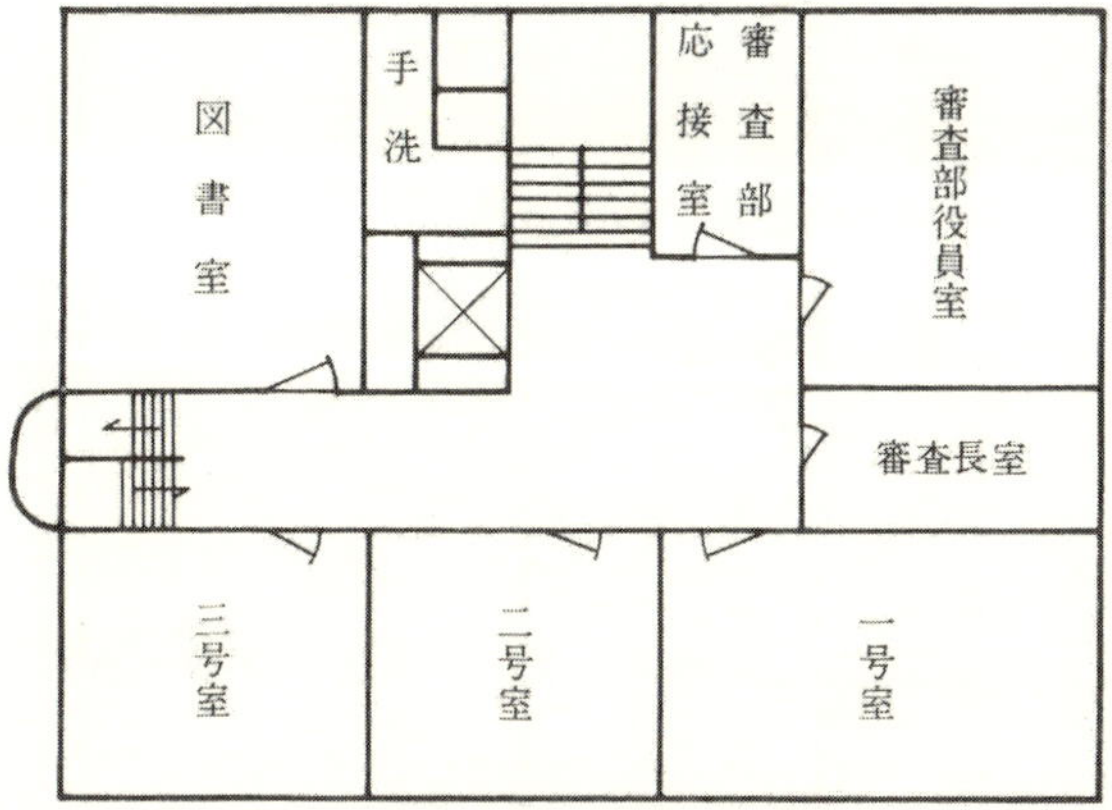

二階

二階

室（五）	八三、〇
手洗	八、〇
エレベーター及外廊	二三、五
露台	一、〇
計	一一五、五

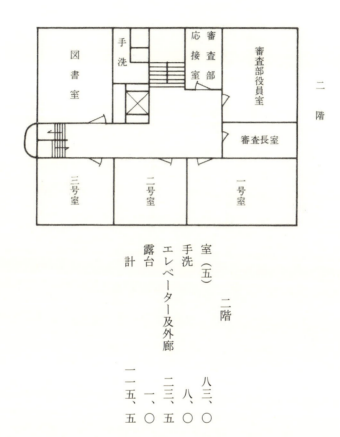

三階

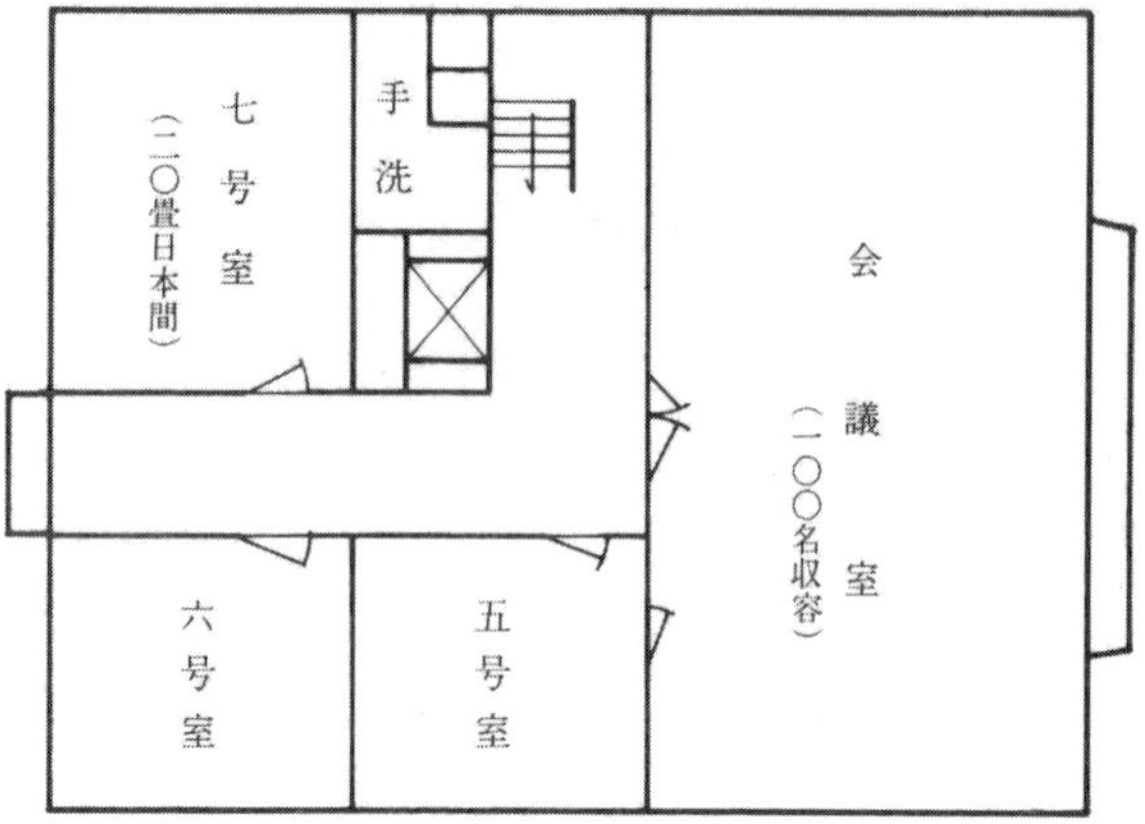

三階

室（四）	八九、〇
手洗	八、〇
エレベーター共廊下	一八、二
露台	三、三
計	一一八、五

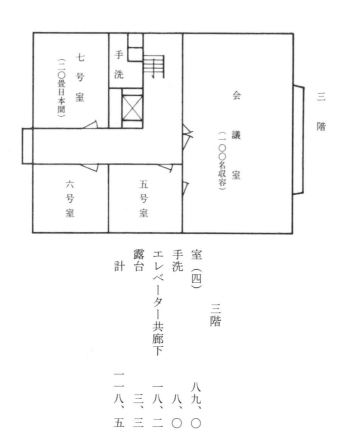

屋上
　エレベーター機関室　一二、〇
　屋上　一〇五、〇

尚昭和三十九年一月に屋上に四階を増築した。ここにその概要を記す。総面積三八六、七平方米の軽鉄筋鉄骨を使用し鹿島建設によって設計施工、建築費は二、七〇〇万円である。その使用内容は最初から社団法人霞会館が使用することになっていたので、会館の希望を入れたものであった。

さて竣工した新事務所の設計は曽根達蔵、中条精一郎の両技士であったから、種々特色があった。昭和五十六年の今日まで既に五十三年の長い年月を経ているが、老朽による不安は認められない。如何に構造が堅固であるかを示している。数年前、通風換気扇を取付けるため外壁の一部を抜いた処、その厚さといい鉄筋といい建築常識より遙かに多量に使用していたので、工事日数が予定の数倍になったことがあった。又排水用配管埋蔵のため、玄関前の舗装の一部を取壊したが、これも厚く堅牢で、一般用のハンマーでは用をなさず難行したことがあった。地下倉庫に保管されていた書類は少しも湿気による被害は受けていないなど、一般工事に比して重厚に施工されている。

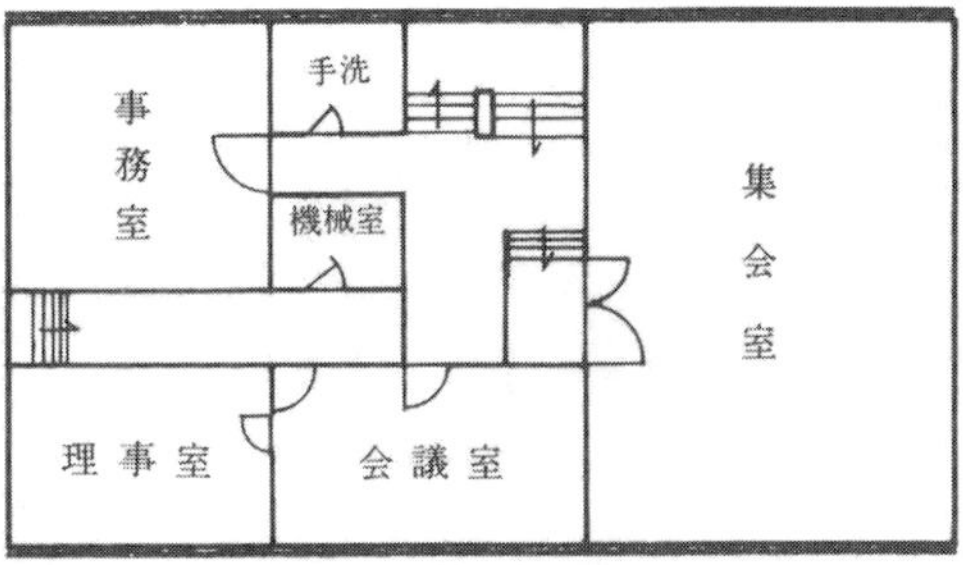

四階見取図

この様な工事を施工したのは、当時の建築委員の小笠原伯と八条子の綿密な設計交渉があったことによるので、これについては、発注に先立ち大正の末に小笠原伯は余丁町の自邸の新築を同建築事務所に発注している。その実績によって今回の委嘱となったのであろう。当時最新流行のスペーイン風建築として評判は高く、大正末期の最先端の代表的建築物として高く評価されている。この技法が今回も充分に生かされたのである。

街　灯

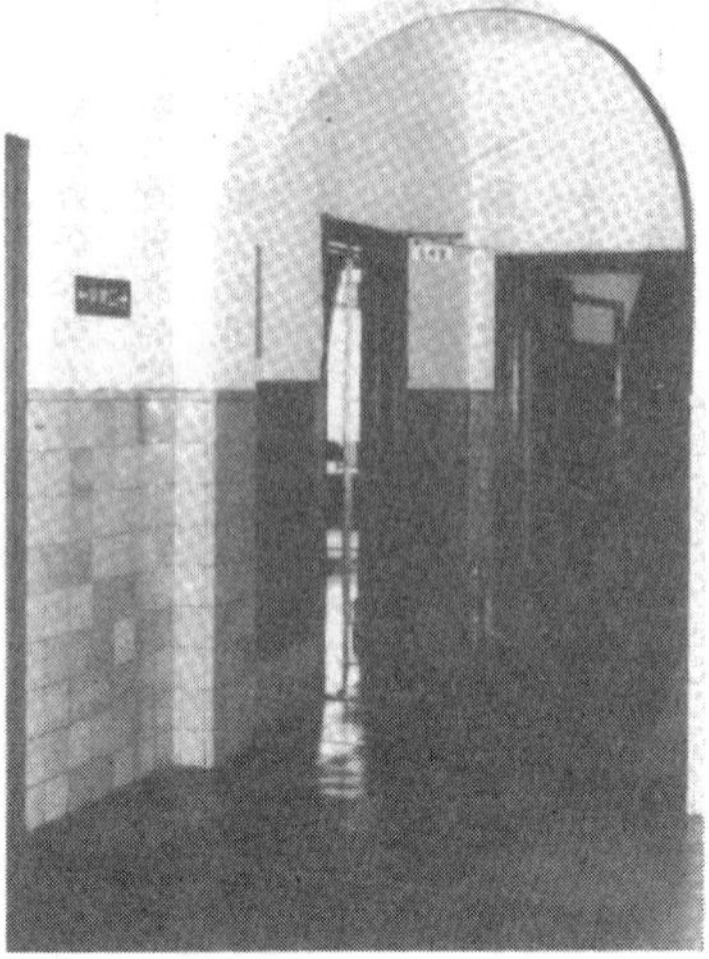

廊　下

円　卓

その他自慢したいのは先ず外燈で、フランス風の瓦斯燈を模していて、本館入口に在って優雅な印象を与えている。室内では第二応接室のシャンデリアは室に合せたため小型ではあるが豪華といえる。家具調度類はそれに合せてかなり高級なものが置かれていたが、昭和十八年秋に本館を軍需省に提供し、戦後（昭和二十二年五月）に返還を受けた時には全部なかった。ただ一階の元常務委員室に会議用の楕円形大型テーブルとソファー五個が残っていた。このテーブルは新築の時、司法省を通じて刑務所の作業所へ特注して作らせたもので、軍需省は邪魔で運び出そうとしたが、チーク材で余りにも大型で且つ重厚で、移動処分ができず、当初からの場所に放置してあったため無事なるを得、今日では記念物となった。

第七節　尚友倶楽部の設立

竣工した研究会、尚友会事務所の所有者については、最初からの交渉により借受者は尚友会であったが、実際の建築資金の調達の点からして建物の所有者は研究会とする方針であった。しかし研究会が所有者となると、現職の議員に限られ、任期満了後は無関係になることを考慮、又尚友会とすると選挙母体の関係から有位、有爵者に限られてしまうこととなるので不都合があるので、新しく建物の所有団体を設立して、資金寄付の議員にも任期に関係なくその会員になれる様にし、それが建物所有者になることとし、これには現、前、元の研究会所属議員と尚友会会員が参加することに決った（昭和三年四月十六日尚友会評議員会で議決）。たまたま同じ様な考えで昭和会館の所有者が問題となった。幸倶楽部会員による新団体設立案と公正会、協同会単独案があった。結局新たに昭和会館なる団体を作りこれを不動産所有者とすることを決め、社団法人昭和会館設立の申請を行い、昭和二年九月七日に設立が認可になった。これを知った研究会と尚友会も協議し社団法人を設立しようと準備にはいった。

命名　不動産の所有者としての法人はその目的に公益事業を行い、会員親睦を掲げた。法人名を研究会倶楽部とした。しかしこれでは政治会派色が濃厚すぎるとして尚友会の尚友をとり〈尚友倶楽部〉と決った。昭和会館の例により社団法人設立申請を内務省に提出した。設立申請人は研究会役員二五名で、申請人総代は侯爵蜂須賀正韶とした。昭和会館の先例があり、予備交渉も順調に行われたので都合よく運び九月二十六日付をもって内務大臣望月圭介より認可が出た。その間の交渉は八条子が担当している。

設立認可　設立申請人は次の通り

侯蜂須賀正韶　伯酒井忠克　子籔　篤麿　子八条隆正　子池田政時　伯柳沢保恵
伯松平頼寿　伯溝口直亮　子稲垣太祥　子牧野忠篤　子前田利定　子青木信光
子大河内正敏　子水野　直　子渡辺千冬　子井上匡四郎　子伊東祐弘　勅今井五介
勅小松兼次郎　勅湯池幸平　勅内藤久寛　勅藤山雷太　勅若尾謹之助　多浜口儀兵衛
多津村重舎

内務省東書第九五号

社団法人尚友倶楽部設立者総代

蜂須賀正韶

昭和三年九月二十五日付申請社団法人尚友倶楽部設立ノ件許可す

昭和三年九月二十六日

内務大臣　望月奎介匣

これにもとづき、設立者二五名がそのまま全員評議員に就任、第一回の評議員会を十月五日に開き理事監事を次の通り選出した。

理事長　侯　蜂須賀正韶　理事　子　八条隆正　理事　伯　酒井忠克　監事　勅　内藤久寛
監事　子　籔　篤麿　同　多　浜口儀兵衛　同　子　池田政時

このうち酒井伯と籔子とは研究会幹事で池田子は前任幹事であった。

華族会館との借地の契約も尚友倶楽部とすることで承諾を得、十月十日に登記の手続を完了した。この新団体の定款は全章六章二六条からなり、目的は第一条に「会員相互に知識を交換し、親睦を厚くし以て公益を増進する」とあり、その「目的を達する為談話会、講演会等の集会を開催し其の他必要と認むる事業」を行うこととし、公益法人としての性格を明示した。会員の構成は第四条に「成年以上の有爵者又は其の隠居者若くは嗣子。貴族院議員又は其の職に在りたる者」の何れかに該当することを明記した。設立の趣旨により、研究会と尚友会の会員にたいし、蜂須賀理事長の設立趣意書を添えた入会勧誘状が研究会会員へは常務委員から、尚友会会員へは尚友会幹事からそれぞれ送付された。この両団体は別々な使命を持っているが、将来に円滑なる相互協力が期待された。

第八節　浜口内閣と研究会

一、浜口内閣の成立

田中内閣は優諚問題で両院の不信を買い、不戦条約批准問題では公正会の反発を受け追い込まれたが、漸く枢密院での可決によって、これで救われた。しかし次に起った満州某重大事件では、国際問題であるので議会の露骨な攻撃とはならなかったが、事実は明白であったから政府は日を追うて不利となり、遂に七月二日総辞職した。

後継首班には憲政の常道により直ちに第二党である民政党の総裁浜口雄幸が奏請され、同日夜には民政党による浜口内閣の親任式が挙行されている。この様に急速に新政府が成立したのは、既に田中内閣の総辞職が時間の問題となっていたからで、早くから次期内閣としての準備がなされていたことによるので、憲政の常道として第二党に政権が移ったからであった。

内閣総理大臣		浜口雄幸
外務大臣	男	幣原喜重郎
内務大臣		安達謙蔵
大蔵大臣		井上準之助
陸軍大臣		宇垣一成
海軍大臣		財部　彪

司法大臣　　子　渡辺千冬
文部大臣　　　　小橋一太
農林大臣　　　　町田忠治
商工大臣　　　　俵　孫一
逓信大臣　　　　小泉又次郎
鉄道大臣　　　　江木　翼
拓務大臣　　　　松田源治

この内閣の顔ぶれで二つの異例が見られた。一つは井上蔵相の就任で、日本銀行総裁であって民政党には入党していなかった。これを攻撃したのは幸倶楽部と民政党であった。しかし間もなく民政党に入党したから問題は解決した。第二は司法大臣に研究会の子爵渡辺千冬が入閣したことであった。最初組閣に際して、浜口首相は貴族院の勅選議員伊沢多喜男に司法大臣就任を要請した。伊沢は受けず渡辺子を推薦して実現したのである。渡辺子は大正九年八月貴族院議員になるが、それより以前、明治四十一年の第一〇回衆議院議員選挙に長野地区から立ち、当時最年少議員として当選した。この時は若槻礼次郎を中心とする戊辰倶楽部（当時の会員数四二名）に所属していた。今回は貴族院議員であり、その就任を見たことは異例であったが、それには理由があった。目下鉄道疑獄をはじめ政界には諸問題が山積していて、これに対処するには衆議院議員では困難と判断したことによる。子は貴族院議員に当選してから、伊沢議員とは貴族院改革で共鳴する仲であり、研究会に在っても公明正大な態度をもって革正を唱えていた研究会の幹部の一人であった。浜口首相の秘書官であった伯爵橋本実斐は渡辺法相について

「法相として閣僚の中でも目立って礼儀正しい態度を示し、閣内の信望を集め、貴族院出の大臣としてよい面が出ていた。西園寺公とも親交があり、興津の西園寺邸を〈座漁荘〉と名付けたのは同子である」

と語っている。

伯爵橋本実斐が浜口総理大臣秘書官に任じられたのも異例であった。当時橋本伯は農林省事務官であって兼任となっている。元来貴族院は衆議院の政党内閣に直接繋がりはない筈の有爵者が選任されたからである。これは西園寺公の推薦によるものであって、公と橋本伯との関係は既に伯が少年時代からの親がわりで、身元引受けの立場にあり、小学生の時代から公のもとにあって直接薫陶を受けた。公は橋本伯の将来を考え、政治の勉強をさせようとの計らいであった。推薦に際して将来政党には関係しないことの条件を出されて就任となった。

〔子爵　渡辺千冬〕わたなべ　ちふゆ

議員在職　大正九年八月〜昭和十四年八月（枢密顧問官就任辞任）

研究会役員　政務審査部第一部長　協議員　評議員　常務委員

旧信濃国高島諏訪藩士家　明治二十八年八月渡辺国武勲功特授子爵

明治九年五月生　伯爵渡辺千秋の三男

東京帝国大学法科大学卒　仏国留学　電報通信社経営　日仏銀行東京支店支配人　衆議院議員（当選一回）

司法大臣（浜口内閣、第二次若槻内閣）　枢密顧問官　宮内省宗秩寮審議官　貴族院制度、議院制度各調査会委員　昭和十五年四月十八日没

〔伯爵　橋本実斐〕はしもと　さねあや

議員在職　昭和六年十一月〜昭和二十二年五月

研究会役員　政務審査部幹事　研究会幹事　常務委員

旧公家（閑院家―西園寺分家　明治十七年七月授爵（伯爵）

明治二十四年三月生　京都帝国大学法科大学卒　農商務属　特許局事務官　同抗告審判官　農林事務官兼産業組合事務官　兼内閣総理大臣秘書官　内務参与官　文部政務次官（鈴木貫太郎内閣）　西園寺公葬儀司祭長　中央失業対策委員会委員　日仏会館常務理事　翼賛政治会事務局参与　社団法人尚友倶楽部理事　昭和

五十一年十月没（議員解任後は除く）

二、浜口内閣の政策（減俸政策など）

昭和四年九月二十九日田中政友会総裁が急逝し、その後任総裁には犬養毅が選任され、政界は新しい局面を迎えた。田中内閣が不信を買った満州某重大事件も、表面的には解決していたが、中国との関係は逆に次第に悪化し、その問題と平行して軍部の満州に示した力は政府干渉の増大を感じるようになった。この動きの中で、浜口内閣は多くの問題をかかえていた。その重なるものは

一、皇室を冒瀆する売勲事件
一、鉄道疑獄で元鉄道大臣小川平吉が起訴され、小橋文部大臣もこれに関連して辞任
一、朝鮮総督府疑獄で元朝鮮総督山梨半造大将が召喚さる
一、ロンドン海軍軍縮条約に調印が行われたが、これが統帥権干犯問題に発展した
一、間島にて朝鮮人の反日暴動起る
一、台湾にて反日事件起る

これらの事件の処理を負い、一方国家財政の建直しを計るため緊急政策として、全官吏の一割減俸を計画した。これには各方面の強い反対があって撤回した（昭和六年五月に実施できた）。貴族院はこの減俸案は大きな社会問題として重視し、政府に不満の意を伝え、公正会は井上蔵相に辞職勧告を行うことを決めたが、政府は減俸案実施を撤回すると声明したので取止めている。研究会も幹部は減俸問題は不問とすることにしたが、今後も財政問題を調査する必要を認め、研究会は政務調査機関を充実して臨むこととなった。

満州問題で中国の対日態度は次第に悪化して来た。そこには日本の陸軍が介在していたが、中央ではその真相がど

武道文化としての空手道

武術・武士道の伝統とスポーツ化を考える

草原克豪著　本体 1,700円【11月新刊】

空手のルーツと発展の歴史、日本武道の真髄を本格的にまとめた初めての本！
空手の奥行きの深さがわかる一冊

貴族院会派〈研究会〉史　全２巻

水野勝邦著　尚友倶楽部編

明治大正編　本体 4,500円【11月新刊】

昭和編　本体 4,000円【11月新刊】

明治～終戦時の政治の歩みを貴族院の視点で描いた通史。華族・有爵議員、貴族院各会派の動静など、衆議院中心の従来の歴史書にはない貴重な記述が満載。尚友倶楽部がまとめた内部資料（非売品、昭和55年）を完全翻刻。

貴族院から「参議院」に看板の掛け替え

石原莞爾　満州ふたたび

早瀬利之著　本体 2,200円【10月新刊】

“オレは満州国を自治権のない植民地にした覚えはないぞ”五族協和の国家に再建するため、犬猿の仲といわれた東條英機参謀長の下で副長を務めた石原が昭和12年8月からの１年間、東條との激しい確執の中、孤軍奮闘する姿を描く。

うなっているのか判断ができないため、貴族院は議員一〇名（子三、男三、勅二、多二）による朝鮮満州支那視察団を派遣することとなった。

三、統帥権干犯問題

ロンドンにおいて開かれていた海軍軍縮会議は昭和五年四月二十二日に調印となり、一月以来続いた五カ国間の会議は終ったが、日本の主張する艦艇数は認められず、大きく後退したまま、政府は（海軍大臣財部彪）これを受け入れることを決定した。海軍（加藤寛治海軍々令部長の発言）は政府案を了承しているのにも拘らず、憲法第一二条の天皇の大権を干犯したとして（統帥権干犯）抗議した。政府はこの抗議は外交上の権限侵犯で軍部の政治干渉と反発したから、両者は対立となった。

第五八特別議会（四月二十一日召集）で、この問題を政友会がとりあげ政府を攻撃した。貴族院も追及したが、この問題は多分に軍の政府干渉であることが明らかであったから、その間にあった渡辺千冬法相はこれを憂慮し、努めて冷静な態度を示していたから、研究会もそれを受け慎重であった。

この問題はその後加藤海軍軍令部長の更迭と、枢密院の譲歩（可決延期）があり、政府（海軍省）の示した

「海軍大臣ガ兵力伸縮ニ関スルガゴトキ海軍軍縮ニ関スル事項ヲ決裁スル場合ニハ、海軍大臣・海軍軍令部長両者間ニ意見一致アルベキナリ」

とする案が七月にいたり成立し、枢密院も十月一日にロンドン条約を可決したので、問題は一応解決した。しかし海軍は尚不満は残り、反政府活動が活発となり、軍部の政治干渉は消えず、海軍は軍備の充実のため南進論を唱えるにいたる。更に国務と統帥との関係は解明されず論争を一層深刻化した。

四、首相遭難

昭和五年十一月十四日浜口首相は岡山県下の陸軍大演習に参列のため、東京駅より乗車せんとした時佐郷屋留雄なる者に狙撃され重傷を負った。この事件は国民に大きな不安を与え、議会政治のあり方について問題となった。この事件が起った時、橋本秘書官の働きは大きかった。その時の模様について、橋本伯は

「突発事件で周囲の者は恐れ驚き処置を考える余裕がなかった。安全な場所へお連れすることがやっとであった。自分は医者を呼ぶこととなり、東大病院に行き塩田博士をつれて来た。博士の応急処置がよかったため生命は取り止めた。これは博士が曽て軍医として第一次世界大戦の時、欧州に派遣され、従軍軍医として野戦病院において幾多の経験があり、それが生かされたので、重傷ではあったが銃丸取りのぞきもでき治療に成功したのである。自分が塩田博士をお連れできたことを今でもよかったと思っている」

と語っている。首相が重傷であったから幣原外相が首相臨時代理に就任し、第五九議会に臨んだ。

第九節　研究会内の不満と動揺

一、会内の不統制

研究会は創立以来貴族院の最大の会派としてその発言力は強い影響力を示していた。それは会則にある決議拘束主義による団体行動がとれたことによるのである。それは幹部の判断に従うことになり、結果としては対外的に大きな効果があったことは認められるが、その間会員個々の間には不満が絶えなかった。この不満は三つの流れとなって現われた。一、有爵議員による新進派と革正派　二、勅選議員の反政府派　三、多額議員の新団体結成の動向がそれであった。この動きが田中首相の優諚問題取扱の時と満州某重大事件問題で表面化した。研究会幹部は政府をかばい援護する方針をとったため不満は急に高まった。あたかもその動揺が見られた時有力な幹部であった子爵水野直が没した。大正八年三月に子爵三島弥太郎の没後は青木、水野のコンビで会内の統制が保たれていたから、水野子の死去により急に崩れ始めた。

先ず有爵議員は会内の有志によって茶話会を開き、ここで会則の改正について話し合っている。問題は決議拘束であって、集まったのは子爵大河内輝耕ら三〇余名に達した。この会合は昭和四年二月から五月にかけて数回開かれた。

勅選議員はその多くが政府や政党と繋がりがあったから、単に研究会員としての立場ではなく、政党閥や派閥によっての行動がそれで、この頃には露骨に表われて来た。〈有楽会〉や〈三日会〉などの会合はそれで、会のあり方ばかりではなく、政策をも論じていたから有力になる存在であった。

多額納税者議員は会内に〈清交会〉を作っている。勅選議員と同様で、研究会に所属してはいるが、その背後には政府や政党が存在し、中には政党籍を持っていた者もかなりあった。それ故研究会員の立場と政党員との立場とに在ったことから難題も生じた。清交会の規約に政党から離れることを明記しているのはそれを端的に示している。

これらの動きが研究会総会で、法案の取扱態度を決めるに際し表面化し、これまでの様な常務委員一任とはならず、論議が多く纏まるまでに難行した。昭和三年六月の第五五議会における治安維持法の取扱いには茶話会派（研究会内の）が反対し、総会では六六対四八で否決の取扱いと決した。昭和四年二月の第五六議会で田中首相の優諚問題決議案についての賛否が総会では決まらず、革新派は五一名、幹部派（穏健派）は八九名で相譲らず各自の自由問題となった。更に昭和四年三月の宗教団体法案も総会で議論が尽きず、貴族院は審議未了の取扱いとしている。同じ議会で鉄道敷設法改正（地方鉄道法中改正法律案）も研究会総会では態度決議ができず自由問題としたなどは会内の不統一を表わしている。

二、会則改正の動き……革新派の不満

会内の革新の希望は二つで、一つは幹部に新人を送り込むこと、他の一つは決議拘束主義の改正であった。拘束主義改正はかなり以前から会内で論議されていた。度重なる総会での論争から、これら会則の改正は避けられないとの判断から、常務委員会は会則改正を検討しはじめたが、議論多く六月十一日の小委員会は六時間を費している。漸く六月十四日に改正要綱が発表となった。それによると

（一）会則にある相談役は廃止する

（二）右の代りに諮問機関として二〇名からなる協議員会を新たに置く。各爵、勅選、多額の各団から案分で協議員を選出する。

(三) 協議員と常務委員は兼ねることができない、毎年九月に改選をなす
(四) 常務委員の半数改選
(五) 総会を特別総会と通常総会とに分ける、通常総会は重要でない事項を協議し、その成立は全会員の三分の一以上の出席を要し、議決は過半数による
(六) 特別総会は会則に明記せる重要事項を協議し、かつ第一次、第二次の総会に分け、第一次の特別総会の定足数は全会員三分の二以上の出席を必要とし、これが議決には右出席者の三分の二以上の賛成を必要とする。然して第二次の特別総会開会は第一次の特別総会開会は第一次の特別総会を招集し、定足数に充たざる場合は、欠席会員を棄権者と看なし、会員の三分の一以上の出席をもって定足数とし、右出席者の三分の二以上の賛成を得ること能はざる場合は決議し得ざるものとす
(七) 総会の決定の効果は、第一次、第二次とも同等とする
(八) 特別総会に付議すべき事項は列挙主義にて規定し置くこと
(九) 除外例の手続を従来より緩にし、原則として協議員会の承認を経ることを要す

以上で、革新派(自由論)と幹部派(拘束論)との主張の妥協的なもので、形式は依然拘束主義で、実際は多分に自由派の意見を認めた改正であった。この結果

(一) 拘束主義の全面撤廃は行わず、全会員の三分の一(約五一名)以上の議決があれば決定を覆すことができ、拘束はできず自由問題とする外ないこととなった。
(二) 常務委員の定数を増員して一〇名以内とすることになった。

この改正案を議す総会は昭和四年七月三日に開かれ、ここで決定する予定であったが、革新派の中心で主力である子爵渡辺千冬が、浜口内閣の司法大臣に就任したことから、革新派はこの改正案を支持しない態度をとり、常務委員会の案通りと決まり、結局この決議拘束の規程はそのまま存続することとなり、常務委員の定員数を増し一〇名以内

とすることを議決した。会員の間に多年問題視されていたものが改正されず旧のままになってしまった。政界の動きとはこの様に予測できない空転があり得ることを見せつけられた。

常務委員の改選は九月十日で、新人を送り込むための運動がはじまった。九月二日に推薦する顔ぶれが決った処、その中には新人のはいる余地はなく旧幹部派で占められていた。これにつき反幹部派である茶話会は大いに不満とし、投票日までの一週間大いに運動を続けた。この時には二〇余名が参加している。その内で積極的に改革の必要を唱えたのは伯爵では柳原義光、小笠原長幹、子爵では曽我祐邦、花房太郎、秋月種英、伊東祐弘、勅選では塚本清治、木場貞長、富谷鉎太郎であった。

九月十日の投票の結果は新任五名、重任五名で、その中には革新派は一人も含まれていなかった。

新任　伯　溝口直亮　子　東園基光　子　裏松友光　勅　大橋新太郎　多　小林　暢

重任　伯　酒井忠克　子　青木信光　子　立花種忠　勅　小松謙次郎　多　絲原武太郎

他に研究会幹事には

子　森　俊成　子　舟橋清賢

政務審査部　審査長　伯　堀田正恒

同副長　子　西尾忠方

同幹事　子　吉田清風　子　渡辺七郎　子　岩城隆徳

革新派はその後も運動を続けている。しかし昭和六年夏に満州事変が起ってからは研究会内部の問題よりも、戦時日本として軍部と議会との交渉が重大視されたため、この会内の動揺は自然静まり、目標は外に向けられた。

第二章　研究会戦時協力期（一）（昭和六年～昭和九年）

―非常時下の研究会―

第一節　第五十九議会と研究会

一、近衛公副議長に就任

昭和五年十二月第五九議会の召集を前にして、浜口首相が東京駅にて遭難し重傷を負うたため、幣原喜重郎外相が首相代理に就任して議会に臨んだ。その休会明けの昭和六年一月十六日に貴族院副議長である研究会の侯爵蜂須賀正韶の任期が満了となり、後任に火曜会の公爵近衛文麿が勅任された。しかしその間就任にいたるまでに火曜会と研究会との間に次の様な論議があった。

研究会は蜂須賀侯の任期満了について、侯は再任の意のないことが明らかになるや、後任の副議長については当然研究会から選出されるべきものとの見解を持っていたから、近衛公の就任が提案された時には反対した。近衛公の人格などからして将来の議長候補であることには異論はなかったが、公は研究会を脱会して火曜会を創立していたから研究会への反動を恐れたことと、公が研究会を脱会した後にも会員中には公の見識を慕っている者があり、それと幹部への不満が結びつくことを恐れていた。それ故、若し公が研究会を脱会していなかったら何等問題はなかったし、むしろ研究会は祝福したことであろう。

さて研究会では小笠原伯を中心に協議し、伯爵松平頼寿を副議長に推すこととした。しかしこれには問題が二つあった。

一、伯爵議員は七年間という任期があり、副議長在職中に改選があるので、その時若し再選されない場合（事実あり得なくとも法規上からして）極めて不都合が起ることになる。

二、貴族院の慣例からして正副議長は終身議員である公侯爵議員中からという不文律があった。

しかし研究会はこの点を承知して敢えて推した。幣原首相はこの研究会の動きを抑えようと研究会幹部を納得し諒承させる努力を重ね、漸く初期の方針通り近衛公の副議長就任が実現したのである。

二、幣原首相代理の失言問題

昭和六年二月三日衆議院予算総会において、政友会の中島知久平はロンドン条約にたいする政府の所信を訊し「ロンドン条約の兵力量を以てして我国家を防護する作戦計画を遂行する上に」兵力の不足から国防を危くすることはないかとの意味でその責任を問うた。これにたいし外相であり首相代理は「この条約は御批准になっております。御批准になっているということを以て、このロンドン条約が国防を危くするものでないということは明らかであります」と答えたことが問題となった。政友会はこの答弁を以て大臣の輔弼の責任を回避し、その責任を天皇の御批准に負わせるもので許すべからずとし、議場は流血を見る大混乱となった。それから数日後になって失言として全部を取消してしまったので、衆議院は治ったが、これは衆議院の反発によるのではなく、統帥権（兵力等）を干犯されたとする軍部の圧力によって、政府が敗れたとする見方が出た。貴族院でもこの問題を取りあげ反政府系の勅選、多額議員は連合協議会を開き四〇余名が出席した。研究会も軍の政治への干渉の新しい風潮が起ったことを重視し協議が行われている。

この年の春、議会終了後に徳川家達議長の発案によって貴族院議事制度調査会が設置されることになったのは、表面は非常時に臨み議会における議事の能率化を計るため、常任委員会を設けて研究することとしたが、裏にはこの新しい風潮にたいする対策であって、如何にして今後軍部の政治上への圧力に対抗して行くか、貴族院の政治活動の在り方について慎重を期そうとする意図があった。この件は後節で述べる。

三、会派の対立と法案審議

幣原外相が首相代理として臨んだ第五九議会の運営は評判が悪く、政府批判が強かった。研究会でも副議長問題での不満があり、議案審議にそれが現われ、政府は苦しめられた。政府にたいする信任が薄かった他に、各派の間の協調を欠き、対立の態度が出ていた。殊に研究会と公正会とは政策や法案について対立していた。研究会は有馬頼寧、柳原義光、柳沢保恵の三伯と、前田利定、大河内輝耕の両子それに山岡万之助、八田嘉明、湯地幸平、三井清一郎、大橋新太郎の各勅選議員に対し、公正会は藤村義朗、阪谷芳郎、坂本俊篤、井田磐楠、池田長康の各男との発言は激しい論争であった。これらの各議員は何れも所属会派により賛否の態度は既に決っていての反目で、繰り返しであった。その影響により婦人公民権法案、労働組合法案、労働調停法案などの重要案件は既に衆議院では可決しているにも拘らず、貴族院ではいずれも否決か審議未了となり、原案通り可決したものも難行した。この議会で可決された法案六四、否決四、審議未了三六であって、貴族院と政府との間は円滑を欠いた。以下主な法案の審議の経過と結果を述べよう。

婦人公民権を含む地方制度改正案―四件（市制中改正、町村制中改正、府県制中改正、北海道会法中改正）……この四法案は市、町、村、県及び北海道の各会議員の選挙権と被選挙権を拡張し、男子の公民権を二五才から二〇才に、新たに女子にも二五才から公民権を与え、住居年限も一年に縮小することが主要点で、これにより男子の有権者は一三〇〇万人増し、一六三〇万人に、新たに女子一三五〇万人が増し合計二九八〇万人となり、従来より一六八〇万人も増加することになる。既に前議会（第五八臨時議会）に衆議院議員提出として上程されたが、その時は衆議院で可決したが、貴族院では慎重な態度をとり、審議未了となった。今回は政府提出として再び上程になった。衆議院は問題なく可決して貴族院に送付してきた。この法案審議を付記されたのは次の九名による特別委員会で、委員長には酒井伯が選任された。

侯　佐佐木行忠（火）　伯　有馬頼寧（研）　伯　酒井忠正（研）　子　三室戸敬光（研）
子　梅園篤彦（研）　男　黒田長和（公）　勅　赤池　濃（和）　勅　小久保喜七（交）
多　平田吉胤（成）

この法案について貴族院では多くの問題が出た。委員会でも婦人に公民権を与えることは日本の社会家族制からして時期尚早論があった。研究会は総会にてこの法案の取扱いを協議した結果、婦人公民権を認める態度を決め、一部原案を修正して成立を計ることとなった。特別委員会において、研究会を代表して子爵梅園篤彦が「婦人公民権は認めるが、男子の二〇才低下は現行通り二五才に還元せしむること」の修正案を提案した。委員会は五対三をもってこれを可決、漸く委員会は通過した。これを本会議に報告した処、公正会を中心に幸倶楽部派の反対があり投票採決の結果は六二票対一八四票で否決となり研究会は敗れて大会派としての面目は保てなかった。続いて衆議院より送付の原案について採決した処一人の賛成者もなく四案全部否決となった。

道庁移転費　朝鮮忠清南道の道庁を現在の公州から大田に移し、新築する経費（一五〇、〇〇〇円）を含む昭和六年から七年に渉り各特別会計予算三五九、〇〇〇円を計上して提出された。これにたいし衆議院は都市の形成からして移転の必要はないとして、この移転費を削除する修正を議決して貴族院に送付した。

これについて研究会政務審査部は朝鮮政務総監伯爵児玉秀雄より詳細な説明を聴き、その意企を了承、若し新築移転ができないとなると、統治上の事務ばかりではなく総督府の威信にも拘る問題となるとし、新築移転を支持、予算復活の態度をとることを決めた。

先ず予算委員会第六分科会で研究会から予算復活の提案をしたが、賛否相半ばする論戦となった。続いて予算総会に提案され採決の結果三二対二〇で復活の修正が可決され、研究会案が通った。本会議にてこの結果報告が行われたが、公正会と同和会は衆議院の修正案（道庁移転費予算削除）を支持し、これにたいし研究会と交友倶楽部は政府原案（移転費復活）に賛成した。記名投票の結果は白票（修正に賛成）一七六票、青票（修正に反対即ち衆議院より送付の修正案を支持）七三票で研究会が支持した道庁新築移転費の復活の修正案が議決され政府提出案が認められた。そこで再び衆議院に回送され、衆議院は政友会の反対を抑えて貴族院の議決に同意したので政府原案通り成立を見た。当時この事について朝鮮関係の内外から、研究会のとった行動を高く評価し、会の名声はあがった。今この貴族院の記名投票の結果を見ると、研究会所属の伯子爵議員は全員白票を投じているが、公正会の男爵議員は青票三六票と白票一七票に分れている。公正会は一人一党主義であることからこの結果となった。一方研究会は拘束主義によるとはいえ足並は乱れていなかった。

労働組合法（労働争議調停法中改正法律案）　労働組合法案は既に大正九年原内閣によって議会へ提出を予定したが、当時内務省案と農商務省案と他に臨時産業調査会とが、それぞれ原案を作成したため調整ができず、提出に至らなかった。後に第五一議会（大正十四年十二月召集）には内務省社会局案が提出されたが、衆議院で審議未了となった。

第五九議会になって社会政策審議会の要綱に基いて社会局案が作成した労働組合法案が提出された。その目的は既にこの時の組合は六五〇に達し、組合員は三四万余人を数えたが、公認されず不穏当の動きもあったので、健全なる発展と保護の必要があった。昭和六年三月十七日衆議院で可決し、同日貴族院に送付となった。

又労働争議調停法案は既に大正十四年十二月召集の第五一議会にて成立したが、今回は私益事業にたいする調停の必要と公益事業の労働争議と調停委員との在り方を改正するためであった。特別委員会は重要なる法案であったから委員の数を二七名とした。委員会では研究会の伯爵有馬頼寧は趣旨不明朗となし、勅選の藤原銀次郎は無産党の主張に過ぎないと批評し、その他内藤久寛、森平兵衛、根津嘉一郎ら研究会所属の実業界関係の議員から強い反対意見が出たため、委員会は二回開かれた後委員長子爵前田利定により、慎重審議を要するものとして見送りを決め、審議は保留と決った。

地租法案と減税法案（地租法、営業収益税中改正、砂糖消費税中改正、織物消費税中改正）　これらの法案は海軍条約により、海軍関係で一三、四〇〇万円の剰余財源ができたので、政府はこれにより国民負担の軽減を行うための法案改正であった。このうち地租改正は負担を公正にするため、課税標準を賃貸価格に改め、且つ現行地租条例を根本的に改めるための関係法案（明治四十一年法律第三七号中改正、大正十五年法律第二四号中改正、都市計画法中改正、耕地整理法中改正の諸法案）を提出した。

この地租法改正により平年度は一〇八〇万円の減税となるが、市街地では逆に急増となるとする点に問題が在った。衆議院では政友会が反対し一時は撤回を求める程であったが漸く可決して貴族院に送付された。貴族院でも賛否両論があり対立した。公正会と交友倶楽部の両会は市街地増収分は削り、この不足分を官吏の減俸によって補填する案が出たが勿論これには賛成者は少なく、結局審議未了（この場合未決の意味）を希望した。

研究会にも賛否両論が起り、殊に勅選の大橋新太郎は常務委員会で市街地の租税増収には真向から反対した。多額納税者議員は地方との関係があったから大橋常務委員の案には反対で、総会でも纏らず、急拠小委員会を開き協議し、再び総会を開き、青木子から法案修正を提案した。その内容は湯地、馬場ら勅選議員による折衷案で、市街地の租税を農村田畑に転嫁させようとする案で、これを幹部案として議したが纏らず、結局投票で決めることとなった。投票の結果七四票対六一票で幹部の提案した折衷案は敗れ、研究会は政府原案を支持する態度を議決した。勿論公正会と交友倶楽部はこの議決を非難した。

特別委員会は二七名の委員で構成され、委員長は伯爵柳沢保恵（研）で以下

公　一条実孝（火）　侯　細川護立（火）　子　大久保立（研）　子　梅小路定行（研）

子　裏松友光（研）　子　大河内輝耕（研）　勅　水野錬太郎（交）　勅　大橋新太郎（研）

勅　木村清四郎（和）　勅　伊沢多喜男（成）　男　小畑大太郎（公）　男　黒田長和（公）

男　阪谷芳郎（公）　男　藤村義朗（公）　勅　長岡隆一郎（交）　勅　後藤文夫（無）
勅　片岡直温（成）　勅　馬場鍈一（研）　勅　湯地幸平（研）　勅　藤田四郎（和）
多　尾崎元次郎（和）　多　田中一馬（公）　多　森平兵衛（研）　多　森田福市（交）
多　小林　暢（研）　多　浜口儀兵衛（研）

であった。藤村男辞任につき、補欠に男爵井上清純選任さる。法案の審議は三月二十七日終り各案とも可決、直ちに本会議に上程して委員長はその経過並びに結果を報告した。その中に修正意見があったことと、三ヵ条の希望決議を報告した。希望決議の主旨は

一、宅地地租負担の激増の緩和の方法を講じること
二、地方財政を監督し、宅地租付加税の増徴を防ぐこと
三、今後の海軍の軍備費に不足を生じないための考慮を払うこと

であった。政府はこの法案を成立させるため会期を二日間延長した。貴族院においてこれらの法案が難行しているのを案じた浜口首相は療養中であったのを無理をして登院通過に努力した。これが死期を早める原因にもなった。討論に入り再び大橋新太郎は宅地租税の増徴になることを理由に反対した。第二読会に移り、公正会と交友倶楽部共同による修正案（宅地に限り税率を三・二％引き下げる）を提案した。子爵大河内輝耕（研究会）は修正案に反対を表明、投票の結果は三六票対二〇九票で否決となり、次いで八案全部の表決を行って全部を可決した。これは研究会総会の決議通りの結果となった。しかし最初から反対していた大橋新太郎はこれを不満として、この議会終了後に常務委員の辞任を申出た。この後任には勅選藤原銀次郎が三月二十八日当選就任した。

以上の三法案に臨んでの研究会は、浜口内閣には渡辺子の入閣を見ているが、法案に対しての態度は政府一遍倒ではなかったし又形式的でもなかった。そこには真実があった。

四、第二次若槻内閣の成立

第五九議会における幣原外相の首相代理は信任性に乏しく評判は悪かった。そのため会期の半ばにして（三月十日）浜口首相はその代理を解き、自ら療養の身でありながら敢て登院し議案の成立に努めた。しかし病状は決してよくはなく、殆んど満足に食事も摂れなかった（橋本秘書官談）程であった。唯誠実と責任感の上から、身を捨てての活躍であった。その後再起不能を知るや自ら辞職を計り総辞職し、民政党総裁の地位も若槻礼次郎に譲った。

次期首班には公爵西園寺公望の奏薦により若槻民政党総裁に組閣の勅命が出たから、若槻内閣は民政党延長内閣であった。昭和六年四月十四日成立し、発表された重要政策は一、省の統合　二、官吏の減俸　三、恩給資格の延長　四、年金の削減であったから、健実財政とはいえ一般からは不評を買った。橋本浜口総理大臣秘書官は引続き若槻首相の秘書官にも任命され、貴族院より政務官に次の通り四名が決った。

海軍政務次官　子爵　伊東二郎丸（留任研究会）
外務政務次官　男爵　矢吹省三（留任公正会）
商工政務次官　勅選　松村義一（新任公正会）
海軍参与官　子爵　鍋島直縄（新任研究会）

三月事件とその後　これより前、昭和六年三月に三月事件があった。事件は軍部の一部と民間右翼の大川周明らが参加してクーデターによる宇垣一成陸軍大将を首班とする強力内閣樹立を計画したが、事前に発覚しこの工作は未遂に終った。翌月宇垣陸相は単独辞職を決意したが、研究会は反対で、むしろ留任を希望している。この後で浜口内閣総辞職となる。三月事件は失敗に終ったが、次第にファッショ的風潮が目立ち、ロンドン条約批准問題に端を発した軍部の政局への圧力は加わり無言の対立となって来た。昭和六年九月には満州事変がおこり、十月には青年将校によるクーデター工作間により荒木大将首班の軍部独裁が計画され（未遂）るなど内外の風雲は急を告げるものがあった。

第二節　貴族院制度調査会の設置
（研究会の拘束主義問題となる）

前節で述べた通り三月事件は幸に未遂に終ったが、これは議会側にとっては衝撃であった。軍部が政界の弱点を見い出し、貴族院への不満により軍政による政権把握の計画があることを察知したからで、公爵徳川家達議長はこの動きを深く憂えて、この際速急に貴族院自らすすんで貴族院改革を断行して、外部からの（軍部も含め）攻撃を避けることに在るとし、先ず表面は貴族院の組織、議事運用上の改正を目標に議会事務局の改善を言明した。三月二十四日議長は各派交渉会を召集し、改革のための調査会設置を提案した。

この頃の議会政治には確かに問題があった。二院制度において衆議院の存在は次第に権威を失い、国民の利益擁護から遊離する傾向が見え、それによって衆議院の存在に問題があった。貴族院も曽ては原敬による工作が行われ、政府や与党に有利になる様な態度をとらされ、政党化はしなかったが与党にも等しい観があった。しかし高い知性による価値は崩されなかった。しかるに今は外部から批判を受ける様になっていたから、貴族院の最大会派である研究会は当然一番強く反省しなければならなかった。しかもその中心は有爵議員である子爵議員に在ったから、その子爵議員の幹部には重責がかかっていた。顧みるに明治期には大名出身者が多く、その領地を統治した政治経験者や、明治維新の王政復古の建国に尽した者が多かったが、それから後には既に二代目、三代目が議員に選ばれていたから、今回の徳川議長の発議は各議員にとってよき反省の機会であった。

調査会の委員は各派から三名ずつ推薦選任され委員長は公爵近衛文麿副議長、副委員長には火曜会の侯爵細川護立と決った。

（火曜会）　侯　佐佐木行忠　侯　松平康昌　侯　細川護立
（研究会）　伯　酒井忠正　子　前田利定　勅　馬場鍈一
（公正会）　男　小原駩吉　男　黒田長和　男　松岡均平
（同成会）　勅　伊沢多喜男　多　田村新吉　勅　加藤政之助
（同和会）　勅　上山満之進　勅　倉知鉄吉　勅　阪本釤之助
（交友倶楽部）　勅　桑山鉄男　勅　鵜沢総明　勅　水野錬太郎
（無所属）　勅　松本烝治　学　小野塚喜平次　学　藤沢利喜太郎

何れも各派の常任委員である。会議は昭和六年五月八日に第一回が開かれ、同年十一月五日までに合計六回に及び、その間に小委員会を三回開き、十一月五日の第六回会議を最終とし、調査結果を整理し、各派交渉会に報告の上承認をとり、それを来議会から実施することを申し合せた。

その間に委員会で出た論議は予想通り研究会の決議拘束主義に集った。これは研究会規則第一〇条に（大正五年の改正では第八条に本会ノ決議ハ会員総テ之ニ従フモノトスとある）「会員「総会ノ決議ニ従フモノトス」とあり、更に除名の規定に「不都合ノ行為アリタル者、又ハ会員タルノ義務ニ違背スル行為アリタル者」とある。研究会はこの規定によって団体行為を強化し、統制がとれていたから、この様な政治的地位を築けたといえよう。会としてこの決議拘束主義は厳しいものではあったが、除名するのにはかなりの出席会員数が必要であるからできないとし問題を回避しようとしていた。既に貴族院の改革派はこの機会を利用して法制局に研究会の拘束主義は違反か否かを調べさせていた。第二回会議で早くも火曜会、公正会、同和会から、研究会の決議拘束を取りあげて、これが治安警察法第七条、第一五条に抵触しているとの見解を提示した。この法律は政治団体にたいする法的解釈の問題であったから、研究会にとっては衝撃であった。内務省警保局の調査によると、第七条には

「結社は法令を以て組織したる議会の議員にたいして、その発言表決につき、議会外において責任を負わしむるの規定を設くることを得ず」とある。

これが抵触するとしている。警保局の見解は

一、研究会は結社と見るからには、治安警察法の適用を受け、第七条に違背する。

二、第七条にたいする違反には罰則がないから、罰する必要はない

としている。又第一五条は

「法令を以て組織したる議会の議員は、議事準備のために相団結するものに対しては、第一条（結社の届出）及び第五条（結社加入の制限）を適用せず」

とあり、これによって研究会では常務委員会において、この抵触問題を協議し、反対意見もあったが、回避の方針で対処することを決めた。

続いて第三回会議では火曜、公正、同和の三会が足並をそろえて治安警察法違反であると強く攻撃する態度に出たから、真の目的である貴族院の改革問題からははずれて会派間の反目となった。これを憂えた近衛会長は、研究会の問題は小委員会に移してはどうかと提案し、併せて本すじである貴族院制度そのものを討議する必要を述べ、一、勅選議員の銓考機関設置や勅選議員の定年制　二、有爵議員の互選制度と連記制など六項目に及ぶ問題点を挙げている。

しかし第三回の小委員会で再び研究会の拘束問題が取り上げられた。公正会の黒田男、同成会の伊沢多喜男、無所属の藤沢幾之輔がそれぞれ会を代表して発言、研究会に反省を求めた。研究会は勅選馬場鍈一が会を代表して、拘束主義は会として政治運用の上で必要なものとして存続させるが、弊害をできるだけ除くことにすると述べてこの問題は打切りとなった。引き続き委員会は七回開かれたが、近衛会長の提案の五項目について具体的な結論は出ないまま終った。調査会の調査項目に加えられていた有爵議員の互選規則についても、研究会は取り上げないことを早くから表明していたから調査会としての結論は得られなかった。

〔勅選　馬場鍈一〕ばば　えいいち

議員在職　大正十一年十二月～昭和十二年十二月

研究会役員　協議員　常務委員

明治十二年十月生　東京帝国大学法科大学卒　法学博士　税関監視官　韓国政府財政顧問　朝鮮統監府書記官　同財政監査官　行政裁判所評定官　兼高等捕獲審検所事務官　法制局長官　大礼使事務官　帝室制度審議会委員　日本勧業銀行総裁　大蔵大臣（広田内閣）　内務大臣（第一次近衛内閣）　貴族院制度調査会副会長　農林、内閣各審議会委員　昭和十二年十二月二十一日没

第三節　満州問題と研究会

一、共同声明の作成

中国の東北地区（満州）において昭和六年になると日本の権益にたいして不穏な動きが表われ、中村震太郎殺害事件や朝鮮農民の万宝山事件などが起った。同年九月十八日に遂に柳条溝の満鉄爆破事件に端を発し、両国は兵火を交えるにいたり、満州事変となり関東軍による日本の権益の保護と治安維持にあたるため軍事行動が開始された。

これに先立ち日本国内には三月事件があり軍部と政治問題との結び付きに不穏な動きがあったから、これらが一度に緒を切った形となった。軍部内には満州の新天地開拓と日本の権益保護によって日本の経済不況の打破を計画していた。

軍部による満州開発計画はこの時よりはるかに以前から準備していたのである。昭和二年に東方会議が六月二十七日から七月七日まで十一日間外務、陸軍、海軍の三省首脳らによって開かれている（議長は政友会の森恪）。この会議で、田中外相が満蒙を独立分離さる方策を提案し、軍部がこれに賛成し、関東軍がその実施案を担当しているから、軍部の大方針はこの時に決ったのである。その後天津駐屯日本軍司令部内において、青年将校はこの問題を真剣に討議研究し準備をしていた。それ故満州事変は突発の事件ではなかった。事変が起るやこれら将校は満州に在って先鋒として活動を開始し、新しい局面を迎え事変は拡大して行った。中央の軍部と政府は事件不拡大方針を声明しているが、事実は益々拡大し、中国各地にて排日、抗日行動が日増に激しさを増した。

研究会はこの時局の重大性に顧み、貴族院の各派に計り対中国共同声明を出すことを計った。既に二回に渉って貴族院議員の中国視察団を派遣している。その報告書に基いて共同声明書を作成した。その内容は次の五項目より成っている。

一、挙国一致して国難にあたること、軍の独走を警戒すること。
二、両国間の問題解決前には撤兵しないこと。この点には軍の力に頼ること。
三、中外に中国の実状と日本の使命とを理解させること。それには外交を尊重し、外交によって成果を得る様にしなければならない。
四、在外邦人の保護救済に努力すること。日本を背負っての在外邦人にたいする外地での迫害から護り救済すること。
五、在満蒙の日本将兵に感謝すること。戦乱の中での苦労には充分感謝しなければならない。

この声明書の作成には中国視察団議員が当り、研究会からは大久保立、舟橋清賢、土岐章の三子、勅選では小松謙次郎、八田嘉明が、多額は中村円一郎が参加し、公正会、交友倶楽部の各派と協議の結果纏めたものであって、貴族院としての事変処理の方針を政府へ呼びかけたものである。

二、犬養内閣の成立

昭和六年四月成立した第二次若槻内閣は、外交上の弱体が攻撃され、且つ満州における軍事行動を圧えられず、軍の独走を許したこと、閣内では安達内相と対立が起って総辞職となった。次期首班には政友会総裁犬養毅に組閣の勅命があり、十二月十三日に政友会による政党内閣が成立した。これは政友会最後の政党であった。犬養首相は中国要人との親交が深く、日中両国の問題解決には最も適任と期待された。この内閣には貴族院から五名の政務官が任命され、何れも研究会所属であった。

外務政務次官　子爵　岩城隆徳
海軍政務次官　伯爵　堀田正恒
陸軍参与官　子爵　土岐　章
鉄道政務次官　勅選　若尾璋八
鉄道参与官　勅選　野田俊作

三、満州建国

事変はその後上海にも波及し、中国全土に広がる気配となったが、満州はその後日本軍によって治安は恢復し、満蒙三千万民衆のための日満共存共栄を願い、王道楽土を建設することを目標に独立することとなった。昭和七年三月一日建国宣言が行われ、首都を長春に定め新京と改称、執政には前清国の宣統帝溥儀を迎え満州国の建国となった。その建国式典は七月に挙行され、この世紀の大典に研究会から二名の参列者があった。その一人は満鉄総裁伯爵林博太郎で、他の一人は陸軍政務次官子爵土岐章であった。林伯満鉄総裁就任について触れよう。

林伯は研究会の幹部であって、日本最大の国策会社の総裁に任命されたことは全く異例のことであった。一般は研究会の政府への圧力によって実現したとの見方が出ていたが、実際は政府が研究会の政界における価値を認めての人事であった。この経緯につき当時の内閣書記官長堀切善次郎は次の様に語っている。(昭和四十六年七月談)

「総裁の任命は拓務省の所管ではあったが、永井柳太郎拓務大臣からではなく、斎藤実総理のお考えから出たものであった様に思います。当時として最高の人事で、斎藤総理のご意見と思います」

と語っている。伯は前後二〇回に及ぶ貴族院予算委員長を勤め、その明晰な頭脳の持ち主として自他共に許す処で、たしかに一般からも研究会の政治力によったのだとする見方も起るが、元来東京帝国大学教授として長く教育学専攻の学究者であったから、政治手腕からでもなく、研究会からの推薦でもなく、軍部の判断による条件によった点は大きかったと考えられる。当時の満鉄副総裁八田嘉明も満鉄として林伯を要請したことはないと述べている（昭和三十六年談）。林伯はそれから昭和十年八月まで二ヵ年間その任にあってよく満州国育成の大事業に尽力した。しかし現地では同伯が植物について専門家であったから、しばしば植物採集で横道へ行き、鉄道マンを困らせた逸話も残っている。

次に参列者である子爵土岐章は陸軍政務次官として又荒木陸相の代理として派遣されたのである。土岐子の渡満は建国祭参列の儀礼に終らなかった。式後に満州国監察院長羅振玉の子息と満州皇帝侍従長工藤忠と会談が行われ、今後の満州行政について満州国側から相談を受けた。「今までは日本軍の力によって民衆の望む新国家が実現できて感謝しているが、今後は軍事行政は望まない処であって、願わくは文化人をお迎えして文政を行いたい。そのためには平沼騏一郎を派遣していただきたい」との希望が出され依頼を受けた。土岐子は帰国後この要望を直ちに荒木陸相に伝え実現に努力した。しかし平沼はこれを受け入れなかった。当時平沼は枢密院議長であったため、日本の最高行政の府の長であったことから実現しなかった。この時政府がこれを進んで実現に努力したら、両国の関係は勿論日本の満州政策の価値も強く発揮し得たであろう。この事について

「あの時、若し平沼議長が満州国の要望を聞き入れて出馬していたら、満州に立派な文政を敷くこととなり、真の世界に誇る王道楽土が実現していたことであろう。平沼議長が受けなかったことにより、満州統治は変わり全権大使は軍人（武藤陸軍大将）と決まり、政治も亦陸軍参謀本部第四課が主となって行うこととなったのであるから、今日にして思えば日本の明暗の分れ途であった」

と土岐子は述懐している。その通りで、文官の任用は実現せず八月八日に武藤大将は関東軍司令官、関東長官、駐満全権大使に就任し、軍は政治外交を一手に握ってしまった。勿論満州建国の功績は軍の力によったことではあるが、

軍政から文治へ引継ぐことこそ正しい道であり、又そうすることが政治の大道である。明治三十七、八年戦役の時も、又欧州においてもその例がある。この時満州国側もそれを望んでいたことであるから、当時文治を打出すための政治力を示さなければならなかった。この様に見ると、満州行政の失敗は軍の行き過ぎという前に、軍の威力に押された中央の政治力の弱さに在り、その政治的責任といわねばならない。

四、研究会の特質……合議制

会は政治活動の上で会員にたいしての統制を強く打ち出していながら、外にたいしては積極性を欠き、非常に慎重であった。政務官の就任についても、又諸機関、諸企業への就任についても、会が背景的な役割を示すことには消極的であって、〈個人の立場〉でとか、〈個人の資格〉でとの見解がとられている場合が多かった。これは研究会の特色の一つではあったが、会としての責任をもっと重く負うべきであった。会として推薦し実現した以上は、会も責任を持ち、院内では会の代表者であり、外部にたいしては貴族院の代表者であるとする権威を示すべきであった。林伯の満鉄総裁就任についてもそのことが当てはまるし、土岐子の政務次官就任にもいえる。外部からは研究会所属である信頼があったことを見逃がしてはならない。研究会は国の内外から貴族院における有爵議員中心の最有力団体であることが認められていたからで、その信頼に答えなければならない処、とかく個人問題に焦点を合わされ会自体が自ら縮小している。ここに研究会は会派としての団体行動の弱さと遠慮があった。それができなかったのには理由がある。その一つは研究会は常務委員会を最高執行機関とする合議制であり、会の代表者であって、会長、総裁の如き最高代表者を置かなかったことに在る。その後協議員会が設けられたが、これも諮問機関であったから責任ある機関とはならなかった。

総裁とか会長を置いたとしても有爵者には難しい問題があった。大名は江戸時代には支配序列があり、主従の関係、宗家と分家の関係が守られていた。公家では家系によって位に高低があって、例えば大納言家は維新後は形式はなくなったが心の中では崩していなかった。それが秩序であり敬意と尊敬が自然に醸し出されていた。新時代にはいっても崩れなかったことは旧弊といい切れなかった。合議制がとられていたのはそれがためであった。一時徳川家達公か近衛文麿公が総裁にとの動きがあったが立ち消えた。旧譜代大名にすれば徳川公が望ましく、公家は五摂家の筆頭の近衛公でなければ満足できないものがあって、この伝統は根強く、それが解消するまでにはかなりの年月を要する事であった。

〔伯爵　林博太郎〕はやし　はくたろう
　議員在職　大正三年二月～昭和二十二年五月
研究会会員　大正八年八月十五日入会（甲寅倶楽部解散により）
研究会役員　協議員　常務委員
旧周防国山口毛利藩士家　明治二十年五月林友幸に勲功特授（子爵）　明治四十年十一月林友幸危篤陞授（伯爵）
明治七年二月生　東京帝国大学文科大学卒　欧州留学　学習院教授　宮内省式部官　東京商業学校教授　東京帝国大学文科大学、同文学部教授、文学博士　南満州鉄道株式会社総裁　関東庁顧問　学習院評議会会長　経済調査会委員　教育評議会会長　教科書調査会会長　永年在職表彰議員　社団法人尚友倶楽部理事　同理事長　昭和四十三年四月二十八日没（議会消滅後は除く）
〔子爵　土岐　章〕とき　あきら
議員在職　昭和三年十月～昭和二十一年六月（公職追放辞任）
研究会役員　政務調査部第五部理事
旧上野国沼田藩主家　明治十七年七月授爵（子爵）

明治二十五年二月生　千葉県立高等園芸学校卒　東京帝国大学理科大学選科修　日本食糧株式会社取締役
帝国酒造株式会社顧問　農商務、商工、農林各省及び陸軍省糧秣本廠各嘱託　陸軍参与官（犬養内閣）　陸
軍政務次官（斎藤、岡田内閣）　専売局、資源科学研究所各参与　文部、内閣、農商各省委員　大政翼賛会
参与　技術院行政委員　昭和五十四年四月三日没

第四節　尺貫法存続問題

岡部子の努力

明治十八年日本は世界の水準に一日も早く到達する必要から、メートル法条約に加盟して度量衡条例を公布し、明治三十四年に開かれた第一回の帝国議会にて度量衡法が成立したが、当時メートル法の実施には賛否両論があり問題となっていて、華族会館の調査部も意見書を公表している。議会での審議においては三つの意見が出ていた。第一は日本は古来伝統の度量衡があって生活と密着していたのに、それをメートル法に切換えるべきかとする疑問、第二は外国の度量衡にはメートル法の他に、インチ、ヤード法もある、これを併用してもよいのか、第三は世界文明水準に早く追い付くために歴史的な度量衡を捨て積極的に取り入れるべきか否かにあった。この法案には慣習期間として三ヵ年間が認められていた。大正十年第四四議会においてメートル法が可決成立し、大正十三年七月から実施が決った。しかし昭和九年六月三十日までの一〇ヵ年間は併用が認められていて、その間にメートル法に慣れる様にした。それ故に九年七月からは全面的に尺貫法が使えなくなるのである。日本伝統文化の上からメートル法では不便があり、生活と密着している点から、尺貫法の存続を求める声が出てきた。その運動を積極的に行ったのは子爵岡部長景（研究会）であった。子は併用許容期限が満了となるに先立ち、昭和八年十月二十日虎の門の霞山会館において尺貫法存続連盟の結成発会式を行い、公的に存続運動に入った。その趣意書に「尺貫法は古来我が国に慣用せられて光輝ある歴史と特色ある文化との基調をなし、且つ実生活に即している……」ものがあるが「しかるに欧米追随思想によりメートル法を専用することを強制しようとしている。これを廃して尺貫法を存続して社会の安定を策す」必要があるとしている。岡部子は自ら連盟の理事長になり、多くの子爵議員や全国の文化団体に働きかけた。貴族院には存続賛成者が次第に多くなり、それにより第六五議会において（昭和九年三月）更に一〇年間併用期間の延長を計ったが審議未了となった。しかし貴族院が提出した〈度量衡制度調査会設置ニ関スル建議案〉は可決され設置が決った。一方自然科学界や文部省の小学校教育の方針ではメートル法一本となることの早きを望み、準備をすすめていたから、その人々からは尺貫法存続には不満が出ていた。その間に在って終始一貫して尺貫法存続の信念に徹しての岡部子の行動は政治生命を打ち込んだものであって、存続運動は続き、第七一特別議会（昭和十二年八月）には侯爵徳川義親、伯爵柳原義光、男爵千秋季隆ら六名により〈度量衡制度に関する質問書〉が提出され賛成議員二二五名が名を連ねている。

提出された質問主意書には

一、現行の度量衡法はメートル法の強制統一の主義に基づくものなるが、我国に於ては古来尺貫法慣用せられ、歴史及文化の経緯となり国民生活の基準をなせるが故に之を廃棄してメートル法の使用を強制するは到底その実現を期し難き……（中略）依て該法を尺貫法及メートル法併用の主義に改正すべきは多言を俟たざる所なり（中略）政府は宜しく度量衡制度調査会の審議を促進し、真に我国情に即したる制度の確立を期するの要ありと信ず之に対する政府の所見如何

二、現在小学校に於てはメートル法を主として教授し、尺貫法に関する知識は殆ど之を授け居らざれども、斯の如きは生活上必須なる知識を欠き、日常の計算にさえ支障を来し（中略）尺貫法に関する知識を充分に教授し、歴史文化等我国情に即したる知識情操の涵養に資し、以て教学刷新の効果を挙ぐる様最善を期せらるること必要なりと思考す

之に対する政府の所見如何

右議院法第四十八条に依り及質問候也

とある、これに対する政府の答弁書には

一、（前略）政府に於ては同調査会の審議を促進し、其の答申を俟て速に我国度量衡制度の確立を図ることと致度

二、（前略）尺貫法をも教授する必要あるを以て之に関する教材を加味し来りたるも、更に社会の実状に鑑み、尺貫法教授の分量を増加し日常生活に支障なき様努め居れり（以下略）

右及答弁候也

との書を差出している。これを基として第七四議会に再び質問書を提出（三月二十日）して政府に実行を迫った。この第二回目は侯爵細川護立外二〇名によって提出された（侯二、伯二、子二、男四、勅九、多二）。賛成者は二〇四名であった。

一、（前略）調査会は「現行度量衡制度実施の成績に鑑み速かにメートル法の外尺貫法を併用することに改むるを可と認むる」旨を答申したり、仍て政府は（中略）速かに度量衡法改正法律案を提出せらるるを妥当と認む

右に対する政府の所見如何

二、尺貫法は国民精神生活の根源たる祭祀と緊密なる関係に在る（中略）尺貫法はメートル法と同様之を度量衡法に明記すべき特殊の必要ありと認む

右に対する政府の所見如何

三、（前略）調査会よりは前記の如き答申（尺貫法は国民精神生活の根源たる祭祀と緊密なる関係に在る）ありたるを以て、其の趣旨に基づき教育の方針も更に改善の要ありと認む

右に対する政府の所見如何

この質問書の提出にあたって伯爵柳原義光が提案者として提案説明を行った。これにたいして政府は次の通り答弁書を提出（三月二十五日）した。

一、度量衡法施行令の改正に依りて特別の由緒ある用途に供せらるるものに尺貫法度量衡を用うることとせるも、神祇祭祀の尊重を害するものと思料せず

二、度量衡法施行令改正の趣旨に鑑み、適当に措置することと致し度し
三、小学校に於ける度量衡教育に付いては度量衡法施行令改正の趣旨に鑑み考慮することと致し度し
四、度量衡法施行令を改正して、尺貫法度量衡を用うることを得ることとしたが、右改正施行令の内容は度量衡制度調査会の答申を尊重十分検討を加えたるものにして適当なるものと思料す
右及答弁候也

商工大臣　　八田嘉明
文部大臣　男爵　荒木貞夫

〔子爵　岡部長景〕おかべ　ながかげ
議員在職　昭和五年九月～昭和二十一年二月（公職追放）
研究会役員　常務委員
旧和泉国岸和田藩主家　明治十七年七月授爵（子爵）
明治十七年八月生　東京帝国大学法科大学卒　外交官補（アメリカ在勤）　外務書記官　同事務官　大使館書記官（イギリス在勤）　大使館参事官（ドイツ在勤）　内大臣（木戸）秘書官　宮内省式部次長　大喪使事務官　外務省亜細亜局文化事業部長　陸軍政務次官（岡田内閣）　文部大臣（東条内閣）　翼賛政治会総務　内閣情報部参与　帝国博物館顧問　大日本育英会会長　国民精神総動員理事　昭和四十五年五月三十日没（議員解任後は除く）

第五節　非常時内政問題と研究会

一、社会の動揺

第一次世界大戦は終り再び平和は戻ったが、欧州ではこの戦争の被害はひどく、これを背景として新しい社会思想が起り問題となった。この思想は遂に日本にも流れ込んできた。これをデモクラシー思想といい、その影響が色々な形で現われ次第に大きくなっていった。この頃農村の疲弊はひどいものがあり、これを資本主義経済の犠牲であるとなし、或は対中国軟弱外交を非難するなどの風潮は青年を動かし、行き過ぎた憂国思想を生み社会運動に発展した。又一方では戦争を排除する平和運動は軍縮とつながったため、この社会思想に悩まされた軍人特に青年将校は奮起した。その考えは愛国運動ではあったが、既成政党への反抗となり、議会政治、政党政治へ強い風当りを示した。明治二十三年議会開設により日本は近代国家へと脱皮し、既にそれから四二年を経て、その発展はむしろ異状な程で喜ぶべきことであったが、その反面に社会に不均衡な風潮が生れたのである。日本は戦争による好景気に恵まれたから、大戦の悲惨な且つ苦しい経験の中に動き出した新しい思潮には消化し得ないものがあり、この新しい社会風潮にたいする政治感覚は尚低いものがあって、歩調は合わなかった。

デモクラシー風潮と議会　昭和六年三月第五九議会において貴族院は新しい風潮と対決した。それが労働組合法案と労働調停法改正法律案であった。この事は前節に述べた通り貴族院では審議未了となった。続いて市制中改正法律案他三件の所謂婦人参政権を含む公民権拡張案で、これも四件全部否決した。これは貴族院が独自の判断によって時勢の行き過ぎとしてとった慎重な態度の結果であることは認められるが、新しい風潮とは対立となったためである。

第五九議会の閉会後浜口首相は自分から病気の不治を悟り内閣の総辞職を決め、その後第二次若槻内閣によって官吏減俸令が公布に（五月二十七日）なったが、官吏の反対運動が起り、軍は満州事変を契機として政治不満は十月事件（六年十月）となって爆発し、七年五月には五・一五事件をも引き起して多難な非常時内政期となった。

貴族院もこの影響を受け、各会派は政党ではないが政治活動を行う団体としてこの風波にもまれはじめた。研究会も大会派であることからこれが対策には苦慮せざるを得なかった。かって清浦内閣の時には激しい護憲運動による攻撃を受けたが、今回は第二の重大時期であった。満州事変は軍縮にたいする不満と軍人の社会的地位の不安、農村問題などが革新運動と結ばっての背景があったと見られるし、十月事件は政府にたいする反抗であり、国内改革のため軍部内閣の実現を期してのクーデター計画であった。しかしこの事件は事前に発覚したため失敗に終ったが、既成政党にたいする攻撃や、軟弱外交にたいする憤りは続いていて、軍人殊に青年将校の政治や軍縮にたいする不満は解消していなかったから、社会の不安はむしろ増大して行った。

五・一五事件　昭和七年五月十五日三上海軍中尉を中心とする海軍将校と陸軍士官候補生による叛乱事件が起った。その目標は政治、外交、経済、教育、思想、軍事の各方面に渉って、行き詰りを打破しようとする革新運動で、又政党との反目でもあった。

事件勃発の一週間前（五月八日）に政友会は関東大会を開き、犬養首相は議会政治の重要を説き、暗に軍部を排撃した。又五月十日には民政党神奈川県支部発会式で、若槻総裁は議会政治擁護を説き、軍部にたいし反発の態度を示し、憲政の重要を強調している。しかしそれには耳を借さず、暴力となって現われた。その目的は国民精神の確立、建国の本義明徴に置き、そのための政党、財閥、特権支配階級打倒運動であった。首相官邸攻撃の他最初の計画では華族会館も襲撃目標に加えられていたという。この事件は政党政治排撃が目標となっていたことから、貴族院もこの事件を重く見ているし、憲政の常道と軍部との関係を改めて考える機会ともなった。近衛文麿公の手記は、当時の貴族院の一般的の時局観と見ることができる。

「過去十年間に折角確立された政党内閣を軍部のクーデターによって一挙に葬ってしまうことは、余程考える必要がある。そこで後継内閣を政友会から出し、そのため軍部と再び衝突が起っても、あくまで議会政治と政党内閣を守り通すがよい。しかし、それができないなら、極めて危い途ではあるが、逆に思い切って軍部に責任をとらせたらどうか。軍部も全面的に責任を負うことになれば「政府外の政府」というような地位から、あくどい政治的牽制に出るのを止めるだろうし、また軍部自身がやって見ても、そのうちに必ず失敗し軍の政治的立場も清算されることになる。この二つの途のいずれかに決すべきだ」という内容のもので、これと同じ趣旨のことを九年五月十八日に西園寺公を訪問して述べたが、西園寺公はこれにたいしては何等答えなかった。（近衛文麿上）

事件後研究会は直ちに公正会と協議を行った。出席者は研究会から溝口伯、東園子、裏松子、大久保子と勅選の金杉、多額の浜口の六名で、公正会からは稲田、深尾、高木、今園、藤村、渡辺、郷の七男爵の合計一三名であった。第六五議会に臨むに際し、事件後の貴族院の在り方、対軍部との関係などを協議した。この会合を開いたことは、今まで両会が対立的であったのが非常時に際しての意志疎通が計られたもので、国家的な問題には協力の態勢がとれることを表明したことになった。

二、斎藤内閣の成立

五・一五事件により犬養首相が暗殺されたため、後継内閣については軍部の要望が出たのは当然であった。政友会の森恪は早くも軍部と交渉してその結び付きをもって二つの内閣の計画をたてた。一つは平沼内閣ならば右翼からの受けはよいし、軍部も支持するとの見解からの策であった。他の一つは荒木貞夫陸相の了解（支援）のもとで、鈴木政友会総裁を首班とする政党内閣の樹立を計った。これは軍の一部に強い反対が出て進展しなかった。森恪は党人ではあったが軍部と結ばっての政治を求めていた重要な存在であった。この様な動きを知った西園寺公は憲政の常道によって後継首班を奏請する決意をもって上京した。しかるに上京途中で秦憲兵司令官から直接に、軍の意向を聞かされた。最初は憲政擁護をもって後継首班を奏請する考えであったが、この司令官の言により急に奏請に慎重となり、憲政擁護では軍部に崩されるおそれがあると憂慮し、改めて挙国一致を前提としなければならないと決意を新たにし、宮中に三名の前首相（山本権兵衛、清浦奎吾、若槻礼次郎）と陸海軍の両元帥（東郷平八郎、上原勇作）に高橋臨時首相、倉富枢密院議長を招き、会議の結果、政党にも軍部にも諒解が得られる政府を考え、斎藤実海軍大将を後継内閣の首班に奏請することに決った。この場合、西園寺公は軍部を抑えるべきであったのが、反対に軍部の政治への干渉の動きをむしろ助長させる結果となっている。

組閣の勅命を拝した斎藤首班は伊沢多喜男、湯浅倉平の両勅選議員を中心において、政党も無視しない方針をもって挙国一致内閣の実現を計り、政友会、民政党からの入閣、貴族院からも閣僚をとる方針をとった。その結果

貴族院から	農林大臣		後藤文夫（無所属）
	逓信大臣		南　弘（交友俱楽部）
政友会から	大蔵大臣		高橋是清（留任）
	文部大臣		鳩山一郎（留任）
民政党から	内務大臣	男爵	山本達雄（交友俱楽部）
	拓務大臣		永井柳太郎

と決まり政党、官僚の協力内閣が生れたが、実状は形式的で、背後の軍部の力は強く、政治から手を退いてはいなかったから、政党内閣の態勢は崩れていた。

この内閣へ貴族院から五名の政務官が就任したが何れも研究会所属であった。

陸軍政務次官　子　土岐　章
海軍政務次官　伯　堀田正恒（留任）
農林政務次官　伯　有馬頼寧　後に子織田信恒（昭和八・四・一二）
逓信参与官　子　立花種忠
鉄道参与官　勅　板谷順助

三、研究会の調査活動

満州問題は解決の方向とはならず、むしろ拡大されていて、それに比例する様に社会の不安は度を増していた。文部省はこの頃欠食児童の数は二〇万になったと発表している。研究会はこの様な社会不安に対しての対策を議し、昭和七年七月二十一日の協議員会で時局救済に関する調査委員会を設置することを決めた。その目的には間接に軍事行動遂行の上に銃後の不安を少しでも除くことに役立たせ、ひいては他面で軍を支持することにもなるとした。政務審査長林博太郎伯を中心に西尾子、橋本伯、綾小路子らによって計画し、次の四つの調査委員会を設け、現地調査と共に月二回程度の調査会を開くことを決めた。

一、農・漁・山村調査委員会（主査　伯　松木宗隆）
二、金融疎通委員会（主査　伯　二荒芳徳）
三、中小商工業調査委員会（主査　子　東園基光）
四、満蒙調査委員会（主査　伯　溝口直亮）

これによって議会での活動に併せて、社会問題にも独自に議員としての任務を銘記して活動にはいった。この活動にはもう一つの意義があった。それは議会での発言はややもすれば軍にたいする批判となるので、挙国一致体制に影響を及ぼすこととなるので、議会での予算や法案の審議より一歩先んじての議員の活動といえるので、この計画は好評を得たが、どんな調査結果が得られたか、又報告されたかについては未だ資料は見られない。

四、近衛公貴族院議長に就任

昭和八年六月九日公爵徳川家達は在職三〇年になったのを機会に貴族院議長を辞任することとなった。その後任には公爵近衛文麿の選任が決った。徳川公の辞任にたいし一部から今はその時期でないとする見方が強かった。その理由は二つで、第一はたとえ在職三〇年の長きに及んだが、世相は種々な点で不安があったこと、第二は後任予定の近衛公は将来の議長としては何人もこれを認めてはいるが、年令が若いこと（当時四四才）にあった。しかし徳川公の申出は変らなかったので辞任を認めた。近衛公の就任については、重大時局を案じ別な候補も挙げられたが、近衛公の人望と研究会の支持も大きかった。次に副議長については貴族院の慣例により世襲議員（公侯爵議員）中より選任されるのであったが、研究会所属の伯爵松平頼寿の就任となった。これについて他会派からは研究会は強引だとする批判が出たが、一方世相には不安が多く、貴族院がこれに対処し得る円満な人物が必要であったから、他会派も松平伯の人格に今後を期待して支持した。この時松平伯は研究会政務審査部審査長であったから、研究会は常務委員会を開き、副議長就任の了承を与える形式をとり、後任の審査長には伯爵酒井忠正が選任された。

貴族院は多難な時局に臨み、新鋭な近衛公を議長に、円満な人格の持主である松平伯を副議長に迎え、新しい議会体制を整え発足した。これによりファッショ的軍部の政治干与を排除し、議会政治の立直しを期待し、憲政擁護を邁進させようと計った。

五、ゴーストップ事件

満州事変勃発後の軍部の政界に対する態度は強圧的となった。それが種々の形で憂慮すべき事件を引き起した。その一つがこのゴーストップ事件で、巷街に起った些細な事件であったが、背後には深刻な問題を抱いた事件であった。

軍縮は世相に軍部を軽視するものを生み、これが軍部の反発を呼んで、政界にもたび重なる不祥事や不信を招く事件が起っている。農村は疲弊しこの救済は思うようには運ばなかったなどの社会問題を背景として軍部は満州事変を契期として反発活動を表面化し、国防と軍事の価値観の訂正を考えていたから、軍部と世論とは大きく転倒しつつあった。昭和八年六月十七日大阪市天神町六丁目交叉点で、大阪歩兵第八連隊の中村二等兵が、交通係の警察官の指示した赤信号を無視して横断した。最初は軍人にたいする敬意から見逃したが、更に繰返えしたので警察官は信号に従うようにと注意した。しかし軍人は一般人とは別に行動して差支えないとの考えをもって、注意を聞き入れず、それが七回に及んだという。そこで警察側はこの兵卒を交通法違反として逮捕し罰金刑を課そうとした処、陸軍はこれに抗議し、警察の指示に従わなかったから、一兵卒と交通係との事件ではなくなり、警察と陸軍憲兵の対立となった。更に寺内師団長と内務省警保局長の対立までに発展し両者は少しも譲らず、遂に文官の統治下か、国防を担う軍が優先かの政治問題となってしまった。たまたまこの年の秋の陸軍大演習が福井県下で行われ、その時天皇より事件について御下問があったことから、両者は恐懼して話し合いを再開した。小山松吉法務大臣が仲裁にはいり、寺内師団長、荒木陸相、土岐陸軍政務次官と松本警保局長との話し合いを重ねた結果、陸軍は罰金を支払い、警察は軍に無礼を謝することで漸く難問題は解決した。その間に松本学、土岐子の解決のための尽力は大きかったことが後になって明かになった。この両名は後に研究会によって結ばれることになる。

六、軍部の政治干渉

　軍部の政治にたいする高姿勢は続き、昭和八年九月九日に荒木陸相は高橋蔵相にたいし、対外関係では満州中国問題、国内関係では教育思想にたいして軍部としての国策樹立案を提示すると共に軍備の拡充の要望を出して来た。十二月には〈予算問題を利用して、農村の軍部に対する反感を誘導せんとするものあるやに聞く。軍民離間の言動は断然黙視し能はず〉との陸軍声明を出した。海軍も陸軍省の出した声明に同感なりとの声明を出している。九月十四日には内田康哉外相を病気の理由で辞任に追い込み、広田弘毅を起用させている。九月二十七日には海軍の制度を改め、軍令部を設置し、政治への発言の強化を計るなど戦時体制の姿を示し議会との反目は次第に険しさを増していた。衆議院は陸海大臣以外の軍人の政治論議は慎めと反発し対立となった。貴族院もこの動きを深刻に受け止め、同和会は例会の議題として軍の行動を警戒し、政府を支持することを議し、国家将来に禍根を残すことを恐れるとしている。公正会は総会にて軍事予算の膨張を警戒し、又関東軍の特務機関は行政干渉となるので好ましくないとし、国防の充実には消極論と積極論が出て論議された。南満州鉄道を改組し軍の支配下に置かんとする陸軍の提案には同和会と公正会ははっきり反対を表明し、従来通りとする外務省案を支持している。研究会にはこの様な直接軍部に抗する動きは出ていない。その理由となる材料は見当らないが、この頃研究会は軍部のことについては宇垣か荒木貞夫の考えが反映していたと見られ、今回はその前者が介在していたと考えられる。

　一方政府内では高橋蔵相が最も反軍的であったが、他の閣僚はこれを積極的に支持していないし、むしろ軍部による批判を恐れている態度が見られ、マスコミも高橋蔵相のこの態度を支持していない。この様な情勢であったから、軍部の政治干渉は一層増大されてしまったのである。

七、第六十四議会―議院法中改正案

軍事費　昭和七年十二月二十四日召集の第六四議会において軍事予算が問題となった。事変に関する予算は急に増大していたが、議会は軍部の要求に応じなければならなかった。勿論議会は必要なる軍事費は認め、戦争遂行に不安を与えてはならないが、無条件では認められないものがあった。〈軍の要望する必要な軍事費〉は議会の見方との間に開きがあった。軍事費を批判することは挙国一致に反することになるとされるのを悩んだ。満州事変に関する予算に、兵備改善費、新補助艦艇製造費が含まれていて、昭和七年度予算追加案、昭和八年度総予算案などに問題があり〈昭和八年度一般会計の財源に充てる為公債発行に関する法律案〉は漸く会期最終日に成立した。その間関東軍の活動は益々拡大し、山海関から熱河に侵入し、華北進出も近いとされ、事変の解決への動きは全く見られなかった。

議院法中改正法律案　この法案は二月十八日に衆議院で可決されて貴族院に送付された。この法案の内容は議会に常置委員を設置しようとするもので、政友会と民政党並びに国民同志会の共同提案であったから、上程の翌日には早くも衆議院を通過している。この改正案の趣旨は議会振粛ではあるが、既に昭和七年七月九日に貴族院制度調査会にて衆議院の提案として目下審議中のもので、これは軍部の政治干渉対策でもあったから、特別委員会も慎重で、先ず政府の考えを打診した処、政府はこの改正案には反対とのことから、特別委員会は「尚充分に研究の要あり」として審議未了とした。衆議院が僅か二日間で可決している法案が貴族院では約一ヵ月間を要し、終局未了としたことには貴族院の決意が示されている。貴族院はこれを以て解決したとはせず〈時局ニ関スル決議案〉を三月二十四日に提出し、貴族院の時局にたいする考えを表明しなければならなかった。この決議案は公爵一条実孝外四二名によって提出、その説明は伯爵松平頼寿（研究会）が行った。

「貴族院は政府が外は満州に対する既定の方針を貫徹すると共に、新たなる国際情勢に適応する政策を樹立し、もって東洋平和を確保するに遺憾なきを期し、内は庶政を改革統制し、財政の強化を図り以て国運の伸張に資し、文

教を昌にして国民精神の作興に努むるは邦家の急務なりと認む

右決議す」

とある。これは貴族院の総意であった。

八、研究会規則改正

昭和八年二月三日に開かれた研究会総会において、規則の改正が行われた。この時の改正は、総会の議決の定足数の変更であった。この頃になると国際関係は緊張の度を増し、それがため議員の任務も一層重くなっていたことから、研究会の総会も次第に回数が増していた。地方在住議員の上京もそれによって回数が多くなるが、その様な上京には無理が生じ、困難な事情が起っていた。更に会員の考え方もこれ迄の様な安易なものではなく、発言も多くなっていた。これらの情勢を考慮しての今回の改正であった。その内容は総会の議決に要する定足数を、従来は二分の一以上とあるのを、三分の一以上と改め、但し出席者の三分の一以上が、重大なる事項と認め、全会員の二分の一以上の出席において議決すべしとした場合はこの限りに非ずとなった。この結果総会における決議は、三分の一の出席でできることとなった。但し重大と認めたら従来通り二分の一の出席がなければ議決できないのである。それ故問題のあった決議拘束条件は少しゆるめられたが、去る昭和四年頃から起っていた決議拘束主義撤廃論は取り上げられなかった。このことは、時局の重大性から、会内の対立や動揺を起す時ではないとする会員の自制の表われであった。

九、〈青票白票〉の刊行

昭和八年六月三十日〈青票白票〉と題する月刊紙第一号が発行された。これは有爵議員自らが編集し、議員及び貴

昭和十三年　第五十七號　四月二十日

青票白票

國家總動員法案について

第七十三回帝國議會には、政府提出の法律案が八十六件あり其全部が協贊せられたのであつて、幾多の重要法案が之れに含まれて居つた。重要法案中憲法問題で論議の重ねられたのは國家總動員法案である。同法案かねてから立案中であつたが、世評等にかんがみ草案の一部に變更を加へて二月十八日閣議決定となり、同十九日衆議院に提案せられた。

衆議院は二月二十四日に上程し、近衛首相病氣缺席中とて代理として廣田外相が提案理由の説明をしたが、代議の形であり、質問に對する答辯につきても打合せに缺くる所あり案の行き先きが頗る不安となつたが、特別委員會に移され、近衛首相も出席し、漸くにして、修正もなく三月十六日貴族院に送付せられた。

貴族院は翌十七日議題として、近衛首相はさきに衆議院提出の際廣田外相の説明とは異なり、詳細なる説明を爲した。兩院に於て此の如く異なれる説明をなせるは、異例に屬する。いま首相の演説を速記録より轉載すれば

只今議題トナリマシタ國家總動員法案ニ付キマシテ提案ノ理由ヲ御説明申上ゲマス

近代戰ノ特色ハ所謂國力戰ニアルノデアリマシテ戰爭ノ目的ヲ達成スル爲ニハ陸海軍ノ武闘ト相俟ッテ國家總動員ノ態勢ヲ完備シナケレバナラナイノデアリマス　即チ戰時又ハ戰爭ニ準ズベキ事變ニ際シテハ物心兩面ニ亘リ全資源ヲ動員シテ以テ單リ軍需ノ充足ヲ完ウスルニ止マラズ國民生活ヲ確保シ且戰爭遂行上必要アル各般ノ國家活動ヲ圓滑ナラシメ、以テ國ノ全力ヲ最モ有效ニ發揮スルコトガ戰勝ノ目的ヲ達成スル爲ニハ必須ノ要件デアリマス、本案ハ此ノ事實ニ鑑ミマシテ政府トシテ戰時又ハ戰爭ニ準ズベキ事變ニ際シ所要ノ措置ヲ敏速ニ講ジ得ベキ根據ヲ規定シタルモノデアリマス

斯クノ如キ戰時發動ヲ必要トスル政府ノ權限ノ大綱ハ國家總動員ノ準備事務ノ進捗ニ伴ヒ大體豫定シ得ル譯デアリマスルガ故ニ、豫メ議會ノ御協贊ヲ經テ之ヲ定メ置キマシテ其ノ範圍内ニ於テ政府ガ戰爭ノ實際ノ情況ニ即應シ臨機ノ處置ヲ講ジ得ルコト、致シマスルノガ適當ト考ヘルノデアリマス、尚斯クシテ國家總動員ニ關スル國家ノ權力發動ノ態樣ヲ豫メ國民一般ニ了解セシメテ置クコトハ國家總動員準備ノ進捗ニ資スル所以タルノミナラズ有事ニ際シ國民ノ自發的協力ヲ容易ナラシメ、法令執行ノ圓滑ヲ期スル上ニ必要デアルト考ヘルノデアリマス

殊ニ我ガ國ハ國家總動員ノ經驗ニ乏シク、又其ノ資源ノ情況等ヲ考ヘマシテモ、特ニ本法制定ノ必要ヲ感ズル次第デアリマス

國家總動員ニ關スル現行ノ法制ト致シマシテハ大正七年ニ制定セラレマシタル軍需工業動員法ガ存スルノデアリマスガ、同法ハ軍需充足ノ爲ニ國內工業力ヲ動員スルコトヲ主眼トスルモノデアリマシテ、從ッテ其ノ法律ノ適用ノ目的ニ於キマシテ、將又規定事項ノ範圍ニ於キマシテ前述ノ如キ國家總動員ノ目的ヲ達スル爲ニハ固ヨリ不充分ナノデアリマス。

尚今回ノ支那事變ニ於キマシテハ、差當リ會ニ御協贊ヲ得マシタル臨時諸法律ニ依リマシテ軍需工業動員法ノ足ラザル所ヲ補ヒ應急ノ措置ヲ講ジツヽアルノデアリマスガ、時局ノ推移如何ニ依リマシテハ更ニ一段ノ國家統制ヲ必要トスル事態モ考慮セラレマスルガ故ニ此ノ意味ニ於キマシテモ本法ノ制定ハ緊急ヲ要スルモノト認メテ居ルノデアリマス

本案ノ内容ハ大體ニ於テ軍需工業動員法及事變關係ノ臨時諸法律ニ規定セラレマシタル事項ガ其ノ根幹トナツテ居リマスルガ規定ノ形式ガ大綱ニ止リ細部ヲ命令ニ委ネテ居リマスルノハ其内容ガ事態ノ程度等ニ依リマシテ變化致シマスル關係上豫メ細部ニ亘ツテ之ヲ豫定スルコトガ困難デアルガ爲メデアリマシテ戰時事態ノ變化ニ即應シ迅速且適切ナル措置ヲ講ズルコトガ戰爭ノ本質上緊要デアルノデアリマス

又是等ノ措置ノ詳細ヲ豫メ外部ニ現シマスコトハ國防上ノ機密ヲ暴露シ得策デナイ點モ考ヘラレル次第デアリマス

又本案ニハ平時ニモ適用セラレル規定ヲ含ンデ居リマスガ、是等ノ事項ハ前以テ平時的準備ヲ必要トスルモノデアリマスルト同時ニ戰時ニ際シマシテモ必要ナル事柄デアルノデアリマス

而シテ本案規定ノ各條項ハ相互ニ密接ナル關聯ヲ有シ一貫セル國家總動員ノ體系ヲ形成シテ居ルノデアリマス

本案ノ内容ハ人員、物資、施設、資金等各般ノ事項ニ亘リ國民生活ニ大ナル關係ヲ有シテ居リマスルノデ之ガ運用ニ付キマシテハ適

437

族院関係者に配布されたものであったから、貴族院七〇年を通じて例のない異色の出版であった。コロタイプ版四頁を原則と、題字は貴族院議長徳川家達公、編集人は吉井千代田（伯爵吉井幸蔵の男）で編集同人は侯爵佐佐木行忠、侯爵松平康昌、伯爵黒木三次、男爵加藤成之の四名である。

満州事変が起ってから日本は国際問題の渦中に在って巻き込まれてしまい議会もそれを反映し決意を新たにする動きが強く見られ、時局に対処する議会の在り方や、殊に貴族院の本質を考え直さねばならなかった。ひいては貴族院改革を議員自身が真剣にとりあげるべき時であった。同人の佐佐木侯は青票白票の発刊は「議会の内外に種々な重要な問題が起り、議会人の責任の重いことを自覚し、議会運営や制度を研究する資料を集め、議員の啓蒙と職務遂行に役立てたいとしてはじめた」と語っている。第一号に添付されている〈青票白票の発刊に際して〉には次の様に記している。

議会政治の研究というと大袈裟になる。大学の研究室に於て学者が研究する学理の探究ではなく、広く吾人の目に映ずる諸般の事象を捉えて或は議論し、或は漫談する月刊の印刷物を発行したいと云う希望が同人の間に湧いた。

此印刷物も畢竟同人の書いたものが散逸せぬ為め印刷に付した程度のものであるが故に、やかましく考えずに至極自然に谷川の流れの流れる如く、南するか北するか同人自体でも解らぬが、兎に角海に出るか出ないか流るる所、行く所まで行って見たいと思う。

而して同人と名のる人々は貴族院に席を置くもので志のみは議会政治に興味を有するものである。

この様な気持ち御了解の上御覧下されば幸である。

同人四人は何れも働き盛りで黒木伯は五三才、他の三名は何れも四一才の若さであった。この同人に子爵議員がはいっていないのは、佐佐木侯らは貴族院改革運動の先頭に立っていて研究会をしばしば批判していたことがあったから除かれたことも理由といえよう。発刊の趣旨は謙遜しているが同人の筆頭の佐佐木侯は早くから政党や会派にたいし批判的で、統理論派で、政治の浄化、貴族院改革には第一線に立っていた。同人は単なる政治家として政策批判の会合に終ることなく、常に資料を生かし情報を集め学究理論に基づいた研究態度をとっている。松平康昌侯は青票白票の主幹の立場にあり、議会でしばしば貴族院改革についての発言があるが、何れもこれら同人が互いに研究した事が基礎となっている。この点で近衛公や木戸侯らによる〈十一会〉とは対照的であった。編集人吉井千代田は当時のことについて

「あの頃東京帝国大学史料編纂所内に小さな研究室を持っていて、その中心は松平康昌さんであった。室には英国から持ち帰った法律書が一パイに置かれていて、英国の議会政治の勉強には力を入れておられた。自分が編集人になったのは、東京帝大理学部薬学科を卒業し、就職するについてはじめて侯と知り合い、その時侯の依頼によってお引受けしお手伝いすることとなった。その後銀座の貿易会館の近くに研究室を設け、そこにも英国議会関係の図書が室一パイにあった」

と語っている。同人が単に趣味的に発行を計画したのではなく、充分に研究調査の結果を報告しようとする態度が窺われる。

発表されたものは、単なる政策批判ではなく、法律の学究的な内容を主とし、併せて貴族院を主体とした資料の収集、情報の報道、諸外国の議会事情などに及んでいて、純理論派議会人の考えを伝えている。その項目の二、三を記すと、〈英国に於ける法律の調整〉〈英議院の議事規則〉〈貴族院前史一〜一〇〉〈両院協議会の議事の表決について〉〈組閣の御下問について〉〈表決と棄権について〉〈貴族院制度調査会の設置〉などで、何れも議会研究に関する貴重な資料が載っている。

表題の〈青票白票〉とは議会における投票用木札のことで、〈議会初期は球であった〉青票は賛成を表わし、白票は反対を示す投票用具のことをいい、若し記名投票となった時は、この木札に各自白紙に記名した用紙と同時に投票する。青票白票の定価は二銭とあるが、これは郵送料の関係で、実際は貴族院議員と議会関係者に無料で配布していた。中には資金の一部にとしての寄付があったという。この出版費は同人の醵金によって続けられた。昭和十五年六

月二十日付の第八三号で終り、その後は出ていない。しかし最終号としての挨拶文は載っていないから、中絶の形であったのであろう。何故中止となったかは詳かではないが、すでに大東亜戦争となっていて、紙が入手できないためであったと思う。現に終りの八二号からは紙質が急に低下している。しかし小人数の有爵議員によって八年間も続いたことはその熱意に敬意を表さねばならない。

一〇、第六十五議会

二つの決議案　第六五議会（昭和八年十二月～九年三月）には二つの決議案が提出され何れも全会一致で可決した。一つは公爵近衛文麿が提案者となった〈満州帝国ニ対スル祝賀決議案〉で、公を貴族院の代表との見方で貴族院の全幅の祝意を表明したものであった。第二は〈農業者窮状緩和ニ関スル決議案〉で、農村の疲弊恐慌による不安定にたいし、貴族院は政府にその救済のための政策（法案作成）を希望するとしている。この提出者は侯爵西郷従道外八名で、各会派の全部による共同提案である。この提案理由の説明には子爵渡辺千冬（研究会）が立ったから、この決議案の重要性がはっきりしていた。これにたいし政府は来議会には対策の法案を議会に提出すると約束した。第六六議会に〈凶作地ニ対スル政府所有米穀臨時交付ニ関スル法律案〉が提出されたのはこの決議案にたいする政府の約束であった。

農村問題が議会で取りあげられたのは第六二議会で斎藤実内閣の成立後僅かに一週間の後であった。衆議院は農村に基盤を置いた者が多かったし中でも政友会が熱心であった。第六三議会（昭和七年八月二十二日召集）では農村匡救議会といわれ、衆議院では活発な討議が行われた。貴族院では公正会が農村救済問題では熱意を示していた。しかし貴族院は慎重であって、第六三議会で政友会の多数票によって可決した農村救済諸法案も簡単には可決しなかった。〈農村負債整理組合法案〉は両院協議会を開くまでになったが貴族院は否決した。衆議院が農村を基盤としていたことからの行き過ぎを貴族院が冷静に処理したことになった。

尊氏論問題　この議会に議会政治の信頼を失う事件がいくつか起っているが、その中で大きかったのが中島商相の所謂尊氏論問題であった。男爵中島久万吉商工大臣の身辺には種々の噂があり、それが政治問題に発展した。勅選の上山満之進（同和会）によって製鉄会社の株式評価の疑惑を、又勅選関直彦（同和会）は帝国人絹、南洋興発の株式の売買に関しての綱紀問題の質問にはじまり、衆議院でも中島商相に関して調査が行われた。その中で著書に足利尊氏を賛美している論文を発見して、予算総会で栗原彦三郎（国民同盟）が詰問的な質問を行った。衆議院では同商相の陳謝によって解決したのであったが、貴族院では男爵菊地武夫（公正会）がこれを取りあげ攻撃し、子爵三室戸敬光（研究会）も言葉激しく質問した。両者は足利尊氏は国史上朝敵である筈なのに尊氏賛美論とは不敬思想の現われであるとし、わが国教育方針に反するものとした。この攻撃は三室戸子の発言が過激であったとされ釈明させられてはいるが、結局商相を辞任に追い込んだ。中島問題はその後更にひろがり大蔵省疑獄事件になり斎藤内閣の総辞職の遠因となった。中島男は大蔵省疑獄事件で起訴されたため、宮内省に礼遇不享の手続をとり、公正会も離脱し、協同会の役員も辞した。

三室戸子の場合、何故問題になるような強い攻撃的な発言を行ったのか、同子は古い伝統のある日野家系に属する公家の家系で、自他共に認める国粋論者であった。研究会としては子の発言には配慮していたし、注意を払ってはいたが、内容が皇室に関することであったから予かじめ制することはしなかった。これは有爵者の心の奥にある無言の力であった。ただ子は感情的には強い発言になり易いものがあったから、今回釈明を求められたのである。研究会は三室戸子の問題を大きくしない様にと努めている。それは衆議院の反政府派には多分に暴露戦術があることに気付いたからである。

鳩山文相と綱紀問題　第二は鳩山一郎文部大臣に関する綱紀問題で、衆議院における政党の対立により表面化した。内容は樺太工業会社より五万円の収受に文相は関係していると追及した。この問題の審問委員会が開かれたが、故意に審議を延期していると見た研究会は、文教上の影響を憂慮し、岡部子らによって鳩山は文部大臣として文教上の責任を感じないのかと質した。この申し入れにたいし、堀切善次郎内閣書記官長は、今は予算の議会通過をひかえていて急がしいとして受け入れなかった。研究会はこれを不満として勅選大塚惟精（研究会）に〈文教の府の威信保持に関する緊急質問〉をさせ、脱税行為を厳しく追及した。研究会は全面的にこれを支持し、各派も研究会に同調したことにより、文相は責任をとらざるを得なくなった。衆議院では文相にはその事実はないとしたが、三月三日教育上の責任は重いとして辞任した。

治安維持法改正法律案　この議会で難行したのはこの改正案であった。治安維持法は大正十四年二月第五〇議会において、加藤高明内閣によって提出され、その内容は国体及び政体の変革、私有財産制度の否認を目的とした結社を組織、加入した者等を処罰する法律であった。衆議院は政体変革の項は政党圧迫の恐れありとして削除し、貴族院もこれを認め成立している。その後昭和七年に五・一五事件や右翼活動、テロ行動など暴力革命的な行為や、議会政治を否定する様な事件が発生したことから、今回の法律改正により一層取締りを強化しようとしたのである。衆議院は穏当を欠く点ありとして一部を修正し議決して貴族院に送付、これを受けた貴族院は特別委員会（二五名）に付託となった。研究会より委員に

伯　松本宗隆	子　伊東二郎丸	子　高木正得	子　曽我祐邦	子　松平康春
勅　大谷尊由	勅　大塚惟精	多　山隈　康	多　松沢精次郎	

の九名が選任された。貴族院は衆議院の修正は適当でないとして認めなかったので、両院協議会（研究会から伯黒木三次、子青木信光、勅山岡万之助、勅大塚惟精）となったが纏らず、小委員会で検討する程であった。漸く協議会の成案が成立し、貴族院本会議はこれを可決したが、その時は議会最終日でしかも午後十一時四十一分であって、衆議院は本会議を開く余裕がなく、遂に時間切れで不成立となった。この頃の世相には左右両派の激しい動きがあり、貴族院はこの法案の取扱いには慎重で、中でも松木宗隆伯（研究会）の発言は法案の審議を一層慎重にさせた。

第六節　国体明徴問題

天皇機関説

第六七議会（昭和九年十二月二十四日召集）の貴族院において、天皇機関説問題が起った。

天皇機関説を貴族院で最初に問題にしたのは、公正会の男爵菊地武夫で、同男は二月十八日の本会議において帝人事件の人権問題から美濃部達吉博士の学説を取り上げ、政府の考えを質した。これにつき、岡田啓介首相、松田源治文相は学者の議論は学者にまかせ議会で取り上げるすじではないとしたことが一層反論を硬化させた。菊地男の後に研究会の子爵三室戸敬光が機関説を中心として質問した。

美濃部博士は当時勅選議員であり憲法学者として第一人者で、その論旨は「天皇を国家の一機関と見て、従って国民代表機関である議会の地位と権限を重く視た」ものであったから、軍の説く統帥権の独立は認められないことになり、国家を天皇統治のもとにおく考えとは全く対立したものであった。美濃部議員は菊地男らからの反逆者呼ばわりされ学匪と侮辱されたことに抗議して、強い不満をもって二月二十五日の本会議で「学者の学究は認めてほしいこと、貴族院でこの様な人心攻撃は謹むべきだ」とする主旨の弁明を行った。このことを新聞は「片言隻句を捉えて反逆者とは何事、美濃部博士淳々憲法を説き、条理整然所信を約一時間に渉り貴族院で一身上の弁明をした。弁明演説が終るや貴族院では珍らしく拍手が起った」と当時の模様を報じている。この弁明演説によって、自由主義的立場からの憲法学説がはっきりと述べられているので、これ以上は学説上の論争となるので、議会外での問題との見方をとり、美濃部問題の処理は一段落し、議会内での扱いは解決したと考えられていたが、天皇機関説についての美濃部論述は議会の内外には意外に大きな反響を呼び、強い反対論や抗議論ばかりではなく、同情論があり支持する者、共鳴する者も出るようになった。この時研究会のとった態度は、天皇機関説は不穏当とする見方をとっている。しかし問題としてこれ以上荒立てないことにしたかったが、研究会の三室戸子は納得せず、政府を追求することを申出たため、三月四日の貴族院予算総会（委員長伯爵柳沢保恵）において、委員会の許諾を得て、委員外委員として首相にたいし次の四点につき質問した。一、君主主権を説きながら、機関説を唱えることについて。二、天皇の大権を権能とすることは誤りではないか。三、天皇は万能の権力がないとは不謹慎ではないか。四、議会は原則として天皇の命に服従するものではないというが、それでよいか。この質問にたいしての岡田首相の答弁は何等明確に答えず、「今後の解決に待つ問題だと思うが、天皇機関説は許されない」と弁明でも答弁でもない発言をした。この曖昧な態度に一層強硬に政府に迫まり、公正会の菊地、井上清純の他井田磐楠（当時同僚から三勇士とニックネームを付けられていた）の三男爵は少しも政府攻撃をゆるめる様子はなく、むしろ次第に大きな政治問題となっていった。この様な状況を示したため、貴族院として新しい態度をとる必要を生じ、各派交渉会で協議した結果建議案を出すことを申し合せた。研究会からは松木宗隆伯、岡部長景子により国民精神作興の案を提出した。それには

「明治以来日本精神に反する外国追随の文物制度漸く多きを加う国民の覚醒せる今日これ等の情勢に鑑み十分検討を要するものあり政府はここに留意し国本を確立するとともに国民精神振作に努められんことを希む」

とある。これを公正会に提示し共同提案となし〈国体確立ニ関スル建議案〉の成案が決まったが、公正会の強硬派は満足せず、菊地武男男（元陸軍中将）、井上清純（元海軍大佐）、浅田良逸（元陸軍中将）、坂本俊篤（元海軍中将）らの軍人出身の男爵議員は〈機関説排撃建議案〉とすることを主張して譲らず、改めて話し合うこととなり、研究会からは酒井忠正伯、黒木三次伯、岡部子、松平康春子、伊東二郎丸子が、公正会からは四条隆英、東久世秀雄、黒田長和の各男ら幹部が協議し、各派交渉会で〈国体本義明徴ニ関スル建議案〉が纏った。しかし最終的には三転して三月十八日にいたり、〈政教刷新ニ関スル建議案〉と決まり、三月二十日の本会議に上程し、発議者は侯爵西郷従徳外

五名、賛成者は公爵鷹司信輔他四〇名であった。主旨説明は西郷侯が行い、賛成討論は井田男、三上参次、二荒芳徳伯が行い、反対討論には土方寧が立った。採択の結果は全会一致でこの建議案は成立した。最初に作成した建議案と比べると、その表現には柔らかさを示すことができたが、国民精神作興から機関説排撃となり更にそれが国体明徴へ、三転して政教刷新となったことは貴族院の各派の苦心のあとが充分に窺われる。この建議案は勅選馬場鍈一（研究会）によって起草されたものである。

「方今人心動もすれば軽佻詭激に流れ政教時に肇国の大義に副わざるものあり
政府は須く国体の本義を明徴にし我古来の国民精神に基き時弊を革め庶政を更張し以て時難の匡救国連の進展に遺憾なきを期せらんことを望む。

右建議す」

引き続いて衆議院においても三月二十三日に〈国体明徴決議案〉を満場一致で可決した。議会閉会の後（八月三日）政府としてもこの問題について白根書記官長の名において声明書を出し所信を表明した。

その声明書は当時の国体についての考えを示した公式のものである。ここにその全文を載せる。

声明書

恭シク惟ミルニ我が国体（天孫降臨ノ際下シ賜ヘル御神勅ニ依リ昭示セラルル所ニシテ万世一系ノ天皇国ヲ統治シ給ヒ、宝祚ノ隆ハ天地ト与ニ窮ナシ、サレバ憲法発布ノ御上諭ニ「国家統治ノ大権ハ朕カ之ヲ祖宗ニ承ケテ之ヲ子孫ニ伝フル所ナリ」ト宣ヒ憲法第一条ニハ「大日本帝国ハ万世一系ノ天皇之ヲ統治ノ大権ハ儼トシテ天皇ニ存スルコト明ナリ、若シ夫レ統治権ガ天皇ニ存セズシテ天皇ハ之ヲ行使スル為ノ機関ナリト為スガゴトキハ是レ全ク大邦無化ナル我ガ国体ノ本義ヲ愆ルモノナリ　近時憲法学説ヲ繞リ国害ノ本義ニ関連シテ兎角ノ論議ヲ見ルニ至レルハ寔ニ遺憾ニ糙ヘズ、政府ハ愈々国体ノ明徴ニ力ヲ放シ其ノ精華ヲ発輝センコトヲ期ス、乃チ玆ニ意ノ在ル所ヲ述ベテ広ク各方面ノ協力ヲ希望スとあり日本国民の本分として誠意の実践を求めた。しかるにこの問題は単に天皇機関説の排撃に止まらなくなり、反政府運動から倒閣運動にまで発展する気配が見えた。そこで政府は憲法学説問題に関する司法処分を決めようとした。そこで美濃部議員は、これ以上社会の思潮を混惑させることは本意でないとの意を明示し、公職たる貴族院議員も拝辞することを表明せざるを得なくなった。この時研究会には急先鋒の三室戸子の他にも、天皇に関する憲法論では強硬論者がかなりあることを案じ、先ず同子にたいし、酒井忠正伯、松平康春子の両常務委員が懇々と説得をなし、収拾に努めた。同子はこれを受け納得させることができたので、事をこれ以上荒立てないことになったが同子の個人的天皇敬信は変らなかった。三室戸子については既述した通り、信念の強さでは公家出身の有爵議員として第一人者であったし、同子自身の研究による主義を持っていたからである。その半面には心の幅に狭さがあったから、円満さと無邪気さは欠けていたと評される。菊地男は明治八年七月生れ、昭和二年陸軍中将で予備役編入となり、昭和六年十一月貴族院男爵互選議員に当選した。その間に大正元年より中国政府に招かれ張作霖の軍事顧問となっている。菊地男の国粋論は熊本の菊地氏の流れを受けていると評される程の根強さがあり、それをファッショ潮流が刺激したのである。

政府から国体明徴に関する声明書が出たことで問題は解決したかに見えたが、今度は軍部がこの政府声明には満足せず、改めて軍部声明を十月十三日に出した。その要点は次の三点である。

一、帝国統治権の主体は天皇なり

二、機関説並にこれに類似の説明は国体の本義にもとるものであり断乎排撃

三、国体を明徴ならしめ其実を挙ぐるため政府はその徹底を期すること（信奉者排撃を意味する）

政府はこの軍部声明を不充分とし、更に軍部と折衝を行って、その諒解を取って十月十五日に再声明を行った。内容は解明的であるが、政府として統治権の主体は国家で、国家の法人格は否定することはできないから、用語上から表現は簡明ではない。しかしこの声明を以て議会における天皇機関説の政治上の論争に終止符が打たれた。

「曩ニ政府ハ国体ノ本義ニ関シ、所信ヲ披瀝シ、以テ国民ノ嚮フ所ヲ明ラカニシ、愈々其精華ヲ発揮センコトヲ期シタリ。」

抑々我国ニ於ケル統治権ノ主体ガ天皇ニマシマスコトハ我国体ノ本義ニシテ、帝国国民ノ絶対不動ノ信念ナリ。帝国憲法ノ上諭並ニ条章ノ精神亦茲ニ存スルモノト拝察ス。然ルニ漫リニ外国ノ事例学説ヲ援イテ我国体ニ擬シ「統治権ノ主体ハ天皇ニマシマサズシテ、国家ナリトシ、天皇ハ国家ノ機関ナリトナスガ如キ所謂天皇機関説」ハ「神聖ナル我国体ニ悖リ、其本義ヲ愆ルノ甚シキモノニシテ、厳ニ之ヲ芟除セザルベカラズ」。政教其他百般ノ事項総テ万邦無比ナル我国体ノ本義ヲ基トシ、其真髄ヲ顕揚スルヲ要ス。政府ハ右ノ信念ニ基キ、茲ニ重ネテ意ノアルトコロヲ闡明シ、以テ国体観念ヲ愈愈明徴ナラシメ、其実績ヲ収ムルタメ、全幅ノ力ヲ效サンコトヲ期ス」

天皇中心の日本の観念としては対立ではないが、何故この様な大問題となったのか。議会という政治の場における、法学理論としての主権論と、国民感情の愛国精神における天皇論とにおいて一線が引けなかった所に問題があったからで、この頃の日本の風潮に社会問題があり、国民感情の規範をどう扱うかにあった。議会という政治の場で、これを混同して論じたことは危険が伴う。それ故各方面がもっと発言の前に反省すべきであった。他面には軍部内にも観念の対立や反目があったことが、憲政に混乱を起させる結果となったことを見逃すことはできない。これらの事件は議会にたいし、又議会政治にたいし、国民の信頼を失ったばかりでなく、軍の政治干渉の比重を一層高める結果となって、今後は憲政のもとで政党政府の実現は望めなくなった。

陸軍部内の派閥の対立は十月事件以来激しさを増し、昭和十年八月十二日陸軍省内では永田鉄山軍務局長の暗殺事件が起り、林陸相はその責任をとって辞任し、その後任には陸軍大将川島理一郎が就任した。土岐陸軍政務次官も同年十二月十四日辞任し、後任には子爵岡部長景（研究会）の就任を見た。土岐子の就任は昭和七年六月一日であったから、三ヵ年半に及ぶ長期間の政務次官であったことは、研究会は勿論、貴族院からの選任としては最長期間となった。元来貴族院議員の政務次官は政変の関係は受けないから、比較的に長期に渉る場合があるが、土岐子の場合には荒木陸相の個人的立場からの信頼があったからで、研究会内にはもっと早い機会に交代があるべきとする方針であったが実現できなかった。

衆議院において〈解散ノ奏請ニ関スル決議案〉を一月十三日に、又二十一日は政友会から〈内閣不信任案〉が提出されたことにより解散となり、四年ぶりの総選挙となった。過去四年間には血生臭い事件が何度か起ったし、議会政治史の上に多く問題があったから、国民はどう受けたか、この総選挙にどう反映するか注目された。果して選挙戦は激しく、国防の強化と反軍思想、国体明徴などに関心が集った。選挙の結果は軍に接近していた政友会と国民同盟が敗れ、民政党が大勝し、社会大衆党も予想以上に進出した。

民政党　二〇五　政友会　一七四　昭和会　二〇　社会大衆党　一八

国民同盟　一五　其の他　三九

この結果を見た軍部の革新派は嘆き、不穏な動きに再び拍車をかけた。

〔子爵　三室戸敬光〕みむろどゆきみつ

議員在職　大正十四年七月~昭和十四年七月

研究会役員　会計監督　政務審査部第三部幹事

旧公家（日野家―柳原分家）明治十七年七月授爵（子爵）

明治六年五月生　明治法律学校卒　宮内属　帝室会計審査官　内匠寮主事　宮内事務官兼書記官　宮内省主猟官　宮中顧問官　大喪使、大礼使各事務官　御歌所長代理　宗教制度調査会委員　昭和三十一年十月三十日没

第七節　二・二六事件と華族会館

昭和十一年二月二十六日未明東京において軍隊の反乱が勃発した。世に二・二六事件という。その目標は
一、内外の重大危機に際して、支配階級の腐敗をとり除くこと
一、君側の奸である元老重臣をはじめ軍幹部を倒し
一、天皇親政の実を挙げ、国体を擁護すること

であった。陸軍の皇道派に属する青年将校二二名とその部下の近衛歩兵連隊の下士官兵一四〇〇名によって重臣、財閥、官僚、政党等の国家破壊の元兇を除くとして行動に出た。内大臣斎藤実、大蔵大臣高橋是清、陸軍教育総監渡辺錠太郎を殺害し、鈴木貫太郎侍従長、首相官邸、牧野伸顕元内大臣などを襲撃した。ために東京市は戒厳令下に置かれ（解除は七月十八日）一時は極度の社会不安に陥入った。内幸町の帝国議会議事堂と新築中の永田町の議事堂も反乱軍に占拠された。研究会では事件を知るや直ちに青木信光子と幹部は三年町の事務所にはいった。ここは無事であったので向いの華族会館に立寄った。正午近くなって清原少尉の率いる近衛第三中隊と機関銃隊が会館の表玄関に来た。会館に向け機関銃をすえ、ピストルで威嚇発射をして不法侵入して来た。一団は会館の調理場へ案内させ、食料保有の実態を調べ、他の一団は応対に出た書記に向って、自分達は今回の行為に賛同を求め、会員は華族であるから皇室との関係が深いから、我々の真意を天皇に伝達してほしいから来たと告げ、玄関に備え付けてある来館者の名簿を閲覧した。その目的は原田熊雄男爵に面会して自分達の意図を西園寺公に伝えることを依頼しようと計画したことと考えられる。目的の原田男が来館していないため、貴族院議員に面会を求め取り次ぎを依頼している。華族会館と

華族の使用情況など予じめの調査は杜撰なものであった。この時会館にいた会員は、研究会事務所を見廻ってから立寄った青木信光子の他林博太郎伯、安藤信昭子、川村鉄太郎伯、安場末喜男、細川護立侯ら議員は約一〇名在館していた。その中で細川侯が隊長の清原少尉に面会することになった。計らずも清原少尉は熊本藩士の家柄の出であった。侯とは面識は全く無かったが、旧藩主は細川侯であることは知っていたから、思いもよらない偶然のめぐり合いで、清原少尉は細川侯に談じ込んだが、形は逆に旧藩主に説得されたことになった。この間一部の議員は脱出したが、大部分のものは夕刻まで閉じ込められ、午後四時過ぎに退出が許された。その間の恐怖は後々までも思い出話として語られた。反乱兵は三日後に全員退去した。その間に会館内は荒されたが事務室の御真影奉安庫は無事だった。

事件は四日目に漸く鎮まったが襲撃による貴い犠牲が各所に出た。研究会は岡部陸軍政務次官を通じ、情勢の報告を求めたが、状況判断は困難で、政務次官といえども非常な警戒を受け事件の核心は全く知ることはできなかったし、軍の内状は複雑で実情を知ることができなかった。しかし研究会として政府並びに陸軍にたいする信頼は変らなかった。

二・二六事件勃発の動機は既述の通り社会情勢の影響は大きいが、その近因として「民政党内閣の取った緊縮財政（官吏減俸案など）による生計上の圧迫を薄給の青年将校達が痛切に感じたから、武士としてこの不満を口外するを得ない処からして一層憤懣の情を激発させられたことは明らかで、この生活上の不満は遂に青年将校を極端なる直接行動に追いやった社会問題と見ることが正しいのではないかと考えられる」と橋本実斐伯は語っているがこれも実際に近いものと考えられる。その他間接ではあるが、農村問題であった。軍部は兵卒を出す大切な社会層である農村の疲弊を甚しく憂慮し、その原因は政党による政府と、財閥の責任であるとの見方をしていたことが軍を決起させる原因となったと見ることができる。

第八節　広田内閣と研究会

一、広田内閣の成立

二・二六事件によって（岡田首相の生死不明により臨時首相代理は後藤文夫）岡田内閣は総辞職を行い、その後継首班は事件後であったから人選は難しかった。西園寺公は政界、財界、軍部との間にあって好い存在として公爵近衛文麿を奏請し、直ちに近衛公に組閣の勅命が出た。しかし公はこの難局を乗り切る自信がなかったので、天皇には健康を理由に勅命を拝辞した。

西園寺公は陸海軍の意見を聴き、広田弘毅外務大臣を後継内閣の首班として奉答、三月五日広田外相に組閣の勅命があった。予想通り組閣には軍部の要望が出た。陸軍大将寺内寿一が軍部を代表して国防の充実と強化を強く主張したため、組閣は進まず、広田首相は寺内、永野両陸海軍大将と組閣人事の協議をせざるを得なくなった。これは軍部の政治干与であった。

文部大臣に子爵岡部長景（研究会）の就任が有力視されたが、結局実現せず、勅選潮恵之助（研究会）が内務大臣兼文部大臣に、大蔵大臣には勅選馬場鍈一（研究会）が決まり内閣書記官長には藤沼庄平が決った。馬場蔵相は軍備のためには公債漸減方針は関係しないことを声明し、軍部に一札を取られた。広田内閣は三月九日に成立、確固たる決意を以て庶政一新、難局の打開に当らんと声明したことから庶政一新内閣と呼ばれた。衆議院から島田俊雄（農林）、川崎卓吉（商工）、頼母木桂吉（逓信）、前田米蔵（鉄道）が、勅選の永井秀次郎が拓務大臣に決ったから、外形上は政党内閣ではあったが、組閣の経過からして政党政治力には期待できない内閣であった。貴族院からは次の六名（研究会四名、公正会二名）の政務官が就任した。

子爵　立見豊丸（研究会）　陸軍政務次官　伯爵　堀田正恒（研究会）　海軍政務次官
子爵　鍋島直縄（研究会）　内務政務次官　男爵　稲田昌植（公正会）　拓務政務次官
子爵　秋月種英（研究会）　司法参与官　男爵　肝付兼英（公正会）　内務参与官

二、近衛公と貴族院改革

昭和十一年五月一日第六九議会（特別）が召集され、広田内閣は庶政一新を表明する政府であるから、その政策には貴族院改革が含まれていた。これを見越した火曜会の近衛公は第六九議会の召集の前から貴族院改革問題に積極的に取り組んで、貴族院議員自らの手で、貴族院制度の上での不合理の点や、社会から非難されている事項について検討を進めた。公が初めて貴族院改革を取り挙げたのは早かった。既に大正十年に憲法研究会に参加していて、後研究会を脱会したのも貴族院改革のための決意の表われといえる。今回岡田内閣の後継首班の勅命を自分の意志で拝辞したことの責任と、二・二六事件によって今後必ず貴族院は軍部から非難を受けると判断し、貴族院改革の実行する決意を一層強くしたのであった。今回の近衛公の活動より僅かに早く、昭和十一年三月二十一日公正会でも阪谷芳郎男を中心に有志は挙国一致国難に臨み時局打開の必要があり、それには貴族院議員自らの手によって貴族院の改革を行う必要があると表明し、同会の政務調査部理事会で議会制度の検討を決めている。この二つの動きは何れも二・二六事件が近因ではあるが、近衛公を中心として火曜会は公正会よりはるかに積極的であった。既に近衛公は公爵一条実孝と佐佐木行忠、松平康昌、細川護立の三侯を同志として四月四日に開かれた火曜会総会で貴族院改革運動の実行を決めている。火曜会がとったこの態度は注目すべきである。

研究会でも常務委員会で貴族院改革問題を取りあげてはいるが、研究会独自の活動はせず、近衛公らの活動に協力する方針をとり、火曜会の動きを見守る態度であった。実際には近衛公との個人関係によって研究会は動こうとした。有馬頼寧伯、黒木三次伯、織田信恒子らが近衛公と協議し、火曜会の動きを打診して、研究会の態度を決め、賛同へと進めていた。

火曜会は各派と貴族院改革問題を協議するため、四月九日に非公式の各派交渉会を開くため研究会事務所にその準備会を開き各派の諒解をとり四月二十日に貴族院改革問題の第一回各派交渉会を研究会事務所で開いた。議長の招集ではないから非公式のものであった。出席者は

火曜会	公　島津忠重	侯　佐佐木行忠	侯　細川護立	侯　松平康昌	侯　徳川義親
研究会	伯　溝口直亮	伯　黒木三次	子　大久保立	子　伊東二郎丸	子　織田信恒
	勅　金杉英五郎	勅　黒崎定三	多　細田安兵衛		
公正会	男　浅田良逸	男　深尾隆太郎	男　今園国貞		
同和会	勅　田所美治	勅　佐々木駒之助	勅　土方久徴	勅　岩田宙造	
同成会	勅　塚本清治	勅　菅原通敬	勅　丸山鶴吉		
交友倶楽部	勅　竹越与三郎	勅　古島一雄	勅　橋本圭三郎	多　三橋　弥	

以上二七名であった。先ず火曜会から問題点として次の八項目と内容を提示した。

一、世襲議員制の廃止　公侯爵議員の定員を一〇名程度
二、伯爵議員を一〇～一二、一三名程度
三、子爵議員を四〇～四五、六名程度
四、男爵議員を四〇～四五、六名程度
五、多額議員　改廃問題を考慮

六、職能議員を新設
七、学士院議員を増員
八、勅選議員の定年制を設けることの検討

これらを主題として貴族院改革を検討することとなった。これまでは外部からの要求による改革活動で、第五〇議会では衆議院の護憲運動と結ばって政府が提出しているのもその例である。今回は貴族院議員から政府へ要求する形となった点が従来とは全く異っていた。この各派交渉会の会合には中心であった近衛公は出していない。細川侯が主となり佐佐木、松平両侯が補足説明を行っている。会議は改革事項の内容の論議よりも、先ず貴族院全体で考える問題とすることを力説した。佐佐木侯は早くから近衛公を支援し、常に学究的に調査研究を続け、その点では貴族院の第一人者であったし、松平侯も明治大学の教授で、法学研究に打ち込み、近衛公の一派であったから、この両人の説明は大いに説得力を発揮した。この会合で協議した結果、五月一日に召集される第六九特別議会に貴族院改革の建議案を提出することが決った。これにより貴族院議員が改革の意志のあることを表明することになった。今まで潜行的であった貴族院改革問題は漸く表面化した。会派の中では公正会が建議案提出には進んで賛成しているが、最も消極的であったのは研究会であった。その理由はいくつか考えられる。先ずその一つは貴族院改革という特別重大問題を火曜会に先駆けられ、一部の研究会員が既に火曜会に参画していたことに幹部は不満であった。第二には時局におもねる態度をとる必要はないとする者があり、実行されると定員数が減じることになること、多額議員は廃止の不安があることなどである。有爵議員には賛成者は多かったし、勅選議員も積極的であった。中でも有馬伯、酒井伯、黒木伯と青木、渡辺の両子が積極的であった。青木、渡辺の両子は研究会の運営では相入れない立場に在ったが、改革問題では同調した。多額議員では綠原武太郎（島根県選出）が熱心であった。この問題が表面化するや勅選議員の急進派一六名（堀切、黒崎、山岡、宮田、西野、八田、馬場、大塚、木場、若林、三井、宮尾、今井、金杉、関屋）は会合し改革断行の運動をはじめた。この時研究会には三六名の勅選議員が入会していたから有力な勅選議員は大部分出席したことになる（四月二十日）。研究会は四月三十日に総会を開き、各派交渉会の火曜会提案につき協議し、建議案の作成、調査機関の設置を決めた。公正、同成、交友の各派も細川侯の出席を求めて建議案作成を協議した。建議案は各派共同提案と決まり提出を待機した。

寺内陸相は議会開院式の直前（五月二日）研究会を始め各派の幹部を官邸に招き、貴族院改革についての陸軍の考えを伝えている。これには二つのねらいがあった。一つは陸軍の権威を議員に示したかったこと、第二は貴族院改革は生ぬるいものであってはならないとする陸軍の考えを伝えようとしたもので、出席したのは松平副議長と長貴族院書記官長と各派幹部二八名（火曜二、研究八、公正七、同和七、同成二、交友二）で出席したというよりも呼び出されたというべきであった。

建議案は最初は〈貴族院令改正ニ関スル建議案〉としその内容は貴族院の制度及び運用に関して改革は必要であるから、政府において立案し提出せよとの主旨のものになったが、研究会はこれには反対で、火曜会の原案を支持したため、小委員会まで開いて検討し漸く最終案が決まる程慎重で、決まるまでに一ヵ月を要したがこれは余り例がない。建議案は〈貴族院機構ノ改正ニ関スル件〉とし五月十二日に上程、公爵一条実孝外一六名の発議、公爵島津忠重外三二名賛成で提出したから全会一致の提案であった。

「当今庶政一新ノ気運ニ鑑ミ　貴族院ヲシテ一層機能ヲ発揮セシムルタメ　ソノ機構改善スベキ点ニツキ　政府ハ有効適切ナル調査ヲ遂ゲ速カニ成案ヲ提出セラレンコトヲ望ム

右建議ス」

一条公の提案説明の後男爵阪谷芳郎（公正会）の賛成演説があって満場一致をもって可決した。これにより議員の態度は明確に打ち出されたこととなり、広田首相もこの建議案を諒承したと述べ、改革は第一歩を踏み出したのである。研究会が最初の会合で提案した貴族院制度調査会の設置については、この建議案の成立により、勅選馬場鍈一蔵相（研究会）と広田首相との間の話し合いにより十月十六日に発足したし、議院制度調査会も六月六日に改制して活動が再開された。

三、津村問題

昭和十一年五月一日に広田内閣によって、第六九特別議会が召集された。この議会は二・二六事件の後であるので、軍の粛正が取り上げられたのは当然のことであるが、その中で衆議院における斎藤隆夫代議士の粛軍についての質問演説は注目を浴びた。一方貴族院では研究会所属の多額議員津村重舎が質問演説の中で軍の問題にも触れたが、その発言内容が俄然問題となった。問題となった点は、将校の忠誠が下士官よりも劣っているとの見解を述べたことであった。その発言は

「……日本の陸海軍の如きは皆義務で、何等の報酬を求めずして名誉とし国家の為めに喜んで死んで行く。……三勇士というような兵隊は全部そうであると称せられておって、将校よりも兵卒が大和魂を余計持っておりはしないか、そして将校に沢山の月給を与えて、或はそういうものは月給なしにして実費でやった方がよろしいかも知れぬ。斯う云うことは誠に言いにくいことでありまして、皆さんは我々よりも能く御承知である。それを御遠慮なさっていると私は信じます。併しながらこの議場で遠慮をして居るというと、日本の国民の言わんと欲する所は何時言えるのであるか。これは国民のために御尋ねする次第であります」（速記録）

との発言であった。この発言はひどく軍を刺激し、これを聞いた永野修身海相は、津村議員の質問が終るや直ちに強硬な態度で難詰し、この発言は全軍将校の名誉を汚したものとして「軍は今や一意粛軍に向い緊張邁進している秋に当って、一部の謬った者の行為を以て、直ちに全軍将校士官に対し重大なる侮辱を加えた」とし、軍から強い反撃を浴びた。これにつき研究会では協議した結果、同議員の発言は決して軍を真向から悪口を述べたものではないが、用語に不穏当があったことを認め、翌五月十五日の本会議において陳謝と発言の取消をさせることとなった。軍部は寺

内陸相をして「津村氏の陳謝、取消ではすまない、自決すべきものである。そうでなければ貴族院自身が何等かの処置にいでしめねばならぬ」との意見を述べた。この問題について最も強硬な態度を示したのは公正会で、中でも軍人出身の議員が中心となり、貴族院としてこの際明確な態度をとることとし津村議員を懲罰に付すべきであるとした。研究会は同議員の発言内容は当時の世論からして相反するものではないが、用語には行き過ぎがあり会としてその扱いには苦慮した。会は同議員による発言取消はやめて、自発的に議員辞任が妥当であるとし、解決を計る方針を決め、同和会もこれに同調し、研究・同和の両会は本人の態度の表明のないのに公正会が速急に懲罰動議を出すことには反対した。津村議員は研究会の方針に従い、議員辞任届を十五日朝近衛議長のもとに提出した。しかるにこの日は予定通り定刻に本会議が開かれ、公正会の男爵井田磐楠から懲罰の動議が出され「津村君のなした言説は貴族院として頗る遺憾であるから、議員法第九八条によって懲罰に付せられたい」旨の動議があって、採決の結果は賛成多数で成立した。これは貴族院開設以来の事件で、研究会の立場は苦しかった。

この不名誉な結果を見たことには手続上に遺憾な点があったことが明らかになった。津村議員は研究会の方針通り、この日の朝自発的に辞任届が提出されていたがそれを議長が受けとったのが午前一〇時三〇分で、それから勅許の申請手続がとられた。その間に本会議は開かれ動議が出され、勅許の発令はこの日の午後になってしまった。午後一時三〇分に懲罰委員会が開かれたが、その時に津村議員の辞任は御聴許の趣であると報告されたので、委員会はすぐ散会となり、懲罰もなく自然消滅した。この様な経過であったことを顧みると、何故近衛議長がもっと慎重に津村議員が辞表を出すか否やを確めてから本会議を開くように配慮しなかったのか。又公正会が何故研究会の方針（辞表提出の）を確かめずに急いで単独ででも動議を強行したのか。当時は軍としても粛正に一段と意を傾けなければならない時であったから、そこに軍は議員を懲罰に追い込みたいとする動きがあったからであろう。又若し公正会に僅かな心のゆとりがあったならば、貴族院史に汚点は残らなかったであろう。

更にもう一度津村議員の発言を顧みると、軍の態度には確かに問題があった。軍の行動の精神面からそのまま尊い人間の存在を無視してはならないことを国民の気持から発言したものであって、津村議員一人だけの想ではなかった。国民の中に潜在していたものを言ったまでであるが、それを言い切ったことは強固な信念があったとされる。ただ用語や表現には問題が多かった。一議員は「津村君は実業家であり、一面茶道などを通じての日本精神を身につけていた。いわんとすることをいい得たのであろう」（綾小路護談）との見方をしているが、当時の圧力によってこのような禍いを招く結果となり、議会人の最大の不名誉である懲罰に付さねばならなくなったことは議員の一部にあった軍への不必要なおもねりではなかっただろうか。又議会が持つ神聖なる自主体の弱体からでもあったとしなければならない。この様な経過をもって問題は決着したが、後に寺内陸相は軍を代表して、今回の貴族院のとった措置にたいし満足の敬意を表明している。これをどう受けとるべきであるか、軍として行き過ぎたことの反省ともとれる。

〔津村重舎〕つむら　じゅうしゃ

議員在職　大正十四年九月～昭和十一年五月（辞任）

研究会役員　協議員　常務委員

東京多額納税者議員

明治四年七月生　東京都　東京商業学校卒　東京市会議員　日本橋区会議員　東京市参事会員　江東製薬、東京計量器製作所、東亜公司各会社社長　日本売薬株式会社取締役　東京府農工銀行、上海油脂工業株式会社各監査役　第一製薬株式会社社長　昭和十六年四月二十八日没（議員辞任後は除く）

四、軍部の政治上の地位高まる

五月十八日に陸軍省官制の改正と海軍省官制の改正とが公布となった。それにより陸軍大臣と海軍大臣はこれまでは予備役でも就任資格が認められていたのを、大臣、次官は現役軍人に限ることとなった。これは一応すじの通った改正であり、さ程問題は無いとしていたが、組閣の上で軍部の地位の向上であって、これが後に組閣上に影響を与え、軍部は合法的に組閣人事で首相以上の存在となり、問題が起った。宇垣内閣の不成立はその最たるものである。この改正は新しい制度ではなく復活であった。第二は六月八日に強大なる軍備拡充案が成立（御裁可を得た）したことである。その内容は陸軍における六ヵ年計画と海軍の五ヵ年計画で、これによって帝国の国防に新しい力が増すこととなった。しかし国防の名のもとに財政の膨張となり、堅実な財政政策は崩れる結果となり、経済財政上の不安が生れる危険が起った。しかし馬場蔵相（研究会）は就任の時に軍事予算については言明しているのでどうにもならなかった。この二つは軍部が国防を表面の題目としたことにより、軍への信頼は高められたが、政治上からは本質は崩されてしまった。広田内閣が人材を集めて出発したのではあったが、当初から軍部の意向を全面的に受け入れなければならない縮命は次第に政治上で圧迫を受けて行く姿が次第に明白となって来た。

第九節　新議事堂落成

昭和十一年十一月五日天皇をお迎えして新議事堂の落成式が挙行された。この議事堂の地鎮祭は大正九年であるから実に十七年の年月を要したのである。この建物は日本の最高機関にふさわしく、総てにおいて日本の代表的建築となった。建坪一二、三九六・九二平方米（三、七五〇坪）　延五二、一六五・五二平方米（一五、七八〇坪）　正面の長さ二〇六・三六米　側面の長さ八八・六三米　両袖の高さ二〇・九一米　中央塔の高さ六五・四五米　室数三九〇　本会議場の議席数は貴族院四六〇席　衆議院四六六席　地下一階地上三階（一部四階）　中央塔九階　総工費は二五、七九二、六二四円と記してある。内幸町の木造仮議事堂からの移転作業は十月二十日に開始し、十一月七日に完了。各会派にもそれぞれ控室が与えられ、研究会は二階の第三、第四南と北の三室が議員控室で第五は役員会議室としその付属の小室を常務委員室と決った。総会の時は第四の南北二室の間仕切りを除き一五〇名の会員が使用した。この間仕切りは研究会が費用を負担して取り除き、そのあとに折り畳み式を設置した。落成式に際し天皇に記念として両院議長から実物六〇〇分の一の銀製新議事堂置物を奉呈した。これと同一のものが昭和十二年三月十八日に行われた永年在職議員表彰の贈物となった。この時研究会の受領者は侯爵黒田長成、子爵青木信光、子爵伊集院兼知、子爵前田利定、子爵松平直平、勅選木場貞長であった。

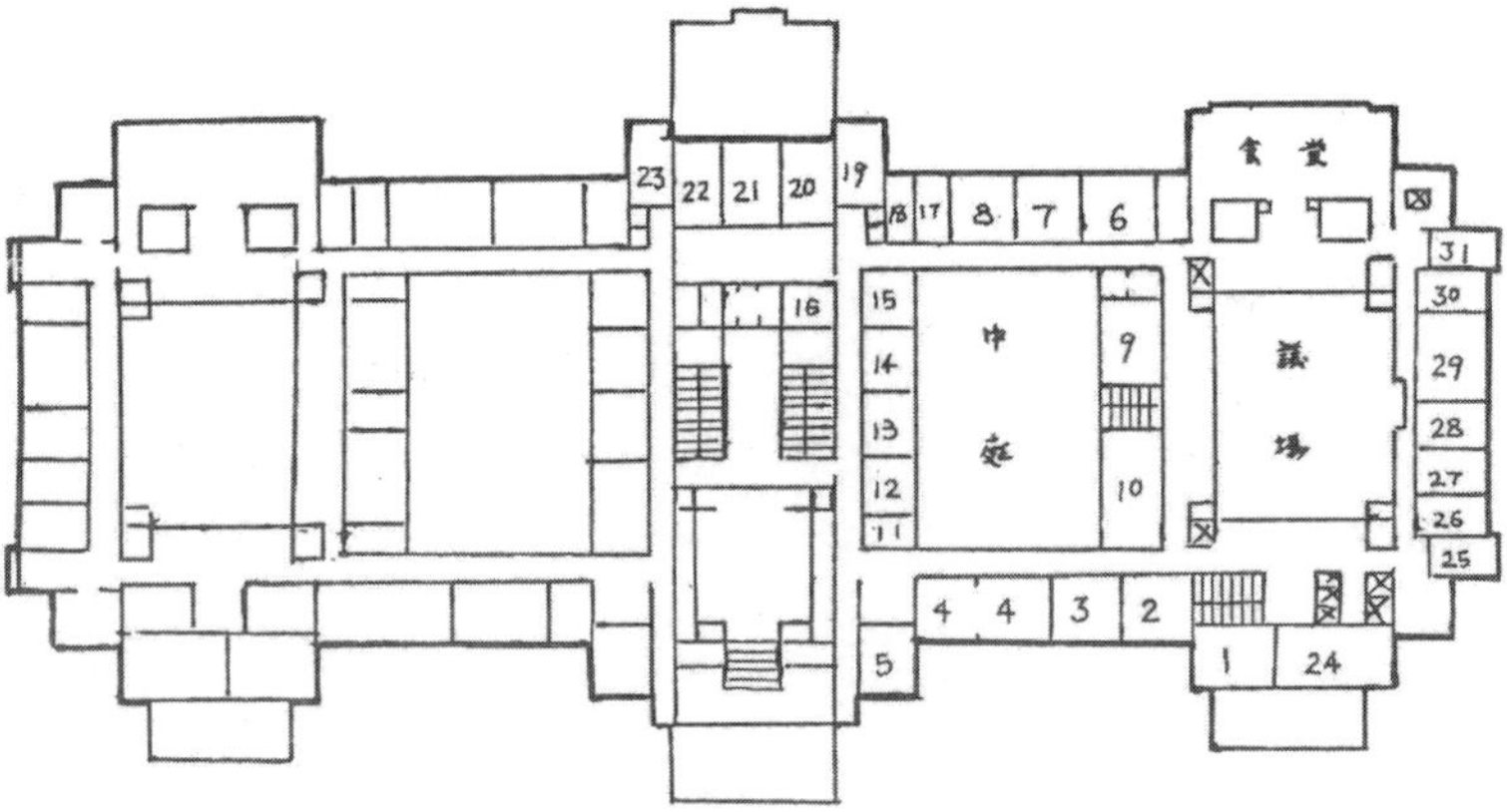

本館二階平面図

控室

1　火曜会
2　無所属倶楽部
3　研究会
4北　研究会
4南　研究会
5　研究会
6　公正会
7　公正会
8　同成会
9　同和会
10　交友倶楽部
11　純無所属
12　政府委員室
13　政府委員室
14　政府委員室
15　政府委員室
16　法制局長官室
17　内閣書記官室
18　内閣書記官室
19　内閣書記官長室
20　大臣秘書官室
21　大臣室
22　総理大臣室
23　内閣応接室
24　議事課
25　書記官室
26　書記官長応接室
27　書記官長室
28　議長室
29　議長応接室
30　副議長室
31　副議長応接室

永年勤続表彰記念　（昭和12年）

子　前田利定（研究）
子　伊集院兼知（研究）
侯　黒田長成（研究）
男　千秋秀隆（公正）
子　青木信光（研究）
子　松平直平（研究）
（勅）木場貞長（研究）

（勅）山本達雄（交友）
（勅）三宅　秀（同成）
公　徳川家達（火曜）
侯　山内豊景（火曜）

永年勤続議員表彰記念品

第三章　研究会戦時協力期（二）（昭和十二年〜昭和十五年）

―新体制と研究会―

第一節　第一次近衛内閣と戦時体制

一、広田内閣総辞職

二・二六事件後の陸軍の政治への干渉は日増しに強くなり、広田内閣の組閣にも軍の指示のもとに進めねばならなくなった。広田弘毅は外務官僚出身の円満な人格と、世界問題に明るい人物として認められ、その内閣も大きな期待が寄せられてはいたが、組閣人事に軍が介在したことによって政策は偏して来た。その上軍部は議会政治や政党政治をしばしば軽視する様な言動があった。陸海軍共同声明（九月二十一日）や政党政治反対の要望（十一月五日）を出し、更に議会に職能代表議員制を設ける様にとの要求を出すに及んだ。これらにつき議会人は心秘かに将来を憂えると共に、軍の干渉を排撃することも怠ってはいなかった。衆議院における中野正剛による東方会の設立、昭和十二年一月に浜田国松による軍の政治干渉排撃演説が行われるなど、政党と軍部の対立は表面化した。これら衆議院の反軍的議員の言動から遂に寺内陸相は議会の解散を要求するに至った。閣内は解散をめぐって対立し、政府はここにおいて軍部の干渉下では議会政治の生命は失われるとして、昭和十二年一月二十二日総辞職した。その理由の声明では、寺内陸相の発言から閣内不一致によるとして「近時の政情は重大にして、微力その任に耐えず」と発表した。広田内閣はその組閣の当初から最後まで軍の意見に従ったことになった。

二、宇垣内閣不成立

広田内閣総辞職により、その後継内閣の首班には陸軍大将宇垣一成が組閣の勅命を拝した。これは勿論西園寺公の奏請で、その理由は、陸軍の最高の地位に在り、既に第一第二次加藤高明内閣と第一次若槻内閣、浜口内閣の陸軍大臣として前後七ヵ年に及ぶ経歴から、政党とも貴族院ともよく、期待されていたからであった。そればかりでなく一般からの人気もよかった。組閣参謀には勅選松本学（研究会）がなった。研究会はこれまでにも何度か宇垣内閣の実現を望んでいた。宇垣陸相のもとに研究会から政務次官や参与官が就任していて、既に宇垣の政治力や政治感覚の優れていることを認め、将来の首相として期待をかけていたし、貴族院との連繫も充分に付く見透しがあったから、宇垣大将に組閣の勅命が下るや、研究会は宇垣内閣の成立を支持する態度をとった。陸軍部内にも曽て宇垣擁立のクーデター計画があった程で、支持者は少くなかった。しかし一方には軍縮実施（加藤高明内閣の時四ヵ師団廃止）の責任者であったから、そのために退役した旧軍人中には宇垣にたいし不満をいだいている者があった。

宇垣大将に組閣の勅命が下るや、陸軍は直ちに三次長会議を開き、部内統制の困難を理由に反対を決めた。続いて陸軍三長官（陸軍大臣、参謀総長、教育総監）が協議し、宇垣内閣には陸軍大臣を出さないことを決めた。この事は、広田内閣の時に陸軍官制を改正して、大臣、次官は現役から就任することと改められたから、この三長官の決定により、現役からの就任が不可能となった。これは官制に基く合法的組閣妨碍であって、もしそのために組閣不能となれば、軍の政治介入の悪例となる。これを案じて宇垣は努力したし、研究会も解決のために各方面に奔走し組閣に協力を続けたが、見込が立たず、五日目の一月二十九日組閣を断念し、勅命を拝辞した。この様に軍部が反対したことには、もう一つの理由があった。宇垣内閣には各政党、財界に支持者が多かったことから、陸軍はそれを好ましく思わなかったことで陸軍の政治干渉に不利とする考えが在った。

若し広田内閣が官制改正をしなかったら、予備役軍人中から大臣を任命できたであろうし、軍部の政治干渉も避けられたであろう。広田内閣が粛軍を目的として行った官制改正が、逆に軍に利用された結果となった。

三、林内閣の成立

宇垣内閣は陸軍部内の対立から不成立に終った後、湯浅大臣は軍部の推挙を受け入れて、首班に平沼騏一郎を推したが、平沼は受けなかった。そこで第二に軍部が望む首班として陸軍大将林銑十郎を奉推し、組閣の勅命が下った。林内閣は二月二日に成立し、研究会から内務大臣として近衛公と繋りのある勅選河原田稼吉を入閣させ、その他大蔵大臣には勅選結城豊太郎、商工大臣に勅選伍堂卓雄（海軍中将）が就任した。その後になって逓信大臣に伯爵児玉秀雄が就任したので計四名の入閣があり、内閣書記官長も研究会の勅選大橋八郎が就任した。衆議院からは一名だけで、農林大臣として山崎達之輔が決った。山崎は入閣に際し昭和会を離党させられているから、林内閣は政党を排除した貴族院官僚出身者の内閣となった。この組閣人事は前年に近衛公を中心とした新党組織計画の時の顔振れで国防内閣を計画した者達であった。一般からは軍官僚内閣或いは祭政一致内閣と呼んだ。二月八日五大政綱を発表し政治態勢は整ったが、林内閣は立憲政治に対しては異った見方をしていて政界の期待と人気は高まらなかった。発表した政綱は

一、国体明徴の徹底、敬神尊皇して祭政一致を計る
二、立憲政治の充実（一般の立憲政治には反対し、軍部の意図する立憲政治をいう）
三、国際正義にのっとり、東亜安定と外交の確立
四、国防軍備の充実
五、経済発展のための統制の実施

以上である。林内閣は政党を排除し、議会政治も軍部の都合のよいものとしようとし、必要があれば圧力を発揮せん

とする態度であったから、早くも戦時政治様相が感じられた。林内閣が示した政綱は概念的で、政治力は全く未知のものであった。内閣が成立した時は第七〇議会の開期中であったから、政策、法案、予算も共に前内閣のものをそのまま引継いだものであった。予算が成立するや、政府は理由不明確な（形式上の理由は議会刷新）しかも議会会期の最終日（三月三十一日）に突如衆議院を解散した。これは政府と議会との間には対立はあったにせよ、議会政治の常道では考えられない奇策であった。この解散について後に林首相は（五月十七日地方長官会議）今回の解散は政党と議員に自粛と自戒の反省を与えるためであったと述べている。

四、近衛内閣の成立

第二〇回衆議院の総選挙の結果は、民政党一七九名、政友会一七五名で反政府派は三五四名が当選し、これにたいし政府支持の昭和会一九名、国民同盟一一名で合せて三〇名に過ぎなかった。野党は選挙前より二五名が減じたに過ぎず解散によって政府は何等の進展とはならなかった。これは予想通りといいたい結果で、政府のとった解散が如何に無意味であったか、ひいては軍部の政治認識の低さを如実に語っている。勢を得た野党は共同して林内閣の即時辞職を要求した。勿論政府はこれに抗する態度をとったが、到底抗し切れないとし、時局収拾を理由に総辞職した。政党が反軍行動に出たのはこれが最後となってしまい、この後はすべて軍部による軍人中心の政府の実現が計られるようになった。軍部は再度軍人による政府を策し、陸軍大将杉山元を後継首班に推し、先ず西園寺公の考えを求める方法をとった処、公はこの杉山首班は認めず、軍と議会関係によかった公爵近衛文麿を推挙し、これを受けた湯浅内大臣の奉請により、同公に組閣の勅命が出た。しかし公はこの難局の重大さに自信はなかったが、既に病気を理由に勅命を拝辞していたことから、再び拝辞は許されないと決意した。軍部は自分らで政権を担当したい希望はあったが、近衛公には賛同した。組閣本部を華族会館に置き組閣参謀には風見章が当り、六月四日新内閣が成立した。研究会から勅選馬場鍈一（内務大臣）、勅選大谷尊由（拓務大臣）、伯爵有馬頼寧（農林大臣）の三名が入閣、無所属から吉野信次（商工大臣）が決まり、他に安井英二が文部大臣に、衆議院からは革新派と目されていた永井柳太郎（民政党）、中島知久平（政友会）がそれぞれ逓信大臣、鉄道大臣として入閣したにとどまり、前内閣同様に貴族院の研究会色が強かった。この組閣人事は政党と対立を避けると共に、軍部との摩擦をできるだけ未然に防ぐことに在ったことが認められる。馬場、有馬の両大臣の就任は首相がかねてから考えている新党問題への前進であり、政治改新の力になると見込んだ人事でもあった。政府声明で「相剋摩擦の緩和、挙国一致の協力、国際正義に則る外交」の三項目を強調し、軍官の対立を一掃することを願っている。これを軍部協力内閣と評し、対立の解消の必要を大きな目標とした内閣であった。衆議院の政党にたいしては、その存在を軽く見る態度をとり、永井、中島の入閣についても離党は要求しなかったが、政党を代表しての立場は認めていないから、政党を有名無実の形式化してしまった。

一方貴族院の立場は強化され同時に時局に臨む責任は重くなった。政務官は貴族院からは一人もとらなかったことは近衛内閣が多年の宿願であった貴族院改革に着手するための配慮ではないかと見られたが、予想通り内閣の成立の一週間後（六月十二日）に貴族院制度改革の必要を声明した。

五、伯爵松平頼寿貴族院議長に就任と侯爵副議長

貴族院議長である近衛文麿公が林内閣の後継首班となり議長を辞任され、その後任の人事には慣例があった。それによれば議長、副議長共世襲議員から選任されることである。貴族院はすべての議事運用上には先例を重視していた。それが法規よりも先行する場合があり、事務局は貴族院先例集を編集し、職員は勿論議員もこれを重く見ることによって貴族院の秩序とした。それ故議長、副議長には公侯爵議員が就任することが望ましかった。首相は火曜会の侯爵細川護立に議長就任を懇請したが諾否には触れなかったから、近衛首相は可能性ありと見た。これは侯のいつもの儀

伯爵　松平頼寿

礼であった。はたして五日後（六月十七日）になって、重大な時に臨んで、健康上から自信がないとの理由で辞退した。侯の辞退は議会の一般からも予想されていた事で侯は意見もあり、構想も人一倍高いものを持っているが、決して公的な場での責任あることは受けない型で、これは侯の侯たる所以で、近衛公も充分それを知っての懇請であった。侯の辞退が明らかになったその日のうちに、伯爵松平頼寿が第六代議長に決った（任命は六月十九日）。松平伯は伯爵議員であるから議員の任期があり、改選が任期中にあることになり貴族院の慣例を破ったこととなった。しかし副議長としての手腕から、この複雑な政治情勢に臨む上で、その円満なる人柄は適任であると認めていた。研究会は松平伯の議長就任について、副議長就任の時と同様に強く推している。研究会所属であることには問題は起らなかったが、会内の一部の革新派からは、この重大時局に臨む議長としては保守的で円満に過ぎると評している。

副議長には火曜会の侯爵佐佐木行忠が勅任された。侯は学究的純理派で地道な存在ではあったが、世襲議員としては議員の職務に専念していた。ただ自ら責任を取っての行動はせず、自信があっても無い様な表現で謙虚な態度の持主であった。伯爵が議長で侯爵が副議長である型は華族間では少なからず不自然とする抵抗があった。これは人物批判からではなく爵位の序列からで、華族間にはそれが心底に在って守ろうとしていたからである。授爵制度ができて既に長い年月を経ていて代もかわっているが伝統による無形の秩序が残っていて、功績や実力では割り切れないものがあった。それ故佐佐木侯の属する火曜会と松平伯の所属する研究会との間には溝ができた。しかし時局の重大はそれを取除いてくれたし、佐佐木侯は貴族院改革問題で有力な存在であったから、副議長の地位は支障どころか最も活動し得る立場として、近衛首相は大きな期待をかけた。
〔伯爵　松平頼寿〕まつだいら　よりなが
議員在職　明治四十一年二月～明治四十四年七月
大正三年八月～昭和十九年九月（没）
研究会入会　大正八年八月十五日（甲寅倶楽部解散）
研究会役員　政務審査長　協議会　相談役　事務所建築資金募集委員
旧讃岐国高松藩主家　明治十七年七月授爵（伯爵）
明治七年十二月生　早稲田大学邦語法律科卒　貴族院副議長　同議長　軍事保護院顧問　済生会会長　日本馬事会会頭　日本競馬会会頭　京都教育会会長　議院制度調査会委員　永年在職表彰議員　大政翼賛会顧問
社団法人尚友倶楽部理事長　昭和十九年九月十三日没

六、支那事変の勃発と研究会

近衛内閣が成立して約一ヵ月を経た昭和十二年七月七日に華北で日中両軍が衝突し兵火を交えた。世に盧溝橋事件といい、我国史上最悪の戦争の泥沼へ踏込んでしまった。これは突発というよりも、両国間には満州問題から険悪な動きが年毎に増大して、関東軍は昭和十年には満州から華北蒙古へと侵入し、両国間の信頼は失ってしまっていた結果の事件であって、これから約六年間の戦争となってしまった。それ故近衛内閣が企図した事件ではないが、近衛内閣の時に起ったので、その意味では不幸な立場となってしまった。政府はこの衝突事件を現地の特殊な事情によるものとなし、不拡大方針との声明を出した。中央では政府も軍部もそうあるべきを信じていたが、実際はその反対で、その間の事情は現地からは中央に真意を伝えずに起した行動であった。現地軍も亦認識を欠いていたから、日本は盲目的な中国観によっての開戦であったから、不幸なことであった。当時は既に中国共産党が広域に根強く浸透し、対日抗戦行動と蒋介石打倒の二面の活動をなし、蒋介石は掃共に苦心していたのに、日本は適確にこの区別ができなかった。

七月十一日に近衛声明が出たが、軍はこれに便乗して密かに行動を起している。五個師団華北派遣がそれである。研究会は曽ての田中義一内閣の山東出兵の頃から中国問題を重視し、外交面からの調査の必要を認めていた。その一つが勅選坂西利八郎（研究会）の存在である。

坂西利八郎議員の中国歴は異例に等しいもので、陸軍大学校を卒業し直ちに明治三十五年には北京公使館付武官に就任し、その翌年には清国北洋通商大臣直隷総督袁世凱の軍事顧問に就任、明治四十五年袁世凱が清国大総統に就任してからも軍事顧問で、昭和二年四月陸軍中将で予備役になるまでの二五年間に及んだ。その間部隊付は極めて短かく、僅かに一年程を金沢砲兵連隊長を勤務したに過ぎない。陸軍将校としては最長期間中国任務を果した経歴の持主で、陸軍参謀本部の中に支那研究班を創設し、若手将校の中国研究の制度を確立し、中国各地に研究員として現役将校を派遣駐在させ、外務省の出先機関や、中国政府の要人との結び付をもって、現地における中国研究の第一人者を養成した。昭和二年現役を退くや勅選議員に勅任された。研究会はその中国との関係の深いことを重く見て入会を勧誘した。入会後も会として坂西議員に中国に関する調査と資料の提出を依頼し、そのための中国出張は比較的自由にし、現地からの情報を送らせている。これが研究会では議会における審議に役立った。筆者も昭和十四年に議員に当選するまでの約九年間は坂西議員の教示によって現地における中国の調査研究を続けた。

近衛内閣の対中国政策に研究会がどれだけ協力ができたかは明白でないが、会は軍の要望や行動にたいして、適正な判断と処理をなす上では尚不充分なものがあった。それは戦時という非常時下での国防、軍事の名のもとに生じた遠慮がそうさせたのである。

中国における戦況は、政府の不拡大方針の声明にも拘らず、戦場は次第に拡大していた。八月十三日には上海地区で日本の海軍陸戦隊と中国軍の衝突が起った。当時上海には日本居留民保護と居留地確保のため海軍陸戦隊が駐屯し、黄浦江上には日本海軍の軍艦が停泊して成りゆきを見守っていたが、戦火は治らず上海周辺へと拡大していた。ここにも中国共産党の暗躍があり、日本はそれに引きずられていた。政府は八月十五日にいたり〈対支断乎膺懲（武力行為）〉の声明を出し、宣戦布告のない日中戦争となった。

七、貴族院制度調査会

近衛内閣は成立するや直ちに（昭和十二年六月十二日）貴族院改革に着手すると声明し主要任務の一つであることを明らかにした。既に貴族院改革の準備のため昭和十一年十月に貴族院制度調査会が発足し、広田首相の努力によって形式的には整い、諸事項を挙げ審議を行っていたが、第三回を開いた後は、内閣が総辞職したため中止となっていた。そのあとを継いだ林内閣もこの調査会は存続させたが、在任僅か四ヵ月で退陣し、その間には一度も開かれていない。

近衛首相はこの調査会の再活動を計画して六月四日官制の改正を発表し、調査会自身も政府に開くよう申入れを行っている。会派では研究会が最も熱心で、各派に呼びかけたが、火曜会、公正会は共に消極的であった。かくするうち六月二十九日に子爵岡部長景（研究会）は貴族院改革私案を発表した。子は以前から近衛公と共に改革について語り合っていたし、会の重鎮であったから、私案ではあるが、会とは無関係ではあり得ないし、公の改革の意図に答える形となった。私案の内容はかなり具体的であったから、注目され近衛公の改革のよき資料となった。その要点は

一、世襲議員制を改廃する　公爵の世襲制は存続するが、侯爵は従来の世襲制を廃し、他の有爵議員と同様に互選の方法に改める

二、互選制の基礎を従来の各爵定数制を比率制に改める

三、互選規則は現行の方法をもって適当と認める
四、議員の定年制　勅選に限らず議員一般に一定の停年制を設け、大体七〇才を以て限度とする
　尤も過渡期には当選又は勅選されて後何年かはその資格を認める
五、勅選議員の詮衡機関を設置する
六、勲功華族議員制度の如きは要なし
七、学士院議員は増加する
八、多額議員はこれを存続せしむるを可なしとするも、その選挙方法に根本的改良を加え、地方代表的議員選出の
　方法を講ずること
以上の八項目である。この案は新官制による調査会に取りあげられたと思われる。
新官制による調査会の人事は次の様に決った。会長には近衛首相が就任し、副会長は勅選馬場鍈一（研究会）が決った。委員には官庁より六名、貴族院議員九名、学識経験者は一一名でその中に衆議院議員三名が含まれ合計二六名である。

研究会	伯爵酒井忠正子爵前田利定。勅選堀切善次郎と下村宏でこの両者は学識経験者として選任 多額浜口儀兵衛
火曜会	公爵一条実孝。侯爵佐佐木行忠（学識経験者として）
公正会	男爵千秋季隆。男爵黒田長和
交友倶楽部	勅選古島一雄。勅選水野錬太郎（学識経験者として）
同和会	勅選岩田宙造
同成会	勅選小坂順造。勅選伊沢多喜男（学識経験者として）
無所属	学士院小野塚喜平次（学識経験者として）

(吉野信次、安井英二は学識経験者として任命さる…昭和十三年に勅選議員)

八、貴族院改革問題……第七十一特別議会

昭和十二年七月二十三日召集で八月七日までの二週間の会期であって、先ず北支事件費の追加予算の成立を目標とした。これには北支事件特別税などの制定によって予算は成立を見、その他事件関係が主となっていた。

この議会で研究会の子爵大河内輝耕は近衛首相の進めている貴族院改革について質問した。先ずその中で有爵議員の数はどうなるのかを質し、貴族院の本質は華族にあり、二院制議会においては存在価値は高いとして、減少することには反対であるとの発言があった。これにたいし、近衛首相は華族議員の数には触れず、貴族院には知識人が必要で、有為な華族の存在は大切であるとし、華族議員は否定しなかった。この大河内子の華族議員数の減少に反対する発言は、近衛首相が以前から考えていた改革(議員定数の減少など)に向って有爵議員は誰れもが言いだせないことをはっきり発言したことは、国家を基盤としての真理の追求で、自己擁護でなかったからできたのであって、子の態度は賞賛さるべきものであった。子は今回に限らず度々発言しているが、それは売名でもなく思いつきでもなく、自ら調査した結果の信念によるものであった。大名華族であって大蔵省出身の議員であることも異色の存在であった。欠点といえば、やや神経質的な面があり妥協性に欠けてはいたが、それが純理的な態度からすれば当然なことである。

九、国民精神総動員……第七十二臨時議会

第七二臨時議会　第七一議会閉会後僅かに一ヵ月にして第七二臨時議会が召集された。今回は九月四日に開院式があり九月九日までの五日間ではあるが、北支事件が政府の声明通り不拡大とはならず、上海にまで戦場が拡がり、事

件名も支那事変と改められ、臨時軍事費は二十億二千二白万円の成立を要求され、準戦時処理議会となった。この予算は衆議院で可決して貴族院は七日に送付を受け、翌八日に可決成立させ、併せて〈事変費支弁ノタメノ公債発行〉も可決し九月十日公布とする緊急手段がとられた。議会が戦時に臨み挙国一致の態勢をとって行こうとは当然ではあるが、国内の整備や銃後の社会安定について準備と検討の行われない議会運営には議員として少なからず不安があった。

国民精神総動員　中国大陸における日本軍の活躍は報道としてはすばらしいものがあり銃後もこれに感謝し協力してはいたが、その反面社会不安は色々の形で起り、軍、官、民一致の戦時体制は充分に固まらなかった。ことに戦時体制をより強化するため、官民一体化の運動の展開が必要となった。近衛内閣が着手した精神面の活動がこの国民精神総動員であって、その趣旨には

「挙国一致堅忍不抜の精神を以て現下の時局に対処すると共に今後持続すべき時難を克服して愈々皇運を扶翼し奉るため官民一体となりて一大国民運動を起さんとす」

とある。この運動を推進させるため連盟を結成し、各種の団体を加盟させた。その中で研究会の議員が長である参加団体は次のものであった。

伯爵	松平頼寿	帝国軍人後援会・日本中央蚕糸会
勅選	馬場鍈一	大日本消防協会
勅選	藤原銀次郎	全国産業団体連合会
伯爵	酒井忠正	帝国水産会
伯爵	二荒芳徳	大日本少年団連盟

その他貴族院議員が会長であった団体は二五に及び、何れも連盟に加盟し国民精神総動員の推進にあたった。この連盟の役員には貴族院から一〇名が就任し全国的に精神運動を邁進させた。

一〇、第七十三通常議会

国家総動員法　第七三議会（昭和十二年十二月二十四日召集、十三年三月二十七日閉会）はこの年には既に三回議会が開かれていたから今議会は四回目である。通常議会ではあったが、内容には重視されることがあった。先ず予算案で、国家予算は約三十五億円にたいし、臨時軍事費は実に四十九億にのぼる大型予算が提出され、重要法案の中には国家総動員法と電力国家管理法の上程があった。貴族院は軍事活動に要する予算は、その目的からして協賛には協力しなければならないが、国民の負担は大きいから、その審議は慎重であったし、激しい論争があった。前回の第七二議会閉会から僅かに四ヵ月間に国民精神総動員が実施され、政府内には臨時内閣参議制、企画院の設置があり、対外関係では日独伊防共協定の成立を見、戦争遂行のために新たに宮中に大本営が設けられ非常時の様相が示された。

そして今回国家総動員法の上程となった。この法案は企画院において立案され、その目的は従来の軍需工業動員法や、多くの支那事変関係の臨時立法を全部吸収した上での動員体制で「一朝有事に際し、国家統制の権限の白紙委任を求めた」全三五条からなり、現行の戦時動員法は総て吸収されているから、現在の処最高の委任法であったことが議会で問題となった。法案の説明には「……一朝有事の際の緊急の場合は法律の追加や改正では動員が渋滞する恐れがあるので……」といい、「……支那事変の今後が長期戦となって最悪の事態が加重する……」かもしれないからと説明を加えている。これは実際には、支那事変発生以来兵器弾薬類の消耗がはげしく、既に軍が保有する量に不安がおこり、対ソ戦に備えて緊急に民間企業に強制的な動員を必要としていたからであった。既に軍需工業動員法が制定されているが、これを飛躍させ、物資にも業務にも及び、更に資金調整から、言論統制にも及ぶものであった。衆議院では激しい論争があったが漸く全会一致で可決した。

研究会はこの法案が貴族院に上程されるに先きだって、政務調査部は部会を開き、特に滝企画院総裁、青木同次長と、参謀本部からは横山総務部長を招いて説明を聴き討議を行った。問題は勅令委任事項が広大強力に過ぎ、天皇の大権との関係に納得できないものが認められ、この行為の最高責任者即ち主務官は誰になるのか不明確であるとし、その疑問は解決されずに、衆議院が可決して送付を受けたのである。研究会以外の各派もこの法案には多くの疑問があるとして慎重であった。

貴族院での特別委員会は委員長子爵渡辺千冬（研究会）のもとで審議が行われた。委員会でも問題は大権との関係に集中した。憲法第三一条の非常大権の発動がこの法案によって干犯される恐れがあるとした。

二月五日研究会を除く五派（公正、火曜、交友、同和、同成）の共同調査会の討議で、滝企画院総裁は、この憲法上の疑問にたいし、今は憲法上の大権論をとり上げる時ではない、総動員法の発令が必要となった時は、憲法を無視できることになると、憲法を軽視する発言をなし問題が起った。又この法案は非常時には法律を改正していては間に合わないとしたことで議会無視とすることから公正会と同成会とは強硬な態度となった。研究会は法案に対する論争は尽きないし、疑問は解けてはいないが、時局の重大に鑑みて、軍への信頼のもとにやむを得ないとし賛成する態度に決った。その結果本会議の第二、第三読会では少数の反対はあったが可決し成立した。

電力国家管理法案　第七三議会で問題となった法案の一つで、この法案の目的は「国際情勢の急迫により、国力の充実、国民生活の安定のため、電力運営上の必要から国家管理とする」もので、貴族院はこの法案に疑問を持ち、反対論が出ていた。研究会はこの様子から一般社会からの反対の声が多かったことを危惧し、一般民間の反対意見を業者を招いて聴いた。この法案には根本問題が二つあった。民間企業を国家管理とすることは、憲法上又民法上に疑問がある。第二は各種の経済活動機関が、これに端を発していずれ国家管理の強化となることの不安があった。衆議院は政府提出の原案を大部修正して議決した。これにつき各派はいずれも異った態度を示した。

研究会……政府原案へ復活する修正案を提出した。

公正会……衆議院の修正にはとらわれずに根本的な修正案を提出した。

火曜会……研究会の修正に不満の態度を示した。

この様に纏まらず審議が長びいたが、時局の成行からして混乱を避ける意味で貴族院は研究会案（政府原案復活の修正）を支持し、公正会案を希望決議にとり入れて議決した。しかし衆議院は同意せず、会期を二日間延長して両院協議会を開き、研究会案による協議会成案を両院が認めたことにより、問題が多かったこの法案も戦局を背後に成立させることとなった。成立したのは会期最終日の午後十一時を過ぎていた。最後まで政府はこの法案の通過のため心を痛めたし、研究会も政府の立場を諒解し成立に非常な努力を払った。結局法案の審議も当然のこと乍ら、時局の重大を考慮し、我国の前途を案じての議会と政府の意中の結ばりで、研究会の努力がそれを実現させたことになった。

この他に多くの法律案が提出（合計八六件）されたが、その大部分は戦時下の経済統制の強化に関するものであったから、国民の経済生活への影響は大きいものであった。殊に問題が大きかったこの二法案は、非常動員と国の統制の強化につらなるものであったから、議会政治や政党政治は軽視されるものがあり、立憲政治の弱体を意味し、日本として戦争遂行によって将来を期待する反面、議会の後退を患えた。

一一、中国の動向と近衛声明

議会で法案の審議をめぐり激しい論争が行われているが、その根本は戦争であり、相手は中国なのである。少しく中国の動きに触れることとする。

昭和十二年夏に日中両国は武力衝突を起してしまった。満州問題は解決せず、続いて華北も軍事行動の地域となり、しかも軍の行動と中央政府の考えとは一致せず不安定となった。研究会はこれらの問題を調査する必要から時局調査会を設置した。又政府も内閣参議制により対中国政策を確立することとなり、参議（国務大臣待遇）を任命した。研究会からは子爵八条隆正が就任し国策に参画した。中国大陸は軍が総て中心となって解決に努力しているが、複雑な中国情勢から見ると考え方にかなりの隔りがあった。それは事件の背後には中国共産党の赤化活動があり、それにたいし南京政府の軍事活動が入り乱れて対日行動となって展開していたからで、日本から見れば中国軍であり敵軍ではあるが、その中には中共軍と南京政府軍がある。抗日戦争が目標ではあるが、中共軍は中国全土を混乱に陥入れ南京政府軍の弱体化が目的であったのに、日本はその認識に欠けていたから、対中国政策や軍事行動は事変解決とは反対の混乱を助成させる方向へ進んでいた。

昭和十三年一月十五日大本営は対中国和平工作を打ち切ることを決め、翌十六日に近衛首相は〈国民政府を相手とせず〉（第一次近衛声明）を出し、一月二十日には許駐日大使の引揚げとなってしまった。近衛第一次声明は日本の公式見解であり、今後の重要な国策に関係するものであるのに、充分に検討していない。この声明には勅選坂西利八郎（研究会）が関係している。後年特に次の様に語ってくれた。

「自分は近衛首相に挨拶に行った時に、中国では蒋介石派と中共軍との間には対立があり、対日抗戦では一本化されているが、非常に複雑で、蒋介石はその都度行動がかわり、日本にとって手に負えないものがある。それ故国民政府は相手にできませんと自分の平素の考えを述べたつもりであった。しかるに近衛首相にはそれが脳裏深くはいっていたものと思われる。自分はこの声明のために考えを述べたのではなかったが、後にこの声明の根本の考えとなっていた」

と。近衛公は蘆溝橋における日華の軍事衝突の時の首相であることから、その責任を強く感じていた。平常私人として軍人といわず官民を問わず、中国認識のある人々と接し、又会談を行い、その中から大陸の基本政策を考えようと努め、グループを持っていた。その後に外務大臣宇垣一成の時に、新たに対中国処置機関が立案されているが、これは近衛公の企画とは別途のものであった。

公は戦争の拡大を防ぎ、日華和平を考えてそれには軍を抑えようと計っているが、実際はその反対になって行く。その一つの例は、第一次近衛内閣の改造で杉山元陸相を更迭して、第五師団長であった板垣征四郎をその後任に迎えたことである。板垣中将は満州事変の拡大派の中心をなしていた。中国に関して明るい点では第一人者ではあったが、公の期待とは反対に大陸作戦の拡大がそれによって決まることとなったから、公の失政といわれる。杉山陸相も近衛首相には協力しなかったから公は孤立していた。

第七三議会においては法案の審議と併行して対中国問題や大陸政策についての論議が多く出た。その中で子爵大河内輝耕（研究会）の行った事変処理や指導原理についての近衛首相に対する質疑は、熱意のある態度で行われ印象深いものであった。この時、政府も議員も共に事変処理について重要なる政治問題として議論が出た。誠意をもって日本の将来の発展を願った。軍を支持して後に和平を考えるべきか、和平のために軍に働きかけるべきか真剣に見守った。

政府は新たに対中国政策のための機関を設置することを提案した。これには宇垣外相は反対で、別に対中国問題委員会設立の構想を近衛首相に力説し、和平実現を計ろうとした。軍はこの宇垣案に反対したため、政府は軍の考えを受け入れ、宇垣案を認めなかった。それが宇垣外相の解任の原因となった。宇垣外相は昭和十三年十月興亜院設置が決った時辞任した。そこで内閣の改造が行われ、外務大臣には勅選有田八郎（研究会）、拓務大臣には勅選八田嘉明（研究会）の就任となった。宇垣外相が設立に反対していた新しい機関は、興亜院として発足した。興亜院の設立は外務省の革新系と反宇垣派の軍部によって計画されたのであったから、近衛首相はこの設置運動を抑え、宇垣外相の辞任をくい止めるべきで、それができなかったことは近衛首相の失敗であった。

宇垣外相が新しい機関の設立に反対した理由は、政府は新機関を設けて、大陸の産業開発のため、技術者の派遣を計画したものであった。これにたいし、宇垣外相は今は大陸行政の確立を必要とする段階であって、産業開発を主流とする行政機関の設立は尚早とする意見であったためで、緊急の課題は和平にあり、それを先ず行うため交渉をすすめるべきであるとしていた。事実宇垣外相はこの時にも中国との和平交渉を進めていて、南京政府の孔祥熙行政院長と交渉がすすんでいた。陸軍の一部では別な和平交渉をしていたから、宇垣の和平交渉が邪魔になっていた。若し宇垣外相がやめなかったら、和平は早く実現していたかもしれない。宇垣が外相を辞し中国との交渉を断念したことにより、陸軍による汪兆銘工作が漸く進展し、この年十二月二十日には汪兆銘は重慶を脱出してハノイにおいて対日和平声明を発表するに到るのである。それを考え合せると宇垣外相の解任は、対華和平交渉の国内対立の犠牲者であったし、興亜院設置も失敗した。同年末に日中国交調整の根本方針として三原則（善隣友交、共同防共、経済提携）を声明（第三次近衛声明）し、中国問題の解決を更に前進させようと計ったが閣内の意見が纏らず総辞職する。

一二、貴族院時局懇談会

第七三議会では国家総動員法や電力国家管理法など重要な問題の多い法案を漸く成立させて閉会したが、この議会を通じて時局の重大を議員は深く憂慮した。これを反映して貴族院に注目すべき動きが起った。それはこの懇談会の設置で、第七三議会の閉会後の昭和十三年五月十八日の各派交渉会にて、伯爵児玉秀雄（研究会）から、大陸問題について院内に時局懇談会を設置する提案を行った。その目的は非常時と議会とはどうあったらよいかで、軍の大陸においての軍事行動は次第に中央の政治へと圧力を加えて来たことに対する対策であった。各派はこれに賛成し、政府も了解し協力することを約束した。六月二十四日に第一回の会合が開かれ、出席議員は一五〇名に達し、懇談会ではあったが、近衛首相をはじめ宇垣外相、米内海相、東条陸軍次官らから、中国問題、軍事情勢などの詳細な説明があり、第二回懇談会（九月二十二日）には池田蔵相の出席を求め戦時経済の説明を聴いた。しかし最初意企した軍の圧力にたいしての効果はあがらなかった。

一三、議会制度審議会

第七三議会が終るや、貴族院改革が動きだした。研究会は既に政府に貴族院制度調査会を置き改革の準備を要求していたし、今回更に近衛内閣に改革問題のため必要な機関の設置を計ることとなった。公正会も同一の考えであることを声明したことにより、近衛首相は設置を実施、五月七日その決定を見た。それによると、従来の議院制度調査会、貴族院制度調査会、選挙制度調査会の三調査会は廃止し、新たに議会制度審議会を発足させることにした。この三調査会は会合を重ね一応の結論が出ていたから、今回は改組による第二段階へと前進したことになった。六月十日官制(全九条)が公布になった。

目的……総理大臣の諮問機関とし、貴衆両院の機構その他帝国議会の制度に関する事項の調査審議とする。

委員……総裁一名(勅選水野錬太郎)委員は五〇名とし。

貴族院議員一三名(研究会六、火曜会二、公正会二、同成会一、同和会一、交友倶楽部一)

学識経験者二四名(内貴族院議員四)

研究会所属の委員は伯爵児玉秀雄、伯爵酒井忠正、子爵前田利定、子爵渡辺千冬、子爵曽我祐邦、勅選堀切善次郎、勅選潮恵之輔、多額浜口儀兵衛の八名が任命された。審議会は三つの部会(貴族院部会、議会制度部会、選挙制度部会)に分かれて、それぞれ審議事項を掲げて討議し、それを総会で発表し、承認を得て政府に答申した。

貴族院部会は六項目を提示し、部会は七月六日第一回を開き一〇回に及び十一月四日に総会を開きその審議の結果の承認をとって同年末十二月二十八日に報告書を政府に提出した。

一、議員の種別には華族議員存続改廃、と勅任議員新設と既在議員の改廃

二、議員の資格条件は年令と職種など

三、議員の数については①総数、②華族議員、勅任議員

四、議員の任期

五、議員の選任方法　①華族議員、②勅任議員

六、その他

で最終案は未決定ではあるが、その方向は一応出ているし、各委員の考えも示してある。研究会の意向に関しての事項は特に明記していない。互選方法は現行のまま、有爵議員の数を減少するも実数は示していない。年令は三五才以上とし、任期も現行を認めている。その他勅選議員に任期を設けること、多額議員は地方議員に改めている。

尚この審議会は昭和十五年五月二十二日官制廃止により消滅した。

第二節　研究会と不動産取得

研究会並びに尚友会の事務所は前述の通り昭和三年に竣工し、麹町三年町の高台に地下一階地上三階の落ち着きある質実な外観を示す建物で、研究会の議員は政務のための重要なる拠点（事務所）として使用していた。この土地は元御料地であったから、宮内省から華族会館が払下げを受け、研究会はその使用のため会と華族会館との間に借地の契約を結んでいた。それから五年を経過した昭和九年になってこの土地を研究会が買受ける議が出た。八条隆正子の保存書類（尚友倶楽部蔵）には華族会館の都合によりとしか記していないが、これは昭和二年十五銀行が休業してから整理開業するため未払込株代金の徴収を行った。その額は会館の分と華族の立替分とでかなりの額になっていた。その整理の都合と関係があったと推測できる。研究会は会館のためこの資金を調達することになり、当時の尚友倶楽部理事長伯爵松平頼寿がひと先ず研究会と公正会の使用地五九七・五二坪を華族会館から買受けた。（昭和九年三月二十二日）

それから五年後の十三年七月五日にこの土地の半分に当る研究会使用土地を、研究会は松平伯に代金として七万五千円を支払い、それを尚友倶楽部に寄付した。この七万五千円は五年前松平伯が華族会館から譲り受けた時の価額にあたるから、五年間の立替分の利息も地価の値上りも全く関係ないことになるから、同伯の研究会にたいする厚意であった。残り半分（公正会使用土地）は公正会は松平伯から買い取ることはせず、そのまま伯の所有となっている。

これに先だち所有者（尚友倶楽部）と使用者（研究会）との間に今後の協定を結んだ。協定書は松平伯（尚友倶楽部理事長）研究会代表伯爵児玉秀雄との間で作成され、所有権と使用権を明確にした。その内容は

一、建物の敷地と建物とは無期限に無償で使用させる
二、研究会の意志に反して譲渡や貸与又は他人に使用させてはならない
三、総ての公課公租税その他修繕等維持に関する一切の費用は研究会が負担する
等で、ここにおいて尚友倶楽部は設立当初の単なる社交団体から不動産所有の名儀人となった。

研究会と尚友倶楽部　満州事変は益々拡大し、東南アジアにおいては日本の経済的地位も次第に欧米諸国の圧迫を受ける様になり、欧州では英仏が対独宣戦を布告したので、第二次世界大戦となり、不安は増大した。この様な情勢からして、尚友倶楽部は運営管理上の基金は持たず、全部研究会が負担する方法では、将来を考えて危険があるとして、研究会は必要なる基金を尚友倶楽部に移譲することとした（昭和十五年九月）。それにより研究会は

五分利公債　額面　一五五、〇〇〇円
三分利公債　額面　四〇、〇〇〇円
現　金　一一、〇〇〇円
計二〇六、〇〇〇円

を移譲した。これによって尚友倶楽部は研究会にかわって不動産の管理者となり。両会は改めて次の取決めを行った。

一、昭和十三年六月に作成した協定書は破棄する
二、不動産の管理維持費は倶楽部が負担する
三、役員の構成を研究会と一致させる
四、研究会入会の折は同時に尚友倶楽部にも入会する

尚友倶楽部はこの取り決めによって十一月十三日に臨時総会を開き
一、通常総会は二月を改め五月に開催する
二、評議員二五名を四〇名に改める

三、理事五名を一二名に改める
四、監事は現行通り三名とする
五、各役員の任期は二年を一年に改める

これらの事項を議決し、新たに評議員四〇名、理事一二名、監事三名を選出した。その氏名は次の通り

評議員　四〇名

伯　松平頼寿　　伯　松木宗隆　　伯　溝口直亮　　伯　黒木三次　　伯　酒井忠正
子　野村益三　　子　青木信光　　子　大久保立　　子　前田利定　　子　井上匡四郎
子　八条隆正　　子　伊東二郎丸　子　岡部長景　　子　谷　儀一　　子　裏松友光
子　高橋是賢　　子　松平康春　　勅　木場貞長　　勅　西野　元　　勅　今井五介
勅　内藤久寛　　多　滝川儀作　　勅　金杉英五郎　多　大沢徳太郎　多　米原章三
侯　大久保利武　伯　橋本実斐　　子　梅小路定行　勅　関屋貞三郎　子　今城定政
子　曽我祐邦　　子　西尾忠方　　勅　三井清一郎　勅　白根竹介　　勅　山岡万之助
勅　大塚惟精　　勅　堀啓次郎　　多　名取忠愛　　多　小野耕一　　多　渡辺甚吉

理　事　一二名

伯　松平頼寿（理事長）　伯　酒井忠正　伯　橋本実斐　子　青木信光
子　大久保立　子　谷　儀一　子　高橋是賢　子　松平康春　勅　白根竹介
勅　山岡万之助　多　滝川儀作　多　小野耕一

監事三名

子　梅小路定行　子　野村益三　子　今城定政

第三節　平沼内閣から阿部内閣

一、平沼内閣の成立

近衛内閣の努力は実らず、事変の解決は好転せず昭和十三年末には内閣は行詰りの状態となったが、汪兆銘の重慶脱出が成功し、日中和平へ一歩前進したので、昭和十四年一月四日次の様な声明（大東亜新秩序建設に関する声明）を出して近衛内閣は総辞職した。

「事変は新段階に入り東亜永遠の平和を確保すべき新秩序の建設に向って主力を注ぐべき時期に到達した新たなる内閣の下に新たなる庶政の構想工夫を運らし以て民心の一新を図ることの必要なるを確信する」と述べているが、実際は閣内の対中国和平交渉での意見不一致が辞職の大きな理由であった。近衛内閣の総辞職の翌日男爵平沼騏一郎内閣が成立した。研究会の八田拓相、有田外相は留任、ほかに勅選黒崎定三が法制局長官に就任した。

木戸幸一　内務　　石渡荘太郎　大蔵　　板垣征四郎　陸軍　　米内光政　海軍
塩野季彦　司法・逓信　　荒木貞夫　文部　　桜内幸雄　農林　　前田米蔵　鉄道
広瀬久忠　厚生　　近衛文麿　国務

の大臣が決った。このうち広瀬、石渡の両大臣は後に勅選議員として研究会に入会した。平沼内閣は対内問題の処理と対ソ、対中の国際問題の解決の重荷を負っていた。しかし対外関係は一向に好くならなかったばかりでなく、五月にはノモンハン事件が起り、対ソ関係は悪化したため、日本は苦境にたたされ、国際的立場と国内の見解の統制に苦しみ、その複雑さから政治的使命を失い、欧州情勢の複雑怪奇と、閣内の不統一を理由に其の年の八月二十八日に総辞職した。

平沼内閣は多くの人材がいたし、研究会との関係にも期待が持たれていたにも拘らず多くの問題の処理に苦しみ、短命に終ってしまったことについて、表面には出なかったが、軍部の行動が常に内閣を無視していたことが挙げられる。精神面からは軍は協調していたが、文治と覇政には大きな溝があったことを指摘することができる。その上陸軍部内には対ソ敵対派と対米英敵対派が対立し、海軍にも対米開戦派と反対派があって対立していたから、議会がこの解決に乗り出すべきであった。

二、第七十四議会……宗教団体法成立

平沼内閣によって多年の懸案であった宗教団体法が可決成立したことは、貴族院が宗教界の信頼を受け真剣に成立へと努力したことで注目される。この法案には長い沿革があって、今回は四度目の提出であった。明治三十三年の第一四議会に宗教法案が上程になったが、この時は一〇〇票対一二〇票で否決となった。その後昭和二年第五二議会に再び宗教法を提出したが審議未了に終り、更に昭和四年の第五六議会には宗教団体法として再提出されたが、又々審議未了となってしまい、今回漸く成立を見たのである。何故この様に成立がおくれたのかを考えて見るに、日本には大別して三つの宗教型があり、外来として仏教、キリスト教、日本古来の伝統による神道があり、神道には伊勢大神宮の如き国家的なものがあり、これらが別々に独自に展開し、極めて複雑となっていて宗教界には統制がなかった。これらを対象として一率に法律を適用しようとした処に無理があり、宗教という精神活動を法律で規制する難しさがあった。大正十五年五月勅令により文部省内に宗教制度調査会が設置され、ここで宗教法の作成が行われるや、近く

議会に提出されると見て、六月には神道一三派が共同してこの宗教法に反対の声明を出し、叉続いて仏教五六派は合同の声明を議会に提出して対抗した。各派各宗門は自派が不利になることを懸念しての運動で、各宗教団体は貴族院議員の公平な判断に期待をかけた。これだけの激しい陳情は前例のないことで、貴族院への信頼の高いことを示した。昭和二年一月第五二議会では、これらの運動があったため、付託された特別委員会（委員長松木宗隆伯）は会議を開くことなく、結局審議未了にしてしまった。

第五六議会（昭和四年一月）には政府原案を先ず宗教制度調査会に提出して可決を得たので、これを貴族院に提出した。これを一五名の特別委員会に付託した。委員には研究会から伯爵柳原義光、子爵渡辺千冬、子爵大河内輝耕、勅選木場貞長、勅選湯地幸平、多額風間八左衛門の六名が指名を受けた。宗教界の動きから慎重で、先ず小委員会を開き検討したが纒らず、研究会は田中首相にたいし不満があったから、進展には協力しなかったことも加わり会期が終ってしまったため又々審議未了となった。（委員長は伯爵柳原義光―研究会、同副は勅選田所美治―同和会）

第七四議会に再提出が決まるや、先ず宗教制度調査会を開き審議した。更に小委員会を一八名の委員により（委員長は研究会の伯爵柳原義光）事前審議を行い、昭和十四年一月議会に提出され、研究会から特別委員に伯爵柳原義光、伯爵佐野常羽、勅選塚本清治が指名を受けた。貴族院で修正議決の上衆議院に送付し、三月二十三日に可決成立した。かくして最初の提出から四〇年目にして漸く成立した。その間の貴族院の役割は大きく、信頼を受けていたことは自負される。

三、有爵互選議員改選

昭和十四年七月十日第七回伯子男爵議員の改選が行われた。日中事変の拡大など時局の不安定に対処しての今後七ヵ年間の任期を持つ議員の選挙であったから慎重に人選が行われた。先ず子爵議員の選挙母体である尚友会は評議員会を開き（六月五日）推薦候補者を決め、その氏名を発表し選挙人へ推薦状を発送して、六月十二日に尚友会予選が実施され（於研究会事務所）予選当選者を議員候補として正式に推薦する。選挙は三爵共同日に華族会館において宮内省吏員によって運営される。各爵立会人と選挙管理者とによって当否が確認された後、当選者にはその結果を各個に通知し、その承諾を得てから任ぜられる。

今回の改選で伯爵一八名、子爵、男爵の各六六名の議員が選出され、その中で伯爵の新任者は三名で

山本　清……鹿児島島津藩士家　首相山本権兵衛の男　海軍中佐　ロンドン海軍会議若槻全権の随員
柳沢保承……大和郡山藩主家　柳沢統計研究所総裁　柳沢保恵の男
徳川宗敬……徳川三郷家　公爵徳川圀順弟　大日本山林会副会長　林学博士

子爵の新任者は八名で

河瀬　真……山口毛利藩士家　海軍燃料廠研究部長　海軍機関中将　河瀬真孝枢密顧問官の男
波多野二郎……肥前小城鍋島藩士家　宮内大　波多野敬直の男　海軍大佐
仙石久英……但馬国出石藩主家　日本郵船会社員　仙石政敬宗秩寮総裁の男
由利正通……越前国福井松平藩士家　由利公正の男
牧野康熙……信濃国小諸藩主家　横浜正金銀行員　侯爵嵯峨公勝二男康強の男
京極鋭五（高鋭）……丹後国峯山藩主家　内閣情報部　男爵加藤弘之の弟
錦小路頼孝……公家丹波家　子爵唐橋在正の男　府立園芸教諭
水野勝邦……下野国結城藩主家　水野直の男　専修大学教授

辞退者一名……子爵伊集院兼知
引退者七名……子爵片桐貞央、子爵白川資長、子爵三室戸敬光、子爵新庄直知、子爵蒔田広城、子爵岩城隆徳、子爵毛利元恒

男爵の新任者は一二名で

益田太郎　中川良長　山中秀二郎　山川　建　八代五郎造　北大路信明　坊城俊賢
西　酉乙　村田保定　島津忠彦　宮原　旭　明石元長

以上である。

更に多額納税者議員の改選も同年九月十日に各道府県単位で行われ、その結果九月二十九日に六六名が勅任され（内三二名は新任）二八名が研究会に入会した。

四、阿部内閣と研究会

平沼内閣の総辞職　平沼内閣は第七四議会で多年懸案であった宗教団体法案をはじめ多くの重要法案の成立に尽力し、国内政策成果が挙ったが、対外問題では難渋した。五月に起ったノモンハン事件は日本が大打撃を受ける結果となり、アメリカは通商条約を廃棄すると通告し、日英会談は決裂、独ソ不可侵条約が締結され、日独伊三国同盟は行き詰りを見、日独伊に防共協定が成立、英仏は軍事同盟を実施、イギリスとポーランドは相互援助条約を結び調印するなどと欧州のはげしい情勢の動きは僅か半年間の出来事であった。平沼内閣はこの様な欧州の複雑怪奇な情勢に手の打ち様がなかった。ここに到り我が外交政策は再出発の余儀なきに至ったとし、事態は頗る重大で政府としては、この国際補弼の責任を明らかにして臣節を尽すため、引責辞職すべきものと信ずると声明して八月二十八日に総辞職した。この頃貴族院も国際情勢の重大は認めてはいたが、議員の構成において外務省系の勅選議員は少なく、全般的に外交関係についての優れた議員は少なかった。これは欧米に限らず中国や東南アジアについてもいえることで、議会の弱点であったし、引いては日本国民の国際観念の低さを示すものであった。

阿部内閣の政綱　後任の内閣首班には陸軍大将阿部信行が勅命を拝し、八月三十日に成立、研究会からは、青木一男（蔵相）、河原田稼吉（文相）、伍堂卓雄（農林商工相）が就任した。九月十三日阿部内閣政綱が発表になった。

一、支那事変処理を中核とし
二、外交は自主的立場を堅持する
三、総合経済力の拡充と運用に努める
四、国家総動員体制の整備を強化する
五、行政、官吏制度等諸制度の刷新並運用に意を用いる

と声明を出した。阿部首相は単なる軍人ではなく、その経倫や経験によって政治が身についていた。閣僚は官僚として経験豊かな人物であったから、単なる挙国一致の政治とは異った行政力のある政治が期待された。しかし内閣成立の僅か一週間後（九月三日）独軍のポーランド侵入があり、英仏は対独宣戦を布告したから第二次世界大戦の重大期を迎えてしまった。

伯爵酒井忠正農相に就任　この頃になると軍人による政治には期待が薄らぎ始め、又政党政治にも信頼が持たれなくなっていた。一般からこの重大な時局に際し信頼が貴族院に向けられて来た。貴族院の重大時局に臨んでの役割は重くなっていた。伍堂商工相が兼任していた農相に研究会の常務委員である伯爵酒井忠正が任命されたのもその現われである。この時酒井伯は四七才で阿部内閣の閣僚中最年少大臣であった。政党に対しての期待薄と、政党と農村との結び付きが余りにも深く、社会政策上に公平を欠く恐れが出たこと、兼任の伍堂農相は海軍中将であったことなどから、政府の農村への信用を恢復することが一つの目標であった。

酒井伯は大正九年に大木司法大臣の、又大正十一年には大木鉄道大臣の秘書官を勤めていて、現に帝国農会長や米穀協会長などの職にあったから、農村からの支援も得られた。既に伯爵議員として、その円満なる人格と、広い抱擁力が認められたので、酒井伯の農相就任は、伯一人のことではなく、有爵議員中の優れた存在であることを示すもので、期待は大きかった。

〔伯爵　酒井忠正〕さかい　ただまさ
議員在職　大正十二年九月〜昭和二十年十二月（公職追放辞任）
研究会役員　政務審査部第六部長　同審査長　調査部長　常務委員
旧播磨国姫路藩主家　明治十七年七月授爵（伯爵）
明治二十六年六月生　旧福山藩主阿部正恒の次男　京都帝国大学法科大学卒　司法大臣秘書官（大木遠吉伯）　鉄道大臣秘書官（大木遠吉伯）　農林大臣（阿部内閣）　貴族院副議長　農林省米穀局、食糧管理局顧問　農林省経済更生部、内閣調査局、情報局各参与　日本勧業銀行参与理事　帝国農会、中央農業会各会長　金鶏学院院長　国民精神総動員理事　大東亜調査会委員長　貴族院調査会世話人　翼賛政治会常務理事　社団法人尚友倶楽部理事　昭和四十六年二月十六日没（議会解消後は除く）

第四節　米内内閣と研究会

一、第七十五議会

阿部内閣総辞職と米内内閣の成立　阿部内閣には研究会から四名が入閣し、貴族院は阿部内閣を支持する態度をとったが、軍部を遠ざけたことと、政党を主体としない内閣であったことは当然不評を買った。しかも内閣が成立して間もなく独軍がポーランドにたいし軍事行動を開始し欧州は戦場となり、国内では行政改革を表明していたが、枢密院の反対で延期され、貿易省設置は外務省の反対を受けるなど成果は挙がらず、食糧不足に対し米価政策をとったが衆議院で不評を買った。この様な中で第七五議会が召集（昭和十四年十二月二十三日）された。先ず衆議院はこれらの問題をとり上げ政府攻撃の態度をとり、有志二四〇余名による総辞職要求が出され、翌年一月七日には二七六名の署名による不信任案を発表するなど強硬な態度に出た。阿部首相は解散しても続ける方針をとったが、もともと政党は支持していないから閣内から総辞職論が出た上に、軍部も阿部内閣を攻撃する立場から畑陸相が総辞職を勧告したため一月十四日総辞職となった。

後継内閣の首班には湯浅内大臣が主となって進めた。すでに欧州は大戦となり、中国には和平の動きがあったことから、日本は新しい時局に対処する必要があり、陸軍の軍事行動の行き過ぎを憂慮、その意図をもって西園寺公の同意を得て海軍大将米内光政の奏請となった。組閣の勅命を拝した米内大将は、軍部内閣とせず、政党を尊重する方針をとり、民政党系から二名（桜内幸雄、勝正憲）、政友会系から二名（島田俊雄、松野鶴平）を迎え、経済閣僚として勅選藤原銀次郎（研究会）を商相に決めたことは、政党や財界からの評判がよかったが、軍部殊に陸軍は尚不満をいだいていた。外相には勅選有田八郎、内相には伯爵児玉秀雄が就任したから、研究会は三名の大臣を出した。中でも児玉伯は研究会の代表幹部の一人であったから米内内閣との連繋はよかった。

児玉伯は長く関東長官であって行政官僚出身の有爵議員で、既に拓務、逓信の各大臣を経て今回は三回目の入閣で、その行政経験の優れていることによるのである。かん高い声の持ち主であるので一見神経質に見られるが、温和で敵を作らない型の政治家に属するが、考えは理性派で進歩的な存在で、貴族院改革にも意欲的であった。研究会の代表的立場に在って、政府との交渉に、又仲介の役割を担い、難しい時局の動きにどう対処して行くか、政府の方針を知る上から、又会側の意向を伝える上から重要な存在であった。米内内閣へ貴族院から三名の政務官が任命された。

子爵　舟橋清賢（研究会）文部政務次官
男爵　加藤成之（公正会）拓務政務次官
子爵　高木正得（研究会）司法参与官

〔伯爵　児玉秀雄〕こだま　ひでお
議員在職　明治四十四年七月～大正七年七月
大正八年二月～昭和二十一年二月（公職追放辞任）
研究会会員　大正八年八月十五日入会
研究会役員　政務審査部第一、第四部長　常務委員
旧周防国山口毛利藩士家　明治二十八年八月父源太郎に軍功により持授男爵　明治三十九年四月父源太郎の勲功により特陞爵子爵　明治四十年十月父源太郎の勲功により特陞爵秀雄に伯爵を授く
明治九年七月生　東京帝国大学法科大学卒　大蔵書記官　朝鮮総督府事務官　朝鮮総督秘書官　朝鮮総督府総務局長　内閣書記官　賞勲局総裁　関東長官　拓務大臣（岡田内閣）　逓信大臣（林内閣）　内務大臣

（米内内閣）　国務、文部大臣（小磯内閣）　宮内省宗秩寮審議官　永年在職表彰議員　社団法人尚友倶楽部理事　昭和二十二年四月七日没

二、斎藤隆夫除名問題

第七五議会においては議会の協力によって多くの法案が成立したが、大きな問題が起った。衆議院における所謂粛軍演説で、軍部と議会が真向から対立をした事件であった。二月二日の衆議院本会議で、斎藤隆夫は民政党を代表して施政質問演説を行った。その中で政府を攻撃する主旨で、中国における軍の行動を非難し、政府の責任を問うた。これが陸軍の聖戦を冒瀆するものとして軍部内で問題となった。そこで民政党は斎藤を処分することになったが、離党勧告か、除名か、或は議員の辞任を要求するかで纒まらず、他会派も問題とし、貴族院も対軍部問題として論争があった。一方斎藤自身は正論としての自信から、これらの処置を受け入れなかったから、衆議院は前例のない政党内部の派閥対立となり混乱した。政府攻撃が党内問題となってしまった。

当時議会では陸軍の行動にたいし、かなり強い不満があり、貴族院でもこの演説に同感の意を持ったものが少くなかった。事変発生以来、陸軍の行動は大東亜の発展の名のもとに行われたが、それには行過ぎが認められ、事変解決は次第に遠のき、長期の戦乱となり、中国大陸も日本も、国民生活に安定を与えることができず、斎藤はこの憂慮すべき事態を追求したのである。軍を支持して平和を求めるべきか、軍を抑えて平和を求める努力をすべきか、議会にもこの二つの考え方があった。これがやがて近衛体制の生れる原動力となる。

三、中国の動向・新政府樹立

第七五議会閉会後に中国には新しい動静が見られ、満州国建国はすすみ国家制度が充実したが、日本との繋がりを一層深めることが必要であった。この年六月二十六日満州国皇帝の来日が実現し、これによって両国の関係は更に深められた。

中国本土にあっては、昭和十三年汪兆銘が重慶を脱出してハノイに到着することができ、新しい中国建設に着手し、対日和平工作にはいった。三月三十日南京を首都とし、中国新政府樹立を声明した。

一方華北においては北京に王克敏による華北政務委員会が成立し、新しい局面が展開した。日本は南京の新政府にたいし、阿部信行大将を特派大使として派遣することとなり、大使に同行して研究会の勅選議員青木一男を新政府経済顧問に任命した。青木顧問は約二ヵ年半在任し、その間伯爵渡辺昭が秘書官の任に在った。渡辺伯は帰国後（昭和十八年六月）伯爵松木宗隆の議員辞任（老齢のため）による補欠選挙により貴族院議員に当選し研究会に入会した。

四、有田外相ラジオ放送問題

研究会の有田八郎外相は六月二十九日にラジオで「国際情勢と帝国の立場」と題する放送を行った。その趣旨は東亜は日本を中心に結ばれているとの考えにより、日本をめぐる東亜自主論であった。その中に香港封鎖問題、ビルマルートによる武器輸出問題にも及んだ。この放送を聞いた軍部は、有田外相の放送は日英国際関係を悪化させるとし、これは陸海外の三者協調を無視したものとして抗議した。この放送は有田外相の考えを率直に示したもので、故意に両国の関係を悪化させる意図はなかったが、軍部への配慮には欠けたものがあった。この様に軍部は単純に抗議へとの態度をとったことは、政治的配慮に欠けているといわねばならない。軍部も自己を満足させる以外は反軍行為と見ていることは反省すべきであった。有田外相はたしかに独善的な無遠慮がかなりあったことは認めるが、この様に閣僚の発言にも軍部は抗議したことを見て、議員は暗い気持にならざるを得なかった。

〔勅選　有田八郎〕ありた　はちろう

議員在職　昭和十三年二月～昭和二十一年二月（公職追放辞任）

明治十七年九月生　東京帝国大学法科大学卒　領事　総領事　外務省事務官　公使館、大使館各一等書記官　大使館参事官　外務省亜細亜局長　外務次官　特命主権公使　同大使　外務大臣（広田、第一次近衛、米内各内閣）　外務省、内閣各顧問　講和会議、ワシントン会議全権委員随員　昭和四十年三月四日没（議会消滅後は除く）

第五節　近衛新体制と貴族院

一、中国との和平工作

昭和十五年三月汪兆銘は南京に新政府を樹立し、善隣友好、反共和平、民生安定、経済復興など十六政綱を発表した。日本もこれに呼応して政府声明を出し、新政権に全幅の協力を表明し、併せて列国の承認を得られる様に努力し新中国の発展を期待した。この様に日中間の和平に明るい見通しを得、将来中国に対し賠償や領土の要求はしないことを明らかにしたが、中国の資源の開発利用には深い関心を捨てなかった。

アメリカは蒋介石政府を支持する態度を変えなかったから、日米は中国を廻り対立となった。しかし日本にも蒋介石政権との和平交渉は打ち切ってはいなかった。むしろその努力は根強いものがあった。近衛公―秋山定輔―宇垣一成のルートは有力であった。その他にも親日派と見られていた載天仇、張群らを中心にした工作、華北では呉佩孚を擁立せんとする計画や、山西省の支配者閻錫山への働きかけも続けられていた。それ故新中国建国には種々のルートがあり、何れも和平実現のための工作で、その中では呉佩孚による建国がかなり具体的になっていた。しかしいずれも期待した結果は得られず、消長があり複雑な動きであった。

この原因は日本側にあるといえる。公的ルートには陸、海軍部と外交筋の三つは互に反目排撃し、更に官民の対立があり妨害となり牽制となっていた。それ故中国側は日本のどのルートを和平交渉相手として信頼すべきか、多分に不安を中国側に与えていた。折角の和平がこの様に前進できなかったのは、根本問題として両国の国民性の相異から生じたとしたい。日本は交渉相手を職名、地位を重く見て信頼しようとするのに対し、中国人は個人への信頼度が強く、多年の友交を何よりも大切にするし、自己保全には慎重で、職名による権力や新任官僚は最も嫌っていた。この様に両国間の国民性の相異が交渉が進まない原因であったから、日本は自ら和平を不可能にしたといえる。

二、新体制運動

第七五議会において衆議院は軍部支持か排除かの問題から、各派は内部分裂を起す程の混乱となった。貴族院は混乱までには至らなかったが、軍部迎合派と和平促進派による動きとは相人れないものが見られ、対外的には中国問題の解決を計り時局の安定に努めなければならない情勢から、近衛公の兼ねてからの新党樹立運動構想が表面化した。その主旨は重大時局に対処する挙国一致の政治体制を作り出し、支那事変処理と欧州大戦に伴なう世界情勢にそなえようとするものであった。公はこの運動について「自分のいう挙国一致体制とは、既成政党の解消を先決問題とする様な単なる既成政党の離合集散ではないのであって、国民各階各層を打って一丸とし、脈々として血の通う様な組織を成就すること」だと述べている。この運動は新政治体制運動に展開し、この運動をすすめるため、近衛公は枢密院議長を辞し、既成政党を排し国民運動として活発な活動を開始した。この頃すでに精神総動員、産業報国、農業報国、農村協同、東亜連盟など各種の運動が作られていたが、これらは何れもこの新体制運動の一環となった。貴族院にも連絡をとり協力を得ての行動であった。

新体制の三大目標が十五年七月七日に発表となった。

一、高度国防国家の建設
二、外交の刷新伸張
三、新政治体制の樹立

この意図するものは軍部の政治介入問題の解決であった。軍国日本の誇りは日露の三十七、八年戦役後の伝統であって、これを否定するものはないし、これを排撃することもできないが、将来に危険なる結果をもたらすことを憂えていた。近衛公の新体制はその軍部の協力が得られての行動であったから、優れた構想であった。先ず衆議院の政党の対立、派閥の解消を計り、貴族院にたいしても団結を呼びかけた。

第二次近衛内閣の成立　米内内閣は挙国一致、人材内閣といわれ期待されたが、政治体制問題で陸軍と対立し、米内内閣成立時からの不満があったことにより畑陸相の単独辞表の提出の申し出となった。米内首相は陸相の単独辞表であっても、後継陸相は得られないことがはっきりしていたから、米内内閣は「世界情勢に対処して、国内政治体制を一新する要あり」として総辞職した。

重臣会議は公爵近衛文麿を後継首班とし奏請、十五年七月十七日に同公に組閣の勅命が下った。公は先ず陸海軍の協力を計り、東条、吉田両陸海軍大臣の留任が決まり、研究会からは勅選小倉正恒、鈴木貞一の両名が国務大臣として入閣して第二次近衛内閣は七月二十二日に成立した。近衛公は先に発表した新体制を、首相として推進することとなり、軍部は軍国日本の確立が実現できるとして近衛公を支持していたことは同公の立場は極めて好条件を持っていた。勿論支那事変の責任者であったから、この内閣はその解決の責任を担い、併せて世界情勢の推移に伴う時局処理の内閣として出発し、連日閣議を開き、国民の期待に応える〈基本国策要綱〉を発表した。その内容は大東亜新秩序と国防国家建設の運動であり、それに伴う新政治体制の確立であった。この運動の根本方針は「皇国の国是は八紘一宇とする肇国の大精神に基き、世界平和の確立を招来することを以て根本とし、先ず皇国を核心とし、日満支の鞏固なる結合を根幹とする大東亜の新秩序を建設するにあり、これがため皇国自ら速かに新事態に即応する不抜の国家体制を確立し、国家の総力を挙げて右国是の具現に邁進す」とした。

近衛首相の政治構想は深さがあり夢があったから誰れもが自己の判断でこれを解釈し、都合のよい前途への期待をいだいた。軍はこれまで多くの現役軍人を首相に政府を作ったが反対が多く、政治的には成功しなかったことを反省していたから、軍に理解ある近衛公の出馬を歓迎し支持する態度をとった。衆議院について見ると既述のように軍部支持と排撃がこの時点では全く対立してしまっていて、政党政治を望みながら到底実現はむずかしいことを知っていた。貴族院では近衛公は序列から華族の最高位であり、既に多くの同僚との貴族院問題を進んで討議し、議員の使命を充分に身につけ、政治上の存在では第一人者で、しかも首相を拝命したことにより、有爵者は心から支持した。しかも首相自身は第一次内閣の時に支那事変が起っているので、その解決の責任は大きく、決意していた。近衛公を後継首班に奉請する重臣会議は僅か三十分で決ったとあるのもそれを物語っていて、最適任者として近衛公を見ていた。

大政翼賛会　近衛公が新体制の準備にはいって間もなく第二次近衛内閣が成立したから、これからは政府のもとで新体制を進展させることとなった。先ずそのため貴衆両院議員、財界、学界、言論界の各分野より合計二六名の委員を選任して、新体制準備委員会を発足させ、貴族院からは後藤文夫、有馬頼寧、井田磐楠、大河内正敏、堀切善次郎、太田耕造が任命された。衆議院は早くも新体制の主旨に沿って政党解消へと動き出した。近衛首相は大政翼賛会について準備会で「国民組織の目標は、国家国民の総力を結集し、一億同胞をして、生きた一体として、斉しく大政翼賛の臣道を完了せしむるにある」とし、「分立的政党政治を超克しようとする運動なのである。その本質はあくまで挙国的、全体的、公的なるものである……」と述べている。この方針によって十月十二日大政翼賛会が成立し、近衛首相が自ら総裁となり、事務総長には伯爵有馬頼寧が就任した。伯は貴族院議員をすすんで辞職し（九月十九日）専心翼賛会のために努力することとなった。

研究会から参加した役員は

事務総長……伯爵　有馬頼寧
総　務………子爵　岡部長景　石渡荘太郎　河原田稼吉　伍堂卓雄　下村　宏　正力松太郎
堀切善次郎　結城豊太郎　横山助成（何れも勅選）
顧　問………伯爵　松平頼寿　青木一男　勝田主計　賀屋興宣　寺島　健　八田嘉明

湯沢三千男（何れも勅選）

連絡委員……伯爵　酒井忠正　　子爵　大久保立　　同　松平康春　　勅選　山岡万之助

参与（昭和十六年就任）……伯爵　二荒芳徳　　子爵　土岐　章　　子爵　大島陸太郎　　勅選　松本　学

議会関係は翼賛会の中に設けられた議会局が指導の任にあたった。

新体制に沿って衆議院の各政党はすすんで解党に向い、先ず社会大衆党が解党、続いて政友会久原派と、中島派が解党を決め、立憲民政党は八月十五日に、東方会は十月二十二日に相ついで解散した。貴族院の各派は政党ではなかったから、新体制の趣旨による解散は行わなかったが、先ず交友倶楽部が全面的協力を表明し、続いて公正会、更に研究会も新体制に即応する態度を決め、挙国一致体制は順調に展開した。しかし議会では大政翼賛会の性格につき疑義が出ていた。即ち憲法上で大政を翼賛する機関は国務大臣と帝国議会に限られるべきで、それ以外にもあるとする法律上の根拠があるかとの質問があった（第七六議会・勅選岩田宙造ほか）。近衛首相は大政翼賛会は憲法上認められる上意下達、下意上達の機関として帝国議会の行う作用を補充するもので、決して議会の権限を犯すものではないと述べたが、議員はこの説明では釈然としなかった。平沼国務相は翼賛会は政治活動は行わないとし、単なる行政補助のための精神運動機関にすぎないとしたことから、翼賛会の評価は崩れてしまった。国家予算や法案の審議機関は議会であるとすると、衆議院がすすんで政党解消を行ったことも無意味で、早きに失したこととなった。研究会は近衛首相の示す目標には全面協力するが、議会の任務と挙国一致体制とははっきり一線を引く方針をとった。

第六節　研究会と新体制

一、拘束主義撤廃

近衛新体制が発足するや研究会は常務委員会において先ず新体制に即応する態度を決めたが、衆議院の政党解消などの情況から、政見の発表に挙国一致が求められて来るので、今後の議会での態度はすべて政府に協力しなければならなくなると判断し、政策や法案について批判の余地がなくなり、会が今日まで堅持して来た決議拘束主義が無意味となった。既に拘束主義には会内で革新派からしばしば撤廃すべきものとの意見が出ていたし、貴族院制度調査会でも拘束は治安警察法に抵触するのではないかと指摘されていたことは既述の通りであって、貴族院の各会派中にはこの様な決議拘束主義を規定している会は他にはなく、一人一党とか、各自の政見は自由としていた。

新体制の実施につき昭和十五年九月四日に研究会常務委員会は、その趣旨から拘束主義は除くべきであるとの結論を得、翌日にこの件を協議員会に提案、その諒承を得て九月十一日総会を開いてこの件を議し、満場一致で規則第二〇条、第二一条を削除することを可決した（第七次改正）。この結果新体制のもとで会員は参加も自由に、法案にたいする態度も会からの拘束は受けないこととなった。規則には

第二〇条……会員ハ総会ノ決議ニ従フモノトス

第二一条……総会ノ決議ニ対シ除外例ヲ求メントスルモノハ　総会散会後直チニソノ旨ヲ常務委員ニ申出ツヘシ
前項ノ申出アリタルトキハ常務委員協議委員合同協議シソノ諾否ヲ決スヘシ　但シコレヲ拒否スル

場合ハ出席委員ノ三分ノ二以上ノ同意ヲ要ス

第二二条……本会会員外ノ議員ヨリ提出スル上奏案又ハ法律案、法律修正案、建議案、質問書ニ記名賛成セントスルモノハ　本会ニ協議シタル後賛否ヲ決スヘシ　若シ至急ヲ要スル場合アル時ハ常務委員ニ協議スヘシ

以上の三条のうち最後の条は承諾手続を撤廃した。尚大正五年四月改正の規則では第二〇条は第八条、第二一条は第九条、第二二条は第一〇条に当る。この総会ではこの他に政務審査部を拡充して調査部と改めている。

今回の拘束を撤廃したことは研究会の伝統を大きく変えたばかりでなく、貴族院の各会派の非難を一挙に解決したこととなった。この様に廃止に踏み切ったことは大英断で、その理由としては前述の通り新体制の存在で、国家非常時の行き方として近衛首相の発想に賛成したことはその第一で、第二の理由は治安警察法に抵触することで、既に述べた通り、他会派からの攻撃の的であり、内務省警保局も研究会の決議拘束主義は罰則には当らないが違反であることを認めている。しかし研究会なる結社の性格が政党と倣すか、一般社交団体と倣すかの解釈に疑問が残り解けていない。この点を重視した研究会の勅選山岡万之助（元警保局長）は撤廃を主張していたことを常務委員会が重く視ていたからであった。又近衛公が先年研究会を脱会した原因の一つにこの拘束問題があったし、会内の革新運動の原因にもなっていたから、今回の撤廃により今までの様に会員は縛られることはなく議会に臨めることになり、研究会の一大脱皮である。しかしこの撤廃を、会のためにそのまま祝福できるであろうか。顧みるに帝国議会開設の当初は、既に各議員は学識や経験を持っていたから、一人一党でも判断は貴族院議員としての重責に応え得るものがあったが、時代と共に有爵互選議員の個々については、人格は優れていても充分な専門的学識者ばかりは得られず、幹部に法案に対する態度を一任することもあり得る様になり、幹部はこれに基づき勅選議員、多額議員との協議によって得られた結果は、時の政府の判断以上に優れたものがあった。これを決議拘束によって議会に反映させることで、大会派の団結の上に生かされた効果は大きいものであった。しかしこの方法が幹部の専制の具になっては不都合というべく、

今回の廃止は理論上は正しく、そうあらねばならないことではあるが、無条件で一人一党方針を是とすることはできない。よき伝統を捨てることになり、政府の政策に対しての発言力が弱められることは明らかで、結局はすべて政府の考え通りになり、やがて議会軽視の政治となる危険があった。要は拘束主義の廃止を喜ぶと共に、この新体制が生み出された以上、近衛公にも責任の一端がある。

二、議会と大政翼賛会

翼賛会は議会運営のため、議会局を設置し、その中に貴族院部が設けられた。研究会からは子爵大久保立、公正会からは男爵黒田長和が企画に参加した。議会局の発足に際し、近衛総裁は貴族院議員を招き、諒解を求め、運用の円滑化を計った。貴族院部の構成は三部制とし

一、総務部　：　貴族院との連絡事項
二、審査部　：　一般国政の討議を行うため六分科・政務は一三分科とす
三、制度部　：　貴族院令・貴族院制度の調査研究

を設け、貴族院議員全員参加の要請があったが、勅選、多額議員中には態度を保留したものがあった。昭和十六年一月現在で研究会は参加一五七名、未参加六名で参加率は九六・三％が最高で、続いて公正会は参加六五名、未参加三名（参加率九五・五％）、最も少なかったのは同成会で参加者五名、未参加二一名（参加率一九・二％）に止まっている。各部の部長、副部長は次の通り

第一部……部長　子爵前田利定（研）　同副部長　男爵岩倉道倶（公）　勅選倉知鉄吉（同和）未確定
第二部……部長　男爵大井成元（公）　同副部長　子爵八条隆正（研）　勅選長岡隆一郎（交友）決定後辞任し
勅選内田重成（交友）

第三部……部長　公爵島津忠重（火）　同副部長　勅選中川健蔵（同成）多額滝川儀作（研）

この他貴族院部の役員は合計四五名（研一九、火六、公八、同和三、同成三、交友三、無所二）であった。

第七十六議会　昭和十五年十二月二十四日召集により、第二次近衛内閣としてはじめての、又大政翼賛会設置後最初の議会であったから、翼賛政治の実現への試練であった。既に衆議院の政党は解消していたから、その点からは史上初の無政党議会で挙国一致体制からすれば、議会運営の上では円滑が期待できたが、実際には必ずしも円滑ではなく、むしろやりにくいことの方が多かった。衆議院は勿論、貴族院においても会派としての統制がとれず、議員は個々の立場から政策の討議や法案の審議検討する形となり、大政翼賛会の議員部の効果は出ていない、ただ反対論のない戦時議会となった。一月二十七日には〈時難克服ニ関スル決議案〉が満場一致で可決した。公爵大山柏外六名の提案で、提案理由は公爵一条実孝（火曜会）が行い

「政府は東亜安定に関し、屢次賜れる勅語を遵奉し、内外の情勢を洞察し、全力を傾注して帝国不動の国策を遂行し、以て上は叡慮を安じ奉り、下は国民の与望に乖かざらむ事を期すべし

右決議す」

この決議案は政府を鞭撻すると共に警告でもある。議員は議会を通じて充分に論議を尽せずにこれを表明したものである。二月十五日には一二八億円という膨大予算案を可決成立せしめ、八七件にのぼる政府提出の法案全部を順序よく処理し、三月一日には早くも予定の議事を終り、会期を三週間も残して自然休会に入っている。しかし法案中には国家総動員法中改正法律案、国防保安法、医療保護法、治安維持法中改正法律案などの重要法案が含まれていた。この様な結果は果して議会として翼賛の責務を全うしているといえるであろうか、研究会では勅選下村宏が大政翼賛会の合憲性について本会議で質疑を行わんと会の幹部に相談した処、常務委員会では時局に鑑み本会議での質問演説は貴族院として自粛の方針であるからと、その質問内容を検討してから会として認めている。この他研究会では子爵大河内輝耕、勅選関屋貞三郎が、同和会では赤池濃勅選議員がそれぞれ新体制問題で発言しているが内容は同じ方法が

とられた。戦時の国政として考えは一致しているとは申せ、国防という蓑を着せられての議会は自然その存在には疑問が生じる。それ故第六七議会終了後早くも大政翼賛会議会局について改組論が貴族院で強く出た。

この様に大政翼賛会は国民的政治力の結集ではあったが、発足して見ると実際には形式的なものとなり、設立の目的通り多少軍部や官僚の政治介入を圧え得たが、大きな効果は見られず、平沼内相はこれは公事結社であって、政治活動を目的とするものではないとの見方をしていたし、実際には政府に協力させる側面的精神活動に過ぎなかった。

二つの式典　昭和十五年十一月に二つの国家的式典が行われたが、これは何れも大政翼賛会が背景であった。その一つは十一月十日に行われた紀元二六〇〇年式典で、国民全体が皇国の輝かしい過去を顧み、今後の日本の発展にたいしての決意を新たにせんとするもので、当日は天皇の臨幸を仰ぎ近衛首相が主催して挙行された。会場である皇居前広場には貴族院議員全員が参列し、快晴の秋日和のもとに一同は日本の栄光を祝し合い、町での行事は四日間に及ぶ盛事であった。

第二は十一月二十九日の議会開設五〇周年記念式典で、貴族院本会議場に貴衆両院議員が参集して挙行され、議員一同はその職責の重大を更に深く心に銘した。

第四章　研究会戦時協力期（二）（昭和十六年～昭和十九年）

―大東亜戦争―

第一節　貴族院調査会の設置
―貴族院の共同政務調査機関―

議会と議会局　大政翼賛会に議会局が設置されたことについて、これが議会にかかわる構成であったから、非合法論がでた。衆議院は新体制に応えて政党を解消したが、これには不満が強かった。第七六議会の休会明けに、既述の通り貴族院では下村、赤池両勅選の質問につゞき、関屋、大河内輝耕らが政府の説明を求めたが、政府の説明にも明解を欠くものがあり、反論もなく大河内子は不満の意をもって政府に注意するに止まった。これには発言についての制約があったからで、本会議ではこの程度で終ったが議会との関係には多くの疑問が残った。

調査機関設置準備　第七六議会の閉会後貴族院の各派は、大政翼賛会の下での議会の在り方につき反省し、議会は自粛の名のもとに重要案件の成立を計ることは議会を軽視したことになるのではないか、又大政翼賛会の審査部は組織したが、議会にそれが何等反映せず成果が認められなかった。一方時局の情況は不安の一途をたどり、議員はこの間に何をなすべきかを考えた。そこに見い出されたものは、議会での討議を重ねることは時局に鑑みて好ましくないことは理解できるから、政府への真の協力は議会開会前に重要案件に関して調査研究を行い難局を乗り切るため政府に協力することにあるとし、この実現を計るため昭和十六年五月一日研究会事務所で非公式各派交渉会を開いた。（非公式とは貴族院議長の招集でなかったため）研究会からは伯爵児玉秀雄、伯爵酒井忠正、子爵八条隆正、子爵岡部長景が出席した。研究会が中心となって呼びかけ、この会合に新しい貴族院共同の政務調査機関設置の必要を提案し、議会以外における活動を求めた。各派もこれを了承し調査機関設置を決めた。

準備委員として研究一〇、火曜三、公正五、同和三、同成三、交友三、無所三、計三〇名が集り企画し、院内で創立総会を開いた（六月十三日）。この時には正副議長も出席したから貴族院の総意となった。一方衆議院でもこれにおくれること一か月にして、政務調査会を発足させたから、大政翼賛会議会局の改組の形となった。調査会はその目的の要旨として

「時局極めて重大の折柄、貴族院は国政百般について調査研究を行い、議会政治の真価を発揮するため、調査会を設置し国政の遂行に協力する」

とし、大政翼賛会には直接触れてはいないが「大政翼賛の実践を昂揚する」のだとし、衆議院とも連繋をとることを表明した。

調査会の発足　貴族院議員は全員が加入することとし、世話人は一一名とし各派から選任、調査部を六部に分け、各部にそれぞれ三名づつ計一八名の理事が決った。研究会からの世話人は伯爵酒井忠正、子爵八条隆正、勅選山岡万之助、多額滝川儀作の四名が選任された。

部別理事は次の通り。

第一部（内閣・大蔵関係）　子爵裏松友光（研）　男爵矢吹省三（公）　勅選下条康麿（同和）
第二部（外務・拓務関係）　子爵織田信恒（研）　男爵松田正之（公）　勅選太田耕造（無）
第三部（内務・司法・文部・厚生関係）　公爵岩倉具栄（火）　子爵西尾忠方（研）　勅選中川　望（同和）
第四部（陸軍・海軍関係）　子爵伊東二郎丸（研）　多額結城安次（研）　勅選赤池　濃（同和）
第五部（農林・商工関係）　公爵桂広太郎（火）　伯爵黒木三次（研）　勅選内田重成（交友）
第六部（逓信・鉄道関係）　男爵飯田精太郎（公）　勅選田口弼一（研）　多額下出民義（交友）

この調査会の設置により今まで問題となっていた大政翼賛会議会局との権能侵犯の件は解決したばかりでなく、翼賛会が政府へ申入れていた諸発言の統制問題も解消し、首相が当初説明していた「大政翼賛会議会局は上意下達、下

意上達の議会への補充作用で決して議会の権限を犯すものではない」ということが現実に示され、逆に見ればこの調査会は議会局が議会の権限を犯す恐れにたいする牽制の役割を持った。

調査会の業績についての記録は少なく、同年十一月までは部会を開いているが詳かでない。翌十六年七月に第三次近衛内閣となり貴族院事務局の官制改正があり、事務局に調査部が新設され（十七年三月）、従来の議員の世話人会によって運営されていたのをこの調査部が扱うこととなり、経費も事務局予算に計上され、それから活動が活発となった。（以下第五章）

第二節　第三次近衛内閣

一、大政翼賛会改組

大政翼賛会にたいしての憲法との関係は依然疑問が解けず、第七六議会の休会明けの（昭和十六年一月）議会で非合法論が出た。議会の権能を無視するとの追及にたいし、首相は大政翼賛会は政治結社ではなく、従って議会の権限を犯すものではなく、議会の行う行為を補う機関であると説明した。この説明に軍部は不満を示したため、近衛首相は苦しい立場に追い込まれた。この問題で研究会はしばしば協議を行い、国策について政府と対立することは避け、大勢に順応する方針をとり、政府を追及することを止め、近衛公を支持する態度をとった。

しかし大政翼賛会は周囲の情勢から改組に踏み切らざるを得なくなり、中心であった伯爵有馬頼寧ら幹部の退陣となり、新たに研究会の勅選石渡荘太郎を事務総長に、副総裁には陸軍中将柳川平助を任命した。その結果最初からの中心となって動いていた風見章らの革新派の計画は挫折した。

貴族院はこれにより大政翼賛会の性格は成立の時に比してかなり後退して、軍部が表面に出て来たとし、議会重視が再びはっきりしたことから、近衛公が意図した最初の大政翼賛会の趣旨を生かし、一層内容の充実を計り会派とは別に団体の結成を協議した。衆議院も同様の考えを示し、共に実現を計ることとなった（七月二十一日）。これには研究会は消極的で、既に会は団体として纏まり今さらに別に団体を設けることには賛成できなかったが常務委員会は強いて反対する態度はとらず、各派の交渉を受けながら推移を見守った。先ず新しい団体結成に賛成したのは公正会で、続いて同成会、同和会、火曜会がそれぞれ会合してこの問題を協議、八月十一日に華族会館にて貴衆両院有志懇談会を開いた。貴族院側からは伯爵酒井忠正ら一五名が、衆議院側からは前田米蔵ら一一名が出席した。この会合で衆議院側は新しい交渉団体を結成することに賛成で促進を希望したが、貴族院側はこの種の団体は純然たる社交団体に過ぎないので、政治性がないから、政治上の交渉団体とはなり得ないとして賛成せず、遂に結成は実現しなかった。しかし衆議院は貴族院と関係なく単独で議員倶楽部を結成した。

その後も大政翼賛会の性格には多分に疑問が残っていて、第七九議会（東条内閣）で衆議院予算委員会でも質疑応答が行われている。その時の東条首相の答弁では、治安警察法第三条で示している公事結社で、治安警察法第一条の政事に関する結社には属さないと明言し、この趣旨によって指導しているとの答弁があった。これにより大政翼賛会は政治活動が封じられた形となった。

二、近衛内閣改造（第三次近衛内閣成立）

近衛内閣は国内では大政翼賛会の最初の目標が挫折し、対外問題では松岡洋右の失敗が起った。松岡外相は独自の信念によって訪独の帰途日ソ中立条約の締結（昭和十六年四月三十日）を行った。同年六月二十二日には独ソ開戦が起り、アメリカの反発があり、日本はアメリカの不信を深めることとなった。近衛首相はこれを重く見て外相の更迭か総辞職しか打開の途はなく、結局総辞職した（十六年七月十八日）。後継首班については、この様な経緯から重臣会議は再び近衛公を奏請したから、実際には改造による第三次近衛内閣で、新内閣は憲政性を失ったから一層戦時体制内閣の様相となった。外務大臣には海軍大将豊田貞三郎が就任し、大蔵大臣には研究会の勅選小倉正恒が任命された。近衛首相は先ず日米間の国際関係の解決を最大の目標とし、自らすすんでその衝にあたり努力した。アメリカは既に日独伊三国同盟（昭和十五年九月二七日）が締結されたことに日本にたいし反発していた。中国との和平実現についてアメリカは日本に全面撤兵の条件を出していたが、軍部は強く反対し、逆に対米開戦論を打ち出した。

三、第三次近衛内閣総辞職

第三次近衛内閣の成立に際し、対米国交調整交渉を最大の目標とし、和平実現への途を求めた近衛首相も、次第に軍部の対米開戦論に押され、これを抑えることができず、内閣の使命である日米交渉は政府の基本方策から外れて行き、十月十二日の五相会議では陸軍（東条陸相発言）はアメリカの提案する中国よりの撤兵を否定したため首相の使命は断れ、海軍（及川海相）は対米開戦には不満であったから同月一六日に閣内不統一を理由に総辞職となってしまった。一方軍は対米英開戦の準備を完了していた。

軍部は最初近衛公の内閣組織に際し、大きな期待をもって支持する態度であった。中国問題では、先代近衛篤麿公以来示された認識を充分に持ち、側近には中国問題の権威が少くなかった。その公の経倫を支持し軍の希望を達しようとしたが、次第に公に満足できず、軍部の専断が起り、遂に東条陸相と対立となったのである。又外交上でも公の意図に反した松岡外相の行為など、組閣当初には考えられない事であった。

その原因は何であったのか。公の年齢の若さによる弱さとする見方もあるが、根本には公個人ではなく、伝統に見られる公家としての素質が結果として禍となったといえる。公の頭脳的の優秀さと判断力、抱擁力は、過去数千年に及ぶ公家文化を育成保持した我が国の最高の文化の中に培われていた。人から尊敬され、実際それだけのものを身につけていながら、信念に生き、最後まで断行する力は弱かったとする貴族気質の弱き一面が認められる。それ故この難局に対処する役割としては、近衛公にこれ以上を望むことはできない。

第一次近衛内閣の成立に際し、陸軍は近衛公の希望する条件を諒承し、支持し約束していた。しかるに事変は次第に拡大し、仏印進駐によって対米関係を悪化させてしまった。これらはいずれも中央と出先、陸軍部内の統帥権の対立、陸軍と海軍の相容れない意図などからであるから、内閣総辞職の原因はこれらによって起り、最後は対米交渉の行き詰りであって、直接には東条陸相の責任であり軍全体の責任である。この行き過ぎをどう抑制するか、又軍部の対立、反目の解決が先決問題であった。

第三節　大東亜戦争と戦時議会

一、東条内閣の成立

近衛内閣の総辞職により、宮中にて後継首班奏請のための重臣会議が開かれた。前節に述べた様に九月六日の御前会議での東条陸相の発言があったから、会議は論議が出ていたが、侯爵木戸幸一内大臣が中心となり、その責任者であるとして陸軍大将東条英機を奏請と決まった。陸軍内部の北守と南進などの対立や、海軍の開戦反対論などの起っていた時であるので、軍を抑制し得る実力者として東条大将に期待し、これが和平への最短距離との判断によったのであった。組閣の勅命を拝し、一日で組閣を完了、十六年十月十八日に成立したが、東条らは対米英開戦論派であったから、和平とは逆な軍部内閣の性格を持った。

首相・内相・陸相	陸軍大将	東条英機
外相・拓相		東郷茂徳
海相	海軍大将	島田繁太郎
法相		岩村通世
文相		橋田邦彦
商相		岸　信介
農相		井野碩哉

逓相・鉄相　海軍中将　寺島　健
国務相　陸軍中将　鈴木貞一
内閣書記官長　星野直樹
法制局長官　森山鋭一

東条内閣の成立した当初は、議会には二つの期待があった。今までの各政府は軍事行動と和平工作とが交叉した時局処理であって、どちらにも不徹底で、軍事行動はたゞ戦線が拡大するばかりで、和平工作にも軍事活動が介入して、武力解決の手段となり、外交や民間の和平工作は軍部の妨害を受ける形となったが、今回は軍部内閣としての責任によっての和平行動となると見た。これにより今までの不統一の軍政が首相が全責任を負っての行為であるから、軍の統帥問題も、和平工作にも可能との見方が出て、木戸内大臣の東条英機大将を奏請を決意したのもここにあったし、早期解決への期待であった。

二、第七十七臨時議会

昭和十六年十一月十五日召集され、翌十六日から一週間を会期として開かれた。議会は戦局の悪化への不安も大きかったが、東条内閣に大きな期待もよせた。この議会では三八億円の臨時追加予算案と、六二〇〇万円の大増税措置法案の成立を計った。開会劈頭東条首相は施政演説の中ではっきり敵性行為として軍事行動の脅威を説き、日本が経済封鎖へと追い込まれている現状の排除と、欧州の戦禍がアジアに波及することを防止しなければならないことと、第三には国民生活の安定確保を計ることとの三大目標を述べた。次に東郷茂徳外相は米国の動きを重視し決意を表明するなど、政府の態度方針がはっきりしていた。しかしこの両相の演説につき議員は二つのものを受けた。一つは危険と受け留め極力戦争回避の手段をとるべきとするもの、他は戦争によって日本の安泰を確保できるとする考え方とがあった。今にして想えば、この時は既に御前会議（十一月五日）で国策遂行要領案が議せられ、対米最後案が決っていたから、錯覚を覚える雰囲気であった。

三、第七十八臨時議会

対米英開戦　十二月八日午前一一時四五分対米英宣戦の詔書の公布があり、遂に第二次世界大戦はアジアにも及び、日本は大東亜戦争に突入した。政府は対米国交調整の努力を続けていたが、十一月五日の御前会議で若し交渉が整わない場合は武力行使に出ることを決め、和平のための国交調整は実現不可能との見込をもって開戦の準備を行っていたから、日本の開戦行動は予定通りの行為といわざるを得ない。しかしこの対米英開戦は陸軍の一致した考えではなかった。陸軍には早くから皇道派と統制派が対立していた。皇道派は対ソ問題を重視しその準備の必要を唱える一方、親米態度を示していた。それは共産主義を排して日本を擁護せんとするものであるに対し、統制派はアジア主義の立場から対米英を追放せんとする考えであった。その中心の一人に東条があった。

第七十八議会　対米英との開戦となるや政府は第七八臨時議会を開いた。会期は十二月十六、七、八の三日間で、十六、七の両日の議会は二八億にのぼる臨時軍事費関係の予算追加案を成立させた。一ヵ月前に八三億円の臨時軍事費を成立させたばかりであって、議会はその財政上の負担の責任は重大であった。十六日に貴族院は公爵島津忠重外七名の提出による軍にたいする感謝決議案を全会一致をもって可決した。

陸海軍ニ対スル感謝決議案

「帝国ガ米英両国ト戦端ヲ開クヤ我カ陸海軍ハ緊密ナル連絡ヲ保チ神速果敢敵軍ヲ急襲シテ其ノ艦隊ノ精鋭ト航空兵力ノ大半トヲ撃滅シ到ル処其ノ要衝ヲ占拠ス　忠勇壮烈善戦善謀洵ニ景仰ニ任フルナシ　貴族院ハ茲ニ帝国陸海軍ノ偉功ヲ頌シ　倍々其ノ威力ヲ発揚シ以テ大東亜戦争ノ目的達成ヲ速ニセムコトヲ望ム

尚ホ今次作戦ニ於ケル名誉アル戦没将兵諸士ニ対シ深甚ナル哀悼ノ意ヲ表ス」

この決議案につき議長は出席議員に起立による賛否を問うや、全員起立し全会一致で議決したが、その一瞬は水を打った様な静けさとなり議員の面々には真剣に責任の重大を更めて心に銘するとともに、一方には将兵への感謝と武運長久と大東亜の幸せを祈る気持が溢れ出ていた。

つゞいて戦争遂行上の妨害となるものを排除し挙国一致の実を挙げんとする趣旨により、それに関する法律案を成立させた。会期二日間で成立した新法案は次の五件であった。

一、敵産管理法案
二、戦争保険臨時措置法案
三、戦時犯罪処罰の特例に関する法律案
四、言論、出版、集会、結社等臨時取締法案
五、昭和十二年法律第八四号中改正法律案

この他に予算追加案が可決した。

議会は国家予算の協賛と法案の立法、成立が本務であるが、開戦が実際となったこの時もう一つの責任が在った。開戦につき海軍は消極的で、先ず三国同盟の調印したことに反対であった。同盟の締結は必ず親米関係が崩れると見ていた。しかし結局海軍も了承している。これは陸海軍の正面対立は国策上避けるべきであるとして海軍が妥協したからであった。第二は陸軍部内の対立で、皇道派は荒木、真崎、山下、柳川らによる対ソ戦防衛の準備の必要を主張し、太平洋戦には反対であった。統制派は中国（蒋介石）打倒で、更に仏印進駐を断行し米英との対決に出ている。東条、杉山、永田らはその主流であった。しかも次第に議会を軽視し戦争遂行一本で終戦を考える者はなくなっていった。

議会の責任はこの問題解決を自覚しなければならなかった。陸海軍の協力、陸軍部内の対立の解消のため調停する

役割があり、開戦は同時に終戦を予期することであった。しかるに実際は軍に引きずり廻わされるだけであったし、皇道派と統制派の実体の認識も欠いていた。皇道派は共産主義の排撃を目標にしていたが、二・二六事件の主体であったことから政界が忌避し理解しようとはしなくなっていた。これは何れも戦争遂行の軌道に外れていた現況であった。

四、児玉伯の質問演説

第七九通常議会は昭和十六年十二月二十四日召集、十二月二十六日より昭和十七年三月二十六日に至る会期で、前議会終了後僅かに六日後であった。前回に比し更に一層戦時議会の様相が見られれ。本会議における質問者も研究会の伯爵児玉秀雄唯一人であった。一人しか発言者がなかったのではなく、政府も議員も戦時下なるが故に慎重に検討した結果の代表質問であった。それ故伯の質問は、政府の国民への所信披瀝の機会を与えたことになる。

児玉伯は先ず、今次の大戦の目的は大東亜共栄圏の確立にあるとしているが、その正道は次の様に考えるが政府の所見如何と質問した。伯は長い関東長官の経験をもとに、外地行政についての卓越した意見の披瀝であったから、研究会の代表質問というよりも、貴族院の全体が持つ内容でもあった。その要旨は八項目に渉り。

一、民心収攬が肝要で、そのためみだりに軍事の干渉をさせてはならない。

二、南方諸国が日本の開戦を理解し、積極的に参加することを望む。

三、既に設立された南京政府、満洲国との間に特に親善の途を計ること。

四、南洋の経営については資本主義的経営は避けること。

五、軍票が発行されるであろうが現地の通貨との関係に注意し、その安定を計り、そのためには植民地金融機関の設立が必要である。

六、南方民族は米食民であるからして、その不足をきたさぬこと。
七、南洋諸地域は広い海洋によって結ばれているため、海上交通の整備が必要である。
八、共栄圏確立のためには、新時代に即した人材を養成する必要がある。

等で、これらの方針をもって臨むが、それには新秩序建設のために、この際最高処理機関を設置する必要があると結んだ。首相はこれにたいし一項づつ所信を述べ、遺憾なきを期するとの答弁があった。この両者の態度から見ると、政府を攻撃する内容はなく、質疑でもなく伯の外地行政についての所信を述べ、大東亜共栄圏の確立には早く最高行政機関を設置する必要のあることを要望したものであった。政府は伯への答弁というよりも、東条首相としての東南アジア統治方法を披瀝する機会を作ったといえる。

貴族院の本会議での質問の場合は、原則として予かじめ質問の要旨を事務局に通告することになっている。担当の政府委員（或は秘書官）がその内容をメモし、場合によっては更に質問通告議員に質す場合もある。それにもとづいて答弁原稿を作成し準備する。児玉伯の場合も、充分その準備があり、首相自身も答弁内容を検討していると考えられるから、この場合の首相の所信表明を兼ねた答弁は政府の基本方針と認められる。政府は議会を通じて国民に約束したことになる。

この児玉伯の要望事項は政府によって実現へと努力が続けられたが、結局戦局の悪化によって崩れてしまった。ここに軍部の見透しの齟齬がはっきりし、議会での首相の発言の訂正を要する事態であったにも拘らず、軍部は研究会にたいし逆に強圧な態度を示し、議会を軍の配下に置かんとした。研究会はこの不当を軍部に質したが、議会は時局の推移に押され無批判を強いられていた。

第七九議会では予算案、法律案ともに直接戦争遂行のためのものに限られ、臨時軍事費の予算追加案は一八〇億円、法律案では戦時民事特別法、戦時刑事特別法、戦時災害保護法、戦時災害国税減免法の他、日本銀行法、南方開発金庫法案、国民医療法案、食糧管理法案など緊急なもので、新規法律は二一件、改正法律は五六件、特例三件、計八〇件に達した。しかも貴族院は二月十二日の本会議をもって案件の処理を全部終り、会期は尚三週間を余していた。議会は政府の要望に協力して、議員は政府を信頼し、戦争の完遂に支障なき様にと願うものがこの結果を生んだのである。政府はこの信頼に全面責任を持って、国政の処理の誤まりなきを期さねばならないのは当然であった。

児玉伯の質問は東条首相にその決意を求めたことにもなるし、研究会として軍部の態度に無抵抗の抵抗を行ったものともいえる。少くとも会内には戦局への不安を児玉伯に託したものであった。

五、第八十一議会……田中館愛橘博士の質疑

昭和十七年十二月二十四日召集の第八一議会では、益々拡がっていく戦域とそれにともなって軍事費は膨張し、四四一億六三〇〇万円の協賛を求められた。不安な前途を憂えた中で行われた学士院議員田中館博士の質疑は大なる警鐘であった。田中館は、大正十四年当選、学士院議員の質疑は貴族院では最多の回数になる。既に第五一議会（大正十四年十二月二十五日召集）にはじまり今回（第八一議会）までに一五回を数え、しかも毎回長時間の質疑で或る時は三時間に及んでいる。しかもその論旨は国語、国字の簡易化に尽されるローマ字論で、今回も亦それを取り上げていたが、今までにない戦争兵器の威力を説いたから議会は傾聴した。日く

「先ず軍費は縮少し、戦争を抑えなければならないが、軍艦のトン数や軍備予算の額を論じている時ではない。自然力を利用することが今後の課題である。今世紀の初めに〈ラヂウム〉が発見された。これは不断にエネルギーを放射し（田中館は放散といった）数万年も続いている。これを一時に出せる工夫ができたら、僅か一グラムの〈ラジウム〉で英国の全艦隊を英国で最も高いベンネービスの山頂に吊り上げることができる。そしてこの一三〇〇米の高さから一気に落せば全艦隊は全滅する。この様な爆薬を造ればもう今の様な戦争はできなくなる。一グラムはマッチ箱一個位である。その研究のための研究費や学者の養成が急務である」

とこの様な趣旨を述べた（昭和十八年二月十六日）。マッチ箱云々は筆者には記憶があるが速記録にはない。今日の原子爆弾のことで、博士はその威力を知っていたから、これが造られたらもう今までの様な戦争はできないとの意見を披瀝したのである。

第四節　翼賛政治体制

一、翼賛選挙

東条首相は議会にたいし、近衛公の新体制は失敗とし、立憲政治体制は崩すことはできないことを知り、議会を臨戦体制に切り換え、施策の円滑化を計る必要を認めた。この構想を実現するため、貴衆両院、大政翼賛会、各界代表による翼賛政治体制協議会を発足（昭和十七年二月二十四日）させて、これを衆議院議員選挙母体（政治結社）となし、次期衆議院議員選挙の準備にはいった。会長には陸軍大将阿部信行が就任、研究会からは委員に子爵大河内正敏、伯爵酒井忠正、伯爵児玉秀雄と伍堂卓雄、小倉正恒、藤原銀次郎、結城豊太郎、遠藤柳作、横山助成、下村宏の七勅選議員の計一〇名が任命された。

衆議院は直ちにこれは政府による統制の手段ではないかとの疑問を持った。貴族院では子爵大河内輝耕（研究会）が質問し、首相から政府の選挙干渉にはならないとの言質をとっている。正規の総選挙は既に一ヵ年延期していたから来る四月三十日に総選挙と決まり、協議会は議員推薦候補者の詮衡にはいり、四月六日発表、その数は四六六名に達した。これらの者は何れも軍並びに時局に協力する人物とされ、軍に対し批判的な者は除かれた。大政翼賛会は国民運動展開の原動力となり、協議会とは両輪となって衆議院議員を選ぶ体制にはいった。選挙の結果は推薦候補者の当選は三八一名に及び、非推薦候補者の当選は八五名に過ぎなかった。これが所謂推薦選挙と称するもので、軍事活動を支持する官選議員に等しいものであった。この様に軍事協力を背景とする衆議院が生れた。太平洋における緒戦で日本海軍が成功したことによる満足と、戦勝に酔い軍を無批判に支持した結果であった。この選挙により東条首相の挙国一致体制は前進し、協議会は目的を達成したのでこの選挙後解散した。

二、翼賛政治会の結成

東条内閣は予期の通り衆議院の総選挙の結果は絶対多数の政府支持者を得た。この翼賛政治体制協議会推薦による衆議院議員はこの政治体制に呼応して翼賛政治会（略して翼政会という）を結成、これに貴族院議員を参加させて政治結社とし、一国一党の立憲政体に等しいものを計画した。

五月七日貴衆両院議員を首相官邸に招き準備会を開き〈国内政治力の挙国的結集に関して創意と尽力とを要請〉する声明を出した。これは立憲政治の後退であり、軍政への更に前進したものであったから、極めて危険なことといわねばならない。しかし戦争遂行とその最終目的のためには全面協力をしなければならなかった。

研究会は先ず今回の準備会に出席した子爵大河内正敏と勅選横山助成が五月八日華族会館にて報告をなし、各派の出方を見守った。研究会の常務委員会は、参加の場合は会としてではなく、個人加盟の形をとることを決めた。これは従来の会派の存在を認めるとともに翼賛政治会を否定するものではないとの見解によるのであった。公正会と同和会も協議の結果参加する方針を決めたが、同成会は各自の随意であるとの態度であった。

創立総会は昭和十七年五月二十日に大東亜会館（今の東京会館）において開催、当日は各界より代表九〇〇名が参会、総裁には陸軍大将阿部信行が推挙され、事務局長は永野護で新しい政治結社として発足した。

阿部総裁は当日翼政会について

「翼賛議会の要は清新なる政治力を以て、派閥抗争を一掃し、一地方一職域の利害に拘らず、真に国家的見地に立ち、公議公論の府として政府と協力するにあり、議会翼賛の大道、亦実に茲に存す。本会は国民各界に亘り政治翼賛の総力を凝集し、以て国政の運行に協力せんとす。而して翼賛政治体制の確立は、挙国的国民運動の基礎の上に上らざるべからず。因って本会は大政翼賛会と緊密なる連繫を保ち、相俱に大政翼賛運動の徹底を期せんとす」

と宣言、翼政会の態度を明らかにし、その目的は綱領に

一、国体の本義に基き、挙国的政治力を結集し、以て大東亜戦争完遂に邁進せんことを期す。

二、憲法の各章に恪遵し、翼賛議会の確立を期す。

三、大政翼賛会と緊密なる連繫を保ち、相協力して、大政翼賛運動の徹底を期す。

四、大東亜共栄圏を確立して、世界新秩序の建設を期す。

との四項目を掲げ会の基本方針とした。これでは結果的には議会は独立した国政の審議、国策に従った立法の府とはいい難い、政府の国政にたいする一方的支持者に過ぎないのに、これを翼賛と表現し、議員にもこれを祖国への誠として受けとらせた。

しかし翼賛政治会は東条内閣によって公認された唯一の政治団体であったから、既に解消した衆議院の各政党議員は勿論、今まで解消に反対していた東方会も同交会も参加し、非推薦で当選した議員も加盟するにいたった。一方貴族院議員も全員参加することになったから、両院全議員の大同団結となりその数は一、〇三〇名に達した。これは議会政治体制ではあったが、若し東条首相が総裁に就任すれば独裁体制となってしまう。その一歩手前であった。

三、翼賛政治会と研究会

研究会は会員一五五名が全員翼賛政治会の創立発起人となった。研究会所属議員の役員及び委員は次の通り。

顧問　（第一次）勅・小倉正恒　（第二次）勅・結城豊太郎　勅・有田八郎勅　・藤原銀次郎

総務　子・岡部長景　伯・酒井忠正　勅・横山助成　勅・石渡荘太郎　勅・伍堂卓雄

会計監督　（第二次）伯・溝口直亮　勅・賀屋興宣　勅・下村　宏

評議員　勅・遠藤柳作

勅・井坂　孝　子・大河内正敏　勅・河原田稼吉　勅・下村　宏　子・曽我祐邦

子・高橋是賢　多・滝川儀作　子・八条隆正　伯・林博太郎　勅・広瀬久忠

勅・藤沼庄平　勅・藤原銀次郎　勅・堀切善次郎　子・松平康春　伯・溝口直亮

勅・山岡万之助　勅・結城豊太郎

事務局参与　子・宍戸功男　伯・橋本実斐　子・舟橋清賢　子・北条雋八　伯・柳沢保承

政務調査会理事　子・加藤泰通　伯・橋本実斐

各省別委員会委員長　勅・村瀬直養（内閣）

同副委員長　伯・堀田正恒（海軍）

各省別委員会幹事　子・柳沢光治（内閣1）　子・北小路三郎（内閣2）

子・仙石久英（外務）　子・安藤信昭（内務）　子・牧野康熙（大蔵）

子・松平親義（陸軍）　子・波多野二郎（海軍）　子・京極高修（司法）

子・松平乗統（文部）　子・本多忠晃（農林・拓務）　子・入江為常（商工）

多・栗林徳一（逓信）　子・秋田重孝（鉄道）　子・由利正通（文部）

大河内輝耕子の質問　この翼政会が発足して最初の議会（第八一議会　昭和十八年二月三日）で研究会の大河内輝耕子は、翼賛選挙につき疑問があるとして、政府に「十七年四月三十日に行われた衆議院議員の総選挙は、翼賛政治体制協議会が推薦した候補者を当選させるため、政府は国の財を費し、極めて有利に運んだが、その反面非推薦候補者は甚しい選挙干渉を受け、圧迫されたと聞いている。これは不都合なことではないか」と質した。これにたいし東条首相は「推薦者と自由立候補者とは区別してはいない。一部に不当の干渉や圧迫があったとしても、これは公正な司直の裁判の裁断によって疑念は一掃されつつあり、何等制限を加えたものではないことを確信している」と答弁している。当時戦争遂行の目的達成のためには、議員はこの国策を批判したり質疑を行うことは、研究会の方針として政府からの申出を諒承していたから、今回の大河内子の質問には非常な決意がなければできなかった。軍政に近い政情下で、東条首相にたいし、これだけの質疑をした同子の信念は驚異であった。同子は平素から議員として国政の勉強は政府も認めていた。表現は柔らかいが強さがあった。その調子は「……政府がそうではないとのお考えであればそれで結構です。事を荒ら立てようというのではありません。又政府を困らせる考えはありません。お答えがなくとも無理にとは申しません……」口調は丁寧で事実を確認しての質問であったから、東条首相も承り置くではすまされずこの様な答弁になったが、内容のない発言であった。

〔子爵　大河内輝耕〕おおこうち　きこう
議員在職　大正十三年四月〜昭和二十二年五月
研究会役員　協議員、政務審査部第三部副部長
旧上野国高崎藩主家　明治十七年七月授爵（子爵）
明治十三年十一月生　東京帝国大学法科大学卒　大蔵属、同書記官、同参事官、専売局主事、同理事、浅草専売局長、東京地方専売局長、行政調査部顧問、昭和三十年五月二日没（議会消滅後は除く）

四、内閣及び各省委員制度

翼賛政治会の結成後間もなく、六月十日に発表された。この制度は翼政会の企画によったもので、内閣及び各省に委員制を設け、戦時国政の能率化を計った。貴族院からは八〇名、衆議院からは二四四名、民間から学識経験者の専門家を委員に任命した。任期は一ヵ年としその人選は翼政会の常任総務が行った。この制度がどれだけ政務に貢献し

たか疑問ではあるが、議員と行政機関の協力体制は一層強化ができ、貴衆両院を平等に参加させたから、相互に時局問題について意見の交換の場となり、議員として内閣、各省の行政の内容にはかなり理解が得られ、議員の存在を軽視しない政府の方策としては成功であった。研究会から就任した委員は昭和十七年六月から十九年六月までに二期に及び、その間の研究会と政府と翼政会との連絡交渉には子爵岡部長景が当った。昭和十八年六月から第二期となり、貴族院から九五名、衆議院から二六〇名、各界から四九名が任命され、合計四〇四名で前期より三四名増員となった。昭和十九年六月で任期満了となりこの制度は廃止した。

一期、二期の研究会からの内閣及び各省委員は次の通り。

内閣委員　子・織田信恒　子・河瀬　真　伯・後藤一蔵　子・安藤信昭　子・保科正昭　子・稲葉正凱　子・宍戸功男　子・土岐　章　子・京極高鋭　子・大島陸太郎　子・富小路隆直　勅・松井春生　勅・松本　学

内務省委員　伯・橋本実斐　子・安藤信昭　子・由利正通　勅・松井春生

大蔵省委員　子・綾小路護　子・裏松友光　勅・黒崎定三

外務省委員　伯・二荒芳徳　子・保科正昭　子・織田信恒　子・伊東二郎丸

司法省委員　子・秋月種英　子・大岡忠綱

軍需省委員　伯・山本　清　伯・柳沢保承　子・入江為常　子・梅園篤彦

運輸通信（鉄道・逓信）省委員　子・松平忠寿　子・戸沢正己　伯・山本　清　子・錦小路頼孝　多・結城安次

商工省委員　子・梅園篤彦　子・松平康春　子・入江為常　子・高木正得　多・秋田三一

農商省委員　子・松平康春　子・北条雋八　子・西尾忠方　子・土岐　章　子・河瀬　真

農林省委員　子・西尾忠方　子・北条雋八

文部省委員　子・土岐　章　子・本多忠晃　子・舟橋清賢

厚生省委員　子・立花種忠　子・三島通陽　子・富小路隆直
拓務省委員　子・水野勝邦　子・松平親義
大東亜省委員　子・宍戸功男　子・水野勝邦　子・池田政銀

内閣及び各省委員制は二期に及び昭和十九年六月末で廃止となり、これにかわる二つの委員制が制定された。一つは行政査察委員会で、各種の政策の緊急具現を図る目的で、庁政の実績を査察する任務を持ち、勅任官の待遇を受けた。貴族院からの就任は精かでない。公正会の男爵向山均が鈴木貞一行政査察使の随員に任命されている記録がある。

第二は参与委員制の公布（昭和十九年七月一旧）であり、重要庁務に参画させるもので、内閣及び各省（陸軍省、海軍省は除く）に置かれた。この制度は内閣及び各省委員制にかわる制度であった。任期は一ヵ年とし、内閣総理大臣、各省大臣の奏請によって任命される（設置官制第二条）。その後改正され行政査察委員に任命できることとなった。この参与委員に貴族院から任命された者についいては明らかでない。

第五節　大東亜建設と研究会

一、二つの機関

日本軍の南方戦線は拡大し、その地域が開発途上地域であったことから、将来の開発と統治問題を検討する機関が時を同じくして二つ発足した。一つは議員（主として研究会）によって提案し設立した。他の一つは政府により官制として制定されたからその発想は同じ方針ではあったが、主体は全く異なるものであった。

前者は昭和十七年一月院内で開かれた貴族院調査会で取り挙げられ設置が決った。名付けて貴族院大東亜調査委員会とし、その目標は南方地域の建設の準備として、議会における諸法案の審議に役立たせることとし、当面の諸問題に関し、総合調査をすることになったもので、軍政下の行政を文治による政治体制へと移す準備であった。この委員会の設立を提案したのは研究会で、委員会の構成は大きく、委員会を三分科に分け、政治、経済、文化とし、委員数は一二〇名以内で、各派割当は研究会五〇、公正会二一、火曜会一四、同和会一〇、同成会八、交友倶楽部九、無所属倶楽部八であった。委員長には研究会の伯爵酒井忠正が選任された。この委員会に関する記録は（名簿は存在するが）所見できないのでこれ以上は分らない。

第二の機関は大東亜建設審議会で、これは政府において企画され、大東亜建設の国策推進の機関で、昭和十七年二月二十一日に官制が公布され、第一回総会が首相官邸において開かれた。これは東条内閣の直属の審議機関であって、四部に分け第一部は政治一般、第二部は教育、第三部人口、第四部経済となっている。大東亜建設に関する基礎条件と基本方針の決定を目標としている。その成果は具体的には示されてはいないが、大東亜地域における鉱工業及び電力建設の基本方針並びに金融財政及び交易の基本政策を答申している。この審議会を通じて南方司政官が活躍し、建設に邁進した。これらの国政推進は各方面の努力で充分成果が得られるべきであったが、実際には機構が複雑で、軍部との結合による統治体制となってしまい、少しでも多くの人材を集め、よりよい施策の実現を計ろうとしたため反対の結果を生み、組織化が生んだ施策の後退となった。しかも貴族院（主として研究会）の提案による議員独自の大東亜詢査委員会が発足した直後であったことからして、政府はこれと対抗して官制による大東亜建設審議会を発足させたと見られる。この審議会は新たに設置された大東亜省の所管に移されていることは東条内閣の失政といえよう。

二、大東亜省の設置

昭和十七年九月一日設置が決まり、同年十一月一日に官制が公布となり大東亜省が設置された。これにより拓務省、興亜院、対満事務局は吸収され廃止となり大東亜建設審議会の事務もこれに移管された。

大東亜省設置に真向から反対したのは外務省で、これがため東郷外相、西次官は辞任した。元来国外の行政は外務省に委ねるのが正論で、大東亜省の設置によって二つの対外所管省が出現したことになり、しかも片方は文人行政官が主体であるが、他方は軍部を背景とする外交機関ができたのである。軍政と外交は完全に分離していなければならない、戦争と和平は常に両輪でなければならない原則を崩してしまったから、日本は不幸に向って歩き始めたのである。初代大東亜大臣には勅選青木一男（研究会）が就任した。

三、東条内閣改造と岡部子の入閣

東条首相は国民と政治との結びつきの強化を計り、戦時体制を一層強固とするため文教に意を注いだ。昭和十八年四月二十八日文部大臣の更迭を行ったのもその一つである。橋田邦彦文相と首相とは閣内で意見の不一致を見たことにより、橋田文相を退け、後任に研究会の子爵岡部長景が任命された。岡部家は泉州岸和田藩主の家で、先代長職（ながもと）子も研究会の幹部の一人で、第二次桂内閣の司法大臣に就任していたから、父子二代の大名華族の大臣が実現したことになった。岡部子は東条首相とは学習院の同級生で在学当時の成績を見ると岡部子は優等で上位に在り、東条英機はそれよりはるかに下になっているが、互にその心境は語らずして相識る仲であった。貴族院議員に当選する以前は既に外務官僚を経て宮内省にはいり、式部次長、内大臣秘書官の経歴があり既に早くから大臣候補としてその名が出ていた。研究会に在っては人一倍強い信念の持ち主であった。戦時下の教育行政の責任は重かった。就任するや先ず青年の戦争への協力と、一朝にしては実を結ばない学問文化の問題を処理しなければならなかった。殊に科学の技術者は一朝にしては生れない、若者は戦争にも学問にも必要であるとする矛盾に直面した。六月二十五日に〈学徒戦時動員要綱〉を作成する一方で、〈教育に関する戦時非常措置方策〉を立案し（十月十二日）更に又〈科学研究の緊急整備方策要領〉を発表するなどによって、戦争への動員と科学のための学徒の確保に努力した。

大日本育英会は十九年二月十六日に公布となり同年四月十六日特殊法人として発足した。これは戦時下においても英才教育の必要を岡部文相が認めた結果である。その後〈決戦非常措置に基く学徒勤労動員に関する件〉が公布となり、これによって将来の学問を日本に残すための文教政策として献身的に尽力した。この努力が戦後において、日本再建の原動力となったことを見るとこの功績は大きかった。学徒を有事即応の態勢に置き、直接に国土防衛に臨ませて、その中で特技訓練の強化を計り、一方、女子学徒にも戦時救護の訓練を施している。十九年四月一七日の文相訓令はとくにその間の様子を伝えている。曰く

「行学ヲ一体トシ、文武ヲ一如トシテ、能ク皇国民ノ錬成ヲ効スハコレ我カ教学ノ本義ニシテ（中略）今次ノ学徒出動亦斉シク我カ教学精神ノ決戦下ニ於ケル、具体的顕現ニ他ナラス、宜シク実学ヲ重ンシ事上錬磨ヲ尚フ我カ国

風ノ精随ヲ味得シ、特実ナル勤労其ノ他ノ諸活動ニ於テ教育ノ終局的ナル意義ト効果ノ発揚セラルル所以ヲ体認スヘキナリ」

と述べている。岡部尚友倶楽部理事長は当時を述懐して「文部大臣として、戦争によって破壊されそうになった文教の府を守り抜いたことに今は満足している。今日まで存続している育英会についても文部省が英才教育の保護の必要から立案し、当時衆議院の教育議員連盟もその必要を認めたので法案が成立した。戦争中であるので、やや矛盾はあるが、東条君がいつもよく自分の話を聞いてくれたことにもよるのであったと思っている」と語っている。

しかし遂に十八年十二月一日第一回の多数の学徒兵入隊が行われ、世に学徒出陣と呼んでいる。前途ある文科系の学徒を戦場に送らねばならなかった文教の府の長たる岡部文相の心中は察するに余りがある。これに先きだち一月二十一日に壮行会が明治神宮競技場で行われた。その時の模様を、

「壮行会の朝、明治神宮の森は冷雨にけむり、競技場は数万の若人で埋まっているとは思えない静けさであるが、悲壮な興奮が流れている。中央の受礼台に東条首相、嶋田海相、岡部文相が立つ。午前九時二十分、陸軍戸山学校軍楽隊の観兵式行進曲とともに万雷の拍手がわく。（中略）東条首相がマイクに向う。「必勝の信念」と絶叫し、藤田東湖の正気の歌を引用して「ただいま諸君の前に立ち、親しくあいまみえて私は神州の正気粛然として、今ここに集結せられておるのを感ずるものであります」と期待をかけ決意をうながす。

岡部文相は「海ゆかむ山また空をゆかむとの、若人のかどでををしくもあるか」とはなむけの一首を贈る。入隊の学徒は「生ら今や見敵必殺の銃剣をさゝげ積年忍苦の精進研さんを挙げて、ことごとくこの光栄ある重任をささげ、挺身もって頑敵を撃滅せん。生らもとより生還を期せず……」と。東京音楽学校吹奏報国隊の海ゆかばのあと東条首相の発声で〝天皇陛下万歳〞がどよめき……と記している。（この百年久米康生）

岡部文相はこの他に文化事業上の功績は少なくない。戦争の推移により金属の回収が始まり、奈良東大寺の大仏も軍用のため鋳つぶすこととなったが文相は極力これに反対し日本文化の誇りを失なわない様努力し漸くその計画を取

り止めにさせている。戦後東大寺管長は深くこの処置につき感謝の意を述べている。

四、戦争の苛烈と研究会

昭和十八年五月に尚友倶楽部は定款の改正を行い理事一名を増員し、これに勅選議員が任命された。これは研究会に子爵議員六四名に対して、勅選議員は四七名に達したことによるのである。三月十八日に政府は内閣に顧問制を設置し、総理大臣の政務施行の枢機に参画させるもので、研究会からは子爵大河内正敏、勅選藤原銀次郎、勅選結城豊太郎の三名が任命された。

事務所移転　昭和十八年十一月一日に商工省を廃止し、新たに軍需省が開庁した。軍需省は会計検査院の一部を使用したが、その後拡張され、南隣の華族会館を使用したいとしたが、研究会事務所が道路を挟んで向い会っていて好都合であるので、分室として使用することを決め、明渡し（借り上げ）を求めて来た。その時の様子につき華族会館の松平康春元理事は

「戦争が次第にはげしくなって、軍需省の仕事も拡張され、庁舎が手狭となったため隣接の華族会館の使用を申込まれた。明け渡しの意味であった。当時自分は会館の理事として交渉にあたった。先方は遠藤三郎、大西の両中将で、当時の軍部を背景に強いことをいったが、自分はこれを断った。後に研究会事務所である尚友会館を提供することに話しが決った」と。

それから改めて軍需省航空兵器総局が使用したいと遠藤総務長官よりの申入れを受けたので研究会は黒木三次伯、二荒芳徳伯、伊東二郎丸子の三常務委員と大木喜福伯、北条馬八子の両幹事との会見となった。この時のことを伊東常務委員は「話が余りにも一方的であって、民意を軽視したもので、挙国一致などというが、こんな所にもミスがあるようだ」と語っている。協議の結果国策的立場を了承して急拠移転を決定した。研究会、尚友会、尚友倶楽部の三

団体の移転先は政府の斡旋により、麹町一番町一二番地の元商工大臣官邸が提供され移ることとなった。その間三日間しかなかった。大世帯の突然の移転であったから大へんな苦労があった。大木、北条両幹事も「全く予想もしなかったことであるばかりか、大世帯のことでもあり、しかも戦時下の寒い時で、えらい苦労をしました。全部の所持品は運び切れず、地下倉庫の一室に入れられるだけ詰めて、その他は手放してしまいました。今にして思うと会員に済まない気がします」と交々語った。後の事になるが、この移転先が戦災によって焼失してしまったために、この地下倉庫に残してあったものだけが貴重な研究会の資料となったのである。又現在の六号室に置かれている巨大な円卓はその当時常務委員室の会議用のもので、余りにも重く運搬も売却もできないでそのまま今日に至って再び尚友倶楽部が使用している。

移転先の新事務所について述べて見る。この建物は三井合名会社の元重役波多野承五郎が、英国より帰り、大正の初めに新築したもので、道路側は英国風二階建洋館で、床は寄木張り、食堂ホールがこれに接し、南へ下った処に日本庭園に臨んで日本家屋があった。敷地一〇〇〇坪、建物延二五〇坪あった。麹町の高台から南下りとなり人工造園ではあるが渓流もある優雅な、落着いた大邸宅であったが、事務所として又集会所としては不便であった。総会の時には出席者の半数の者は立っていて、柱によって遮られてしまう。又交通の便は悪く、当時は都電による他はなく、議会へは徒歩の方が早かった。しかし来てしまえば、趣味豊かな庭園を眺めていると戦争のはげしさは全く感じられなかった。この建物について嗣子の元之助氏は次の様に説明された。「所在地は上二番町一三番地であって、敷地は約一、〇〇〇坪、建物は延二五〇坪と記憶しています。父が明治末期に欧州から帰りまして、英国風の好みを生かして新築したものです。商工省へ移管したのは大正十三年か四年で、大臣の官邸として使用されました。その時四十五万円でお譲りしたと聞いています」と語られた。この建物への移転は寒空の下で行われ、幹事等は直接指揮しトラックに乗って往復し十二月二十二日に完了した。それから二十年五月の戦災で焼失するまで研究会事務所として使用した。都内の交通事情は次第に悪くなり、不便に耐えて集会が行われていた。十九年十一月二十五日に初めて大規模な空襲があり、B二九が八〇機も来襲した。この時には途上退避をしながら戦時服装で会議に出席した。会議中にも空襲警報が発令され、その都度会議を中断、解除を待って再開するなど戦争の深刻は次第に身近に迫った。

大平洋における戦況を見るに確かにハワイと、マレー沖海戦の緒戦の勝利は晴れやかであったし、その後十七年二月にシンガポールの完全攻略までは順調そのものであったが、それからは、無謀に戦線が延び、広大な地域に渉る戦略占領も支配も無理となった。六月のミッドウェイ海戦から戦況は悪化し、十八年二月には遂にガダルカナル島の退却にはじまり、ニューギュア作戦の敗退などの事実は、軍が示す楽観は許されなくなった。しかし、戦争の推移の判断は、軍の報道による他はなかったし、その内容は常に日本有利とされていた。後になってその説明を分析して見ると、アッツ島の敗戦が日本の前途に危険を警告した最初のものであった。議会人は戦況判断には無知ではなかったが、冷静な判断よりも、有利に判断したいのが人間の弱さであった。誰しも早期終結を念じないものはないが、議会人としては、国論の上から、その指導的立場にあっては、軍の方針に従うしかなかったし、政治も翼賛体制がとられていた。この様な経過にたいし、議会人はどう対処して行くべきか、国民の信頼を崩してはならず、又不安を与えてはならない。その中で正しさを求める苦しい立場であった。衆議院の一部には東条内閣に対抗して早期終結をとの論が出ていたが、その頃には貴族院では表面的には何んらその様なものは見られなかったが、個人的見解からの動きはあった。しかし外へは全く現われてはいないので、今は公的に知ることはできない。和平論にたいしての政府の言論統制は厳しいものであったから、決して政府に盲従はしないが、慎重な行動をとらざるを得なかった。

第五章　終戦期（昭和二十年〜二十一年）

―敗戦と研究会―

第一節　終戦時の研究会

一、最後の努力・和平への願い

東条首相は陸相を兼任し、軍需省が設立されるやその初代大臣をも兼任していたが、十九年二月二十一日には更に参謀総長杉山元を解任し、自らその職を兼務した。これによって内閣の戦局処理は強化されたと見られた反面、挙国的協力性は薄くなり、東条独裁の様相が強くなった。しかし戦局は益々不利となり、インパール作戦の失敗、サイパンにおける日本軍の全滅、マリアナ海戦の敗北など致命的打撃を受けた。国民生活の上にも多くの苦しい制約が及んで、月を追ってそれが生活面にはっきり出て来た。主なるものは

十九年一月　防空法による疎開命令・強制建物取壊がはじまる
　二月　軍事教育全面的強化発表・国民登録制の拡大
三月　空地利用の徹底・新聞夕刊の廃止・中学生の勤労動員決定
四月　旅行制限・歌舞伎座閉鎖
五月　金属強制供出回収発令
六月　学童集団疎開
七月　中央公論等に廃刊命令
八月　一億国民総武装・女子挺身勤労令発令

と挙げることができる。これらは何れも国民にたいし不安を与えることになり、それを抑えて戦争遂行の決意を固めようとしたが、限度があり、政府にたいし不信不満があらわれていた。

この頃貴族院では、重ねての臨時議会で軍事予算の成立のための協賛を行ったが、これは軍部の要請の通りのもので批判はできなかった。それは軍への信頼と協力による態度とはいい切れないものがあり、軍が必要とする経費の承認に過ぎず、議員の願う処は、戦争の終結と和平実現にあり、日本の前途が問題であった。毎議会で開会の劈頭に陸海軍将兵への感謝決議案が全会一致で可決され、続いて軍部が行う戦況報告には。全議員は真剣に耳を傾けた。しかし議会報告は公的なもので。対外関係を考慮に入れねばならないから、戦況の不利な報告はなかった。しかし不安は充分にその中からくみ取れた。その最初は陸軍部隊のアッツ島玉砕の報告であった。しかしこの時は全般の戦況には輝かしい戦果があったから不安は安心で充分おおっていて、むしろ大きな希望に結ばっていた。第二の不安はガダルカナル島退却の報告であった。議会はそれを不安として表明することはできないばかりか、対外的の表現として軍と同じ強気の態度で臨まなければならなかった。勿論会内では真剣に受け留めていて、議会ではしばしば秘密会が開かれ、その時には真相について可成り突っ込んだ質疑応答があった。記録が無いので日時は不詳であるが、予算総会における多額の中山太一（研究会）が東条首相にたいし、日本の将来についての質疑を行ったことは忘れられないもので、中山太一ははっきり日本は敗れると発言した。当時は〈敗れる〉の句は禁句であったのを、敢えて首相に向かって発言したその憂国の愛国心と決意は印象に残った。若しこれが議会外であったら、東条首相は恐らく同議員を売国奴として処分したであろう。しかしこの席では慎重に拝聴するとの答弁であった。又第八七臨時議会（二十年六月八日召集）における戦時緊急措置法案の特別委員会の秘密会は六月十二日午前一〇時半から約一時間に渉って開かれた。この席で男爵明石元長（公正会）は阿南陸相の本土決戦計画にたいし、「陸軍は敵兵を本土に上陸させて（本土上陸作戦）これを撃滅する（勝利をおさめる）との作戦と聞いたが、これでは真の勝利ではない。勝つということは敵地（ワシントン）で城下の誓をさせることが真の勝利と思うが如何」との質問を行った処、これには阿南陸相は答弁できなかった（坊城俊賢男談）。阿南陸相は杉山前陸相とは異なり、終戦を考えての本土決戦の作戦で、これによって少しでも日本に有利になる終戦条件を作ろうとの配慮があった様に思う。政府も議員も心中耐え難き責任感に打たれていたのである。議員は憲政の上から軍に協力はしたが、軍に任せて済ませる考えではなかった。如何にして和平を実現するかに在ったが、軍はその任務から戦争完遂にしか目標はなく、受け入れることができなかった。そこに議員のなすべき任務があったが、それを表顕することは遂にできなかった。

或る若手議員の和平運動　当時は和平は降伏することだとする思潮であって、勝ち抜くことしか云えなかったから、和平への動向はすべて地下であった。その一つに若手議員の中に、戦争の推移と日本の将来を憂えた少数の同志が集まり真剣に話し合った。個人的行動は誤解を生じるだけで、目的達成のためには組織を動かさねばならないとし、先ず貴族院で主導力を持っていた研究会の幹部に相談した。しかしその意見は、議会は戦争完遂の指導的立場にあるのだから、戦争終結への行動は議員としては触れられないとの返事であった。他の会派も大体同じ様な態度を示し、貴族院での団体としての行動は不可能で、実行困難となり憂慮と焦思に悩んだ。そこで有爵議員有志により、真に祖国のために立ち上らねばならないと決意を新たに、目的遂行へと邁進することとなった。その中心は男爵水谷川忠麿で、先ず同男を通して近衛公の支持を期待することであった。

和平の実現について話し合ったが、当時は反戦運動にたいし厳しい警戒があったから集会も極秘裏に開かねばならなかった。単なる反政府、反戦の活動と誤解されることを一番恐れたから、会合の場所も時刻も決めず、その都度電話連絡で参加する程の慎重さであった。集まる者は一定ではなく、限定もせず回を重ねた。討議の結果は、和平の第一段階は東条内閣の辞職を実現することに一致し、これを議会へどう反映させるか、その手段を討議した。そのうち東条内閣の辞職が実現したため自然解消となった。この会合に多く出席していたのは公爵島津忠承、公爵桂広太郎、侯爵中山親輔、子爵水野勝邦、男爵水谷川忠麿、男爵坊城俊賢、男爵島津忠彦、男爵村田保定らであった。

東条内閣の総辞職　戦況は益々不利となっていたが、東条内閣は内閣改造によって一層政府を強化する態度に出た。

嶋田海相にかえて海軍大将野村直邦を迎え、更に海軍大将米内光政にも入閣を要請したが、米内大将はこれを受けなかったばかりか、海軍の重鎮らは会合して東条批判を行い、宮中における重臣会議で東条首相に辞職の決断を迫ったため、遂に昭和十九年七月十八日総辞職した。昭和十六年十月十八日の成立以来二ヵ年五ヵ月に及ぶ長期の政権を担当したが、それは決して安定した政府ではなかった。大東亜戦争の開戦の責任者であり戦争は解決せず日を追って戦況は不利となっての退陣となってしまった。

二、人物東条英機

二年五ヵ月の間に東条首相は、参謀総長、外務、内務、陸軍、文部、商工、軍需、拓務の各大臣を兼任した時があったし、軍政と軍令及び行政の三面に渉る独裁的総理であった。且つその間の行動は決して終始一貫したものとはいえない。人物論からいえば、本来は一段と思慮が深く、頭脳の緻密なること、計画性に秀いで、誠実などちらかといえば堅実の事務的に万全を期しての行動派と見る。その特質からして全般の支持を一身に集める最高責任者ではなく、最高責任者を支持することにおける第一人者といえる。それが板垣陸相の時の陸軍次官時代に最もよくその優秀さを発揮し、記録の作成など定評があった。

首相に任命された時は、軍部内の統制が問題となっていて、その解決が望まれ、又国際情勢は全面戦争へ突入する危険に満ちていた。昭和六年の満洲事変の発生時から、今回の首相に就任する間、一度憲兵司令官に就任した期間はあったが、常に陸軍の中央に在って政治事情には熟達していたから、この重大問題を解決し得る人物として他に求めることはできなかった。しかし東条首相は以前から対米英開戦論派であったのだから、内閣が成立して間もなく大東亜戦争に突入したのは当然ではあるが、日本が中心となってアジアの繁栄の念願を荷ったその責任の重さが、次第に軍政独裁へと向うことになって、外交面での世界情勢の判断の資料や情報の受け入れる包容性も次第に薄らぎ、やがて排他独善へと変り、孤独へと自らを追い込んでいた。東条首相の信念の強さと責任の重大を背負っての結果であった。

この事は議会でも出ていた。議員は政府にたいし協力も忠告も批判も、審議の過程では自由に行える立場にありながら、東条首相はこれを好まず、議員も戦争完遂に、最後の勝利という大乗の目標に縛られていたから、発言は鈍かった。しばしば開かれた秘密会においても、軍は或る程度率直に説明は行ったが、協力の道は見い出せず、議員の発言はたとえそれが憂国論であっても、それを反軍論とする程になっていた。

子爵大島陸太郎（研究会）は東条首相とは陸軍の同期生で、陸軍政務次官に就任してから陸相を補佐しようとの信念は強かったが、「東条君はアメリカの情報など聞こうとはせず、自己の信念で押し切ろうとし、都合の悪い話には排他的になって歎かはしかった」と語っている。東条首相には戦争遂行のみで和平構想がなかった様で議員と和平のための提携はしようとしなかったといえる。

第二節　貴族院調査会の活動

調査会は既述の通り昭和十六年五月に各派が共同して発起し自主的に設立したが、戦域の拡大にともない戦争完遂に議会人として政府に協力し、各方面に渉る活動が展開された。十七年三月になり貴族院事務局に調査部が置かれ（部長は小林次郎貴族院書記官長）、貴族院調査部の事務を扱うことになったから、予算も計上され公的な機関となった。事務局は課を三課とし

第一課……内閣、農林、商工の所管事項
第二課……外務、拓務、内務、司法、文部、厚生の所管事項
第三課……陸軍、海軍、逓信、運輸の所管事項

となり、その活動は大きな期待があった。しかし十七年十一月になり事務局は近衛内閣の行政簡素化により、三課を一本化し調査課となし、第一課長の佐藤秀雄書記官が初代課長に就任した。構成は議員によって組織され、世話人一一名、理事一八名によって運営されることとなった。（昭和十九年六月二十七日記録による）

世話人…………侯　中御門経恭　伯　酒井忠正〇　子　八条隆正〇　男　岩倉道倶　男　東久世秀雄
　　　　　　　勅　関屋貞三郎〇　勅　岡喜七郎　勅　塚本清治　勅　倉知鉄吉　勅　滝　正雄
　　　　　　　多　結城安次〇
第一部理事……子　裏松友光〇　男　矢吹省三　勅　下条康麿
第二部理事……子　織田信恒〇　男　松田正之　勅　太田耕造

第三部理事……公　岩倉具栄　　子　西尾忠方○　　勅　中川　望
第四部理事……子　伊東二郎丸○　勅　出渕勝次　　勅　大塚惟情
第五部理事……侯　池田宣政　　伯　黒木三次○　　多　竹下豊次
第六部理事……男　久保田敬一　　勅　田沢義雄　　多　秋田三一○

（○印は研究会）

これら役員の顔振れからして貴族院全体の協力といえる。更に別に次の各種委員会を設けて戦争遂行のため政府に協力した。（カッコ内は委員長）

農村食料需給状況調査会
勤労対策委員会
大東亜調査会　（伯　酒井忠正）
木造船問題委員会　（勅　吉野信次）
食料事情調査会
中小企業整備委員会　（勅　小原　直）
配給食料対策委員会
学童疎開調査会
思想調査委員会　（勅　安井英二）
防空調査会
航空機増産対策委員会（男　安保清種）

これら貴族院調査会や各種委員会が設置された主たる理由は、戦時下なるが故に議会は挙国一致態勢からして自由な発言は制せられていて、軍部は戦事第一主義の建前から議会を無視する傾向があったことから、協賛の権限が縮少された観があり、その反発もあって、ここに議員は任務として調査活動や、事前審議によって、有効な結果を生むためにこの調査活動となったのである。議員の活動が始められると軍部は戦争遂行の原動力としての民間企業の充実に役立つことを認め、この種の委員会の活動に大いに期待する様になった。

衆議院でも同様各種の調査会が設けられたから、貴族院はこれと連絡を密にし、活動を続けた。既に当時貴衆両院議員による翼賛政治会が設置されていたが、両院は立場を異にし、衆議院は選挙区とのつながりが深く、それを無視できなかったが、貴族院はその問題は全くなく、安定した立場で、充分に活動ができ、この点でも二院制の意義ははっきり示され、衆議院ではなし得ない政府の施策への協力があった。当時の調査課長佐藤書記官は懐想して「貴族院は任期も立場も安定し、選挙区にたいする懸念はなかったから、充分に活動ができた。当時の各委員は実に熱心であって、空襲の危険がある時は議事堂の地下室において調査会を開く程で、又説明を求めた民間の人々には、非公開で個人的に迷惑はかけないと言明したから、喜んで出席し、ありのままの実情を説明していたから、真に裏の裏まで話がよく分かり、普通の委員会における調査とは違った意味のあるもので、真に国策協力の答申ができ、政府の施策に充分に反映させることができた」と語っている。

この調査会は終戦後まで存続し、占領下の議会制度の審議や憲法改正問題の検討にも活動した。（この事項は別章で述べる）

第三節　小磯内閣

一、小磯内閣の成立

東条内閣の後継として陸軍大将朝鮮総督小磯国昭と海軍大将米内光政に組閣の勅命があり、十九年七月二十日小磯内閣が成立した。成立後直ちに「大和一致の精神がこの内閣の根本である……」と声明したことから一般は大和一致内閣と呼んだ。陸海軍の大将に組閣の勅命があったことはその配慮であった。この内閣には研究会から伯爵児玉秀雄が国務大臣（後文部大臣となる）として、又勅選の石渡荘太郎（蔵相）、広瀬久忠（厚相）、藤原銀次郎（軍需相）の四名が入閣し、その他衆議院から大達茂雄（内相）、町田忠治（国務相）、島田俊雄（農商相）、前田米蔵（運輸相）ら政党人が就任し、戦時下であるから陸軍大将の首相は当然ではあったが、陸海軍と外務以外は貴衆両院議員が大臣に就任したことは今までの軍政色は一挙に後退した。内閣成立の翌日には政務官の任命があり貴族院から次の四名が就任した。

陸軍政務次官　子爵　大島陸太郎（研究会）
文部参与官　子爵　三島通陽（研究会）
司法参与官　伯爵　徳川宗敬（研究会）
外務政務次官　男爵　松田正之（公正会）

その後内閣の強化を計り、内閣顧問に研究会から四名が任命された。

勅選　有田八郎　　勅選　正力松太郎　　勅選　八田嘉明　　子爵　八条隆正

二、子爵大河内正敏の質問

昭和十九年九月六日第八五臨時議会の召集（七日開院式―九月十二日閉会）があって臨時軍事費予算追加案をはじめ、この予算に関係ある諸法案が上程、七日間の会期をもって追加予算二五〇億円を可決成立させた。戦時下の議会であったから問答無用とまで考えられ又求められていた中にあって、研究会の子爵大河内正敏は本会議において質問に立った。戦局の深刻に加えて、挙国一致の国政を求めている時に敢て登壇し、産業経済の在り方について政府の考えを質した。これは同子の情熱からの披瀝であったが、研究会の憂国の誠意を代表したものでもあった。その要旨は

一、政府のとっている政治は優柔不断であると問い詰め

二、産業工場の在り方が大工場主義をとっているため、戦時には極めて危険である。これにたいする対策はどうするか

三、日本は設計には優れたものを示しているが、量産技術は極めて不確実なものである。戦争への協力には量産が必要である

以上三点につき政府はどう考えているかと発言した。本会議場では議員一同は政府の出方を見守った。同子は研究会員中の屈指の、むしろ貴族院における産業技術の権威であった。これにたいし首相の答弁は、賛意を表し、これを警鐘として傾聴すると述べた。しかしこの時点では総て手おくれであった。この議会は短い期間ではあって、研究会は議事堂からかなり離れた麹町に事務所があり、連日ここで会議があり、又議会にも出席するので、当時交通状況は極めて悪くなっていたが、会員はこの不便に耐え、両所を日に何回も往復し、決戦体制のため、国政の安定のため努力を惜しまなかった。

〔子爵　大河内正敏〕おおこうじ　まさとし
議員在職　大正四年二月〜昭和五年七月、昭和十三年二月〜昭和二十一年四月（公職追放辞任）
研究会役員　評議員、常務委員、事務所建築資金募集委員
旧三河国吉田（豊橋）藩主家　明治一七年授爵（子爵）
明治十一年十二月生　東京帝国大学工科大学卒　工学博士　東京帝国大学工学部教授　海軍技師　行政査察使　宮内省宗秩寮審議官　国勢院、大蔵省為替局、技術院の各参与　内閣、軍需省各顧問　企画庁参与　理化学研究所長　昭和二十七年八月二十九日没（議会解消後は除く）

三、貴族院正副議長の離就

昭和十九年九月十三日に伯爵松平頼寿議長が逝去、その後任には公爵徳川圀順が決まり、副議長侯爵佐佐木行忠は任期内ではあったが辞任の申出が勅許になり、その後任には伯爵酒井忠正が勅任された。（同年十月二十一日）佐佐木侯が任期内に辞任したことについては次の様な事情があった。若しそのまま在職すると正副議長が火曜会所属議員になることが一部に疑義が出たためで、同侯の人物上の理由ではなかった。むしろ同侯は貴族院の近代化に積極的で将来を嘱望されていた。後任の酒井伯は既に翼賛政治会の重要な役割を果し、阿部内閣の農林大臣をつとめている研究会の代表的存在であった。火曜会以外から副議長を選出するとすれば当然研究会よりとなる。

四、空襲警戒下の開院式

十二月にはいるとB二九の東京空襲の回数も多くなっていた。同月二十六日に第八六議会の開院式の当日にも空襲

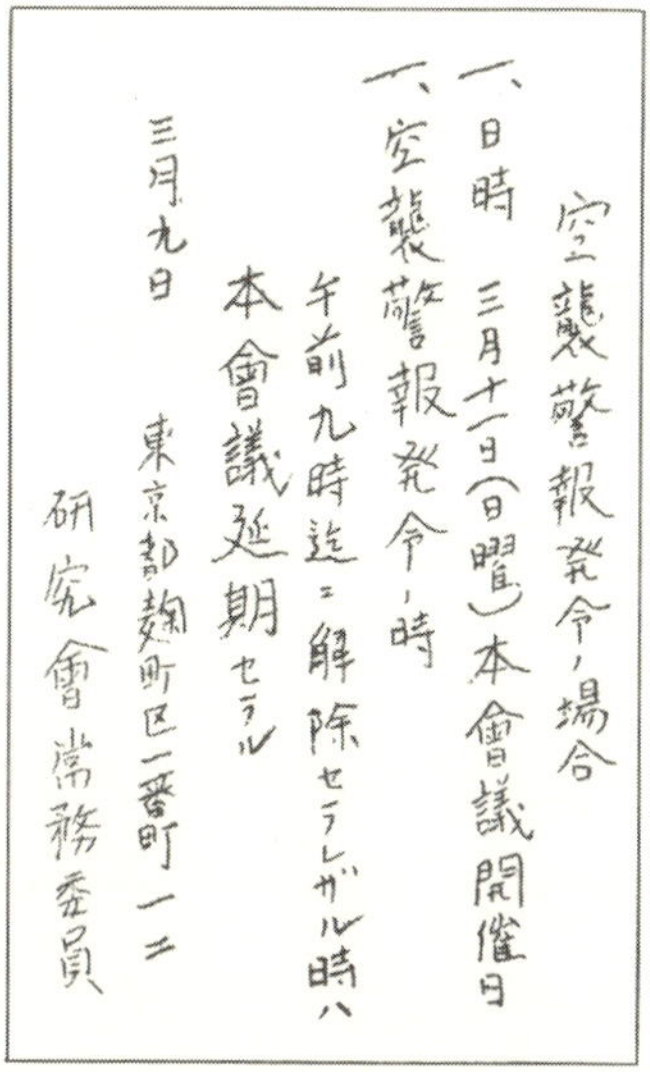

研究会よりの通知葉書

の不安は多分にあった。その中での開院式を挙行されることは全く未曽有の事で、この日は特に警戒のため日本の戦闘機は議事堂を中心に大空に爆音を轟かしていた。議員は正面玄関前の広場で爆音下に天皇をお迎えし、午前九時五十五分御到着になった。議員は急拠小走りで式場にはいり、貴族院本会議場にて開院の勅語を賜った。御還幸は十時十五分で一同再び玄関前に整列しお見送りを終えた。この間僅かに二〇分間ではあったが、議員一同は任務の重いことは勿論だが、無事に式を終えることの願いは深大で、御無事皇居へ御帰還の報を心から安心して聞いた。この日は幸にして空襲はなかったが、翌日は午前十一時三十分に空襲警報が出た。一日違いで幸であった。その後日本全土に渉り空襲が続き、二月十六、七両日は午前中に三回東京に空襲警報が出た。

五、大日本政治会の結成

最高戦争指導会議は昭和二十年一月十八日に本土決戦を決めたと発表があり、これを受け議会は今後の政治態度につき真剣に検討をはじめた。翼賛政治会のような高度の理念による政治はもはや許されなくなり、既に衆議院には翼賛政治会を脱会する者が出始めた。政府はこの様な動きに対処するため、翼賛政治会、大政翼賛会、翼賛壮年会などを解消し、新たに団体を結成して難局を乗り切ろうと計った。これについて貴族院では二月二十八日に貴族院調査会世話人と各派連絡委員（各派交渉会は十九年十二月十四日に廃止）との連合協議会を開き、新党結成の件を協議したが、貴族院側では賛否両論があり、大勢は不参加であった。中でも火曜会と研究会の勅選議員は新政治結社の創立世話人を出すことを拒絶した。

しかるに戦況は一層悪化し、日本各地の空襲による損害は次第に大きくなって、東京は六回大空襲を受け、殊に三月十日の空襲では死者二一、〇〇〇人、罹災者一、〇四五、三〇〇人を出したと大達内相は議会で報告、更に九州には延一、〇〇〇機の艦上機が、又名古屋には二〇〇機のB二九の来襲があり主要都市六七が焼失した。この様な混乱にたいし議会も団結する必要を認め、新党結成は進められ、貴族院も参加を決め、三月三十日大日本政治会の成立を見た。総裁には陸軍大将南次郎を迎え、総務には研究会から伯爵児玉秀雄、勅選下村宏、勅選正力松太郎が就任し、貴族院議員は全員加入する建前をとった。しかし政府への信頼は高まらず、戦局についての不安は消えず、殊に衆議院には政治上の挙国一致は薄らいでいた。

第四節　鈴木内閣

一、鈴木内閣の成立

決戦体制に臨む議会は整ったが、国民の生活は苦しくなり、戦争遂行への熱意もようやく限度に達して来た。対中国との和平交渉を促進させる一方、対米決戦へと専念する方針であったが、閣内に意見の対立が起った。ここで新しい強力内閣を求めることとなり、小磯内閣は何等遺すものなく在任八ヵ月余にして昭和二十年四月五日総辞職した。後継首班につき重臣会議は陸軍大将鈴木貫太郎を奏請し、四月七日に成立した。陸相には阿南惟幾大将、海相には米内光政大将が就任した。鈴木内閣の使命は重大で、既に天皇は（昭和二十年一月か二月）戦局の不利につき重臣を個々に召され戦争の収拾について御下問があった。御下問には平沼、広田、近衛、若槻、岡田、東条、牧野らで、東条以外は何れも収拾の必要を奏上したという。鈴木内閣はその結果の勅命である。鈴木貫太郎は軍人ではあるが天皇の側近として仕え、御親任は殊に厚かった上、国民の評判もよかった。理由を抜きにして。この内閣を〈終戦内閣〉と受けとめるようになった。

鈴木内閣には研究会の勅選下村宏が国務大臣として入閣した。

貴族院からの政務官は

文部政務次官　伯爵　橋本実斐（研究会）

外務政務次官　子爵　伊東二郎丸（研究会）

陸軍参与官　子爵　大岡忠綱（研究会）
海軍参与官　男爵　神山嘉瑞（公正会）
の四名が就任した。

二、戦時緊急措置法案（第八十七議会）

鈴木内閣は昭和二十年六月臨時議会を召集し、本土決戦にそなえて必要な法律案四件の成立を計った。その一つに戦時緊急措置法案が上程され論議をよび、貴族院で激しい論争となった。法案の主旨は非常事態に国政遂行上遺憾なきを期するために臨機の処置を講ずる必要が生じた場合、議会の手続を経て審議成立させることが不可能な場合には緊急措置がとれる様にしようとするための法案で、これによって議会は無視されることとなるとして、早くも衆議院では政府を攻撃し、一時は全く成立の見透しがたたない程になった。これに類する法案は昭和十二年召集の第七三議会に提出されている。〈国家総動員法〉という委任法で議会の権限について大きな問題となっている。今回の法案はそれを上まわる委任法である。政府は会期を延長し、成立に努力し、二日間の審議で六月十一日修正議決して貴族院に送付して来た。

この法案の第一条に

「大東亜戦争ニ際シ、国家ノ危急ヲ克服スルタメ、緊急ノ必要アルトキハ、政府ハ他ノ法令ノ規定ニカカワラズ、左ニ掲グル事項ニ関シ、応機ノ措置ヲ講ズルタメ、必要ナル命令ヲ発シ、マタハ処分ヲナスコトヲ得

一、軍需生産ノ維持オヨビ増急
二、食糧ソノ他生活必需物資ノ確保
三、運輸通信ノ維持オヨビ増強

四、防衛ノ強化オヨビ秩序ノ維持
五、税制ノ適正化
六、戦災ノ善後措置
七、ソノ他戦力ノ集中発揮ニ必要ナル事項ニシテ勅令ヲモッテ指定スルモノ」
とある。この特別委員会の委員は二五名で、研究会からは子爵岡部長景（委員長）の他、伯爵柳沢保恵、子爵井上匡四郎、子爵八条隆正、子爵渋沢敬三、勅選山岡万之助、勅選青木一男、勅選関屋貞三郎、多額米原章三、多額結城安次の一〇名が指名された。この他委員外発言者に子爵大河内輝耕がある。委員会は衆議院の場合よりも一層論議は激しかった。

その問題は（一）非常大権の発動はいかなる機構組織をもって行うのか　（二）憲法第二章の臣民の権利義務の全部が含まれるのか　（三）法規の手続を経ないで逮捕、監禁、審問をすることはないか　（四）この法律で勅令、法律が廃止となることはないか　（五）重要な措置とは何か　の五項目が質疑の主要点であったが、実際はこの法案の持つ性格に重大な疑義があった。それはこの法案は不要とする見方で、非常事態となった時、非常大権を発動することが憲法上からして最も適した措置で（憲法第三十一条）あるとする憲法論からの見方で、これによればこの措置法案は必要でないとするもので、天皇の御志によって措置がとれるとする（実際には可成り異ったものとなる）考え方である。即ち天皇による非常大権を奏請することが正しいとし、この措置法案によることは、大権を干犯することになり不適当とする論で、この法案を成立させることは、政府は責任を議会に負わせることになるとした。これにたいし政府は

「この大権の発動を天皇にお願いすることは理解できるが、それよりも国民全体が願っていることは、国民の代表である議会で決めるべきものであるとする考えであった。即ち法律によって必要な措置をとることが、わが国の伝統に副う所以である」（鈴木首相の説明）

としたから、この両論は特別委員会ばかりでなく、研究会調査部会でも論争があった。若しこの法案が成立すれば、結果として総ての政治的使命はこの法案に委任することとなるから極めて危険であるとの反対論をする者が多く出た。研究会では井上匡四郎子が最初にこの法案に反対し、全般的には反対論が強かった。既に衆議院で一時議決が危ぶまれたのは、軍部の工作であるとさえいわれたからであった。鈴木内閣は本土決戦を前提としての態度ではあったが、議会は鈴木首相の心底には和平への途を求めていることが充分に察せられたから、軍部の急先鋒派はこの内閣には満足していなかった。それ故、議会で政府を攻撃してこの法案が否決されるようなことになれば、鈴本内閣は総辞職するであろう、若しそうなれば次期内閣は強力な軍部内閣が生れ、玉砕的本土決戦の可能性があった。鈴木首相は特別委員会に相当反対意見があったことから、すすんで所信を述べた。この発言は鈴木首相の人格を充分に表わした議会では余り例のない情熱をもった内容であった。

「今次の戦争を顧みるに、開戦に当って天皇陛下は繰り返し平和解決をおさとしになったが、開戦の矢が弦を離れたことは臣下として実に責任を痛感する。しかも、昨今は、今度こそはと申し乍ら、戦局は一つ一つ陛下のご期待を裏切って今や本土に敵を迎える重大時局になった。この困難を打開するためには国民は大きな犠牲を忍ばねばならない。しかし陛下のご命令によって（大権の発動）でなければならないということは、臣下として真に忍び難いことである。国民全体が生命財産を捧げて戦う意志があるのなら、大権の発動の前に、国民の代表たる議会で、法律による方法をとることが最良ではないか」

と委員に向って誠心誠意の説明を行ったことにより、委員会はこの首相の懇願に等しい説明により可決した。最初は会期二日間の予定であったのが、延長のやむなきに至り通算四日を要したことは、当時は非常戦時下なるが故に円滑に議会を運営すべきであったから、僅か二日間の延長ではあったが、異例の事態であった。鈴木首相は憲法上からしては非であったにしても、又学説上からの見解について疑義があったにしても、これを抑えて、この法案の成立に情熱を注いだことは偉大な功績であった。終戦後になって、或る人が「若しこの時にこの法案が成立していなかったら、恐らく内閣は廃せられ、帝都は長野県松代に遷都を行い、非常大権の発動によって、軍部の配下に置かれどんな最後を見たか、幸にしてこの政府による終戦処置がとられ、敏速な終戦へと急転ができたのである。僅かに五日間の臨時議会ではあったが、その間に成立し得たことは幸せなことであった」（吉田二郎　終戦と山田三艮先生のこと）と記され。この法案の成立したことによって、終赦へ向っての処理が無事に運び、軍部の抵抗も独断行動もなく、天皇に類を及ぼさずに平和へと日本を救うことができたのである。

三、行政委員の任命

昭和十九年七月一日公布の官制によって参与委員が任命されたが、政府は戦局の推移に応じこれを廃し、昭和二十年六月十六日に新しく〈内閣及各省（外務、陸軍、海軍の各省は除く）行政委員設置制〉を公布し、行政の推進に協力させることとなった。その目的は官制第二条に「行政委員（主トシテ其ノ庁所管ニ係ル諸施策ノ滲透具現ノ状況ニ関スル考査ニ当リ兼ネテ其ノ他ノ庁務ヲ輔ク」とある。研究会から次の七名が任命された。

六月十六日付	伯爵	渡辺　昭	大蔵省行政委員
六月十八日付	伯爵	後藤一蔵	厚生省行政委員
	子爵	高木正得	司法省行政委員
七月七日付	子爵	三島通陽	大東亜省行政委員
七月十九日付	子爵	京極高鋭	内閣行政委員（情報局）
	子爵	土岐　章	内閣行政委員（技術院）
	子爵	松平忠寿	内閣行政委員（逓信院）

この他に伯爵溝口直亮（大東亜省）、男爵向山均（文部省）、男爵穂積重遠（文部省）、侯爵池田宣政（司法省）伯爵

有馬頼寧（内閣―綜合計画局）、多額柴田兵一郎（運輸省）等が就任した。衆議院からも出ていて、省によっては毎週大臣を交えての行政について協議が行われたが、戦況は益々緊迫して、次第に正常な行動には着手できなくなってしまった。この制度は八月十五日敗戦により廃止となった。

四、研究会事務所全焼

各地の戦況は益々不利となり憂慮されていたが、議員の立場から外にたいしては冷静な態度をとり、国民に動揺や不安を与えることは許されず、その一面では国の存亡の大切な時機として、政府にたいし強い反駁の態度で警鐘を打ちならさねばならなかった。これは議員として責任上、非常に心を痛めた。研究会は事務所に連日会合しその対策を協議した。又敵機の来襲も殆んど連日連夜に及んだ。昭和二十年五月二日にこの事務所で尚友倶楽部の通常総会が開催された。その会場は食堂と広間をあて、来年度（毎年五月が事業年度の切換）の事業計画と役員の選出を無事に終った時空襲警報が発令された。見れば快晴の空に大型機が一機ゆうゆうとして南へ飛び去ろうとしていた。これは偵察で、必ずその夜に大規模な夜間空襲がある前ぶれなのである。既に東京の空は無防備に等しく敵機の思うままに飛べる様になってしまった。それから間もない五月二十四日になり夜八時頃から翌未明にかけて東京に大空襲があり、東京の山の手の各所に火災が発生し、昼の様な明るい赤い空で覆われた。今まで度重なる空襲にも無事であったこの麹町二番町一帯も火の海となり研究会の仮事務所もこの戦災で全焼してしまった。研究会は国政に参画する政治団体である以上、如何に危険が予想されても、政府と共に東京を離れることは許されなかった。建物の焼失と共に五〇年間の諸記録や蔵書も全部失ってしまった。

この時の火災は余程熾烈なものであったらしく、当時事務所の宿直であった小使の久保某らは、防火用池に飛び込んでやっと助かったが、水面より出ていた手や顔は火傷している。焼失により華族会館において緊急常務委員会を開き、取り敢えず三事務所を貴族院内の研究会議員控室に移すこととなった。事務所の金庫は焼け崩れはしなかったが蒸焼となり、金庫内に保管してあった百円紙幣の原形は完全であったが炭化してしまった。この外形から銀行の立会により確認されたから経理事務上には現金の損失は免れた。一方三年町の本館は一度だけ西側に焼夷弾が一発命中し、そのため階段とロビーの窓枠が燃え始め一時は危険になったが、消し止めることができて無事であった。その後戦災は受けず終戦を迎えたが、金属供出に応じ、鉄柵やエレベーターなどの鉄製品が取外され売却されていた。当時の売却代は五九七円一三銭と供出買上げ伝票に記してある。

第五節　帝国議会と総司令部

一、終　戦

麹町二番町の事務所が全焼したその前後の空襲は激しく、B二九爆撃機による連夜の空襲は日本全土に及び、遂に八月六日には広島に、九日には長崎に原子爆弾が投下され、更に満洲国境からソ連軍の侵入を受けるにいたった。これよりさき、日本は終戦を計るためソ連に和平斡旋を依頼しようと近衛公の訪ソを計画し、公もこれを受けることとなっていたが、ソ連が近衛公の訪ソを承諾せず実現しなかった。かくして日本はポツダム宣言を受諾することを回答しなければならなくなってしまった。天皇は八月十五日「終戦の詔勅」を放送され国民に終戦を告げられ、日本軍は連合軍に無条件降伏をした。同日鈴木内閣は終戦により総辞職し、十七日東久邇宮稔彦王殿下を首班とする内閣が生れ終戦処理の大役を荷った。東久邇内閣の成立には議会では不安が出ていた。一つは敗戦国の皇族首相として占領軍の総司令部と今後多くの折衝が必要となることは明白で、皇族がその重責を負っての交渉が可能であろうか、第二には総司令部の命令を受け出頭されることとなるであろうが、皇族の地位から好ましくないとした。しかし一方国内の軍隊には尚降伏に不満な者があり、それを納得させるには皇族で将官であることが必要で、その期待もあった。この内閣には、研究会から子爵渋沢敬三、子爵八条隆正が大蔵省顧問として就任した。日本は九月二日に無条件降伏文書に調印し、これより占領軍の管理下に置かれることとなった。

二、第八十八臨時議会

昭和二十年九月一日召集され、会期は五、六の両日で一日間に過ぎない議会で、日本の敗戦の実状の報告が行われた。この時には既に占領軍の第一陣は厚木に到着（航空機による本土上陸）し、その不安の中での召集であったから、議員は誰れも悲痛やるかたなき心境であった。これから占領下の議会がどういう手続きで開かれるのか、議会の任務と権限については誰しも明確な自信のある説明はできなかったばかりか、議会そのものも存続し得るのかさえ分らなかった。

光輝ある日本を敗戦国とした責任は議会にもあるし、今後日本の存在についての責務など重且つ大であることは充分に心に焼き付いていたが、今はどうすればよいのか、方策も何も浮かんでは来なかった。只「お召によって議員として議会に参じたとする」それだけでしか脳裏にはなかった。しかるに開院式において勅語を賜り、その中で天皇は敗戦国の議員としての今後の責務を示されたのである。その勅語は従来の開院式の形式とは全く内容が異っていた。

「朕ハ終戦ニ伴フ幾多ノ艱苦ヲ克服シ　国体ノ精華ヲ発揮シテ　信義ヲ世界ニ布キ　平和国家ヲ確立シテ人類ノ文化ニ寄与セムコトヲ冀ヒ　日夜　念措カス　此ノ大業ヲ成就セムコトヲ欲セハ　冷静沈着隠忍自重　外ハ盟約ヲ守リ　和親ヲ敦クシ　内ハ力ヲ各般ノ建設ニ傾ケ　挙国一心　自彊息マス　以テ国本ヲ培養セサルヘカラス　軍人遺族ノ扶助傷病者ノ保護及新ニ軍籍ヲ離レタル者ノ厚生戦災ヲ蒙レル者ノ救済ニ至リテハ固ヨリ万全ヲ期スヘシ……」

と、責務の重大を示され、心の安定していなかった議員には身にしみるお言葉であった。開会劈頭首相は戦争終結の経緯を報告したが、首相の演説を聴くというよりも、悲愴感で胸はいっぱいになった。貴族院では一人も首相の報告にたいして質問をなすものはなかった。貴族院は聖旨に報い奉るためと、帰還将兵にたいする感謝の二つ決議案を全会一致で可決し、九月六日に閉院となった。

三、占領軍支配

占領軍による日本管理の方針は九月二日の東京湾上の戦艦ミズリー号の艦上にて調印された降伏文書によって示された。それによると、連合国対日理事会が方針を決定し、それを連合軍最高司令官が、その権限を使行するとし、行政は直接占領軍が行わず、最高司令部から出される命令、指令、覚書、書簡等によって日本政府に伝達され、それにもとづいて、日本政府の責任において、行政上、立法上に所要の措置をとることとなった。それ故議会も存続することになり、日本政府が占領軍側からの伝達を受け、更に議会へ提出されることになったから、議会の任務は大きかった。九月二十日の緊急勅令によって、議会は占領軍の指令を守らなければならないことが明白になった。〈ポツダム宣言の受諾に伴い発する命令に関する件〉がそれで、これにもとづく勅令は続々と発せられ、実に五百余件に達した。その中で直接議会関係としては〈議会立法手続等の報告に関する覚書〉によって、今後の議会の活動は認められたが、審議の過程で、その経過は一切総司令部に報告し、検閲を受けねばならなくなり、総司令部の考えによっては、修正も起こることとなった。議会はその活動は認められたが総司令部の支配下の存在であった。敗戦国として当然ではあるが、形式的存在となった。更に十二月十二日に出た覚書により、国家予算の取扱いは、事前に総司令部の審査を受けねばならなかった。それ故議会は自主的運営の建前は崩されなかったが、実際はすべて総司令部の指示を受けねばならないから、完全に総司令部の監督下に置かれていた。しかも書類は降伏文書の第五条に「軍事管理期間ハ英語ヲ以テ一切ノ目的ニ使用セラルル公用語トスル」となっているから、日本語訳文は日本人のための便宜上のものに過ぎないこととなっていた。それ故翻訳上から両国間に種々な問題が起って来る。これも敗戦国の悲哀であった。

第六節　憲法改正問題

一、幣原内閣

東久邇内閣は総司令部からの指令を忠実に実行しなければならないから、そのため終戦連絡事務局を設置して国内の処理に当っていたが、仕事は多方面に渉り、且つ複雑となって内閣はその処理に行き詰りを見るにいたった。十月四日総司令部は〈政治的公民的及び宗教的自由に対する制限の撤廃に関する覚書〉が交付された。これは討議の自由の指令で特に皇室にたいする討議の自由の取扱に悩み、これが直接の原因となって、十月五日在任二ヵ月半にして総辞職となった。

後継内閣の首班には内大臣木戸幸一侯の奏請によって幣原喜重郎による内閣が成立し（十月九日）研究会から内務大臣に勅選堀切善次郎、大蔵大臣に子爵渋沢敬三が任命され、貴族院から次の政務官の就任を見た。

文部政務次官　子爵　三島通陽（研究会）
司法参与官　伯爵　渡辺　昭（研究会）
農林参与官　子爵　北条雋八（研究会）
商工参与官　男爵　山根健男（公正会）

幣原首相は総司令部から出される対日処理の諸指令の実施の責任を負って、戦争犯罪人の逮捕、財閥の解体、農地の解放、公職追放などと敗戦国の惨めさの渦の中に立たされることとなった。

二、憲法改正問題

近衛公マ元帥訪問　総司令部による対日処理政策がこれからどう実施されるかについて日本は不安の中に置かれていた。近衛公はこの問題を直接マ元帥に会って話すこととして、同年九月十三日横浜税関に置かれていたアメリカ第八軍司令部に行きマックアーサー元帥に面会し、公が兼ねてよりいだいていた議会制度について意見を述べた。更に十月四日に再び総司令部にマ元帥を訪ね、公は議会の構成についてマ元帥の意見を求めた。その時には憲法改正も話題となり、元帥は憲法改正を示唆した。しかしこれが後に問題となり、公は元帥から依嘱があったと諒解し、後日元帥は依頼しないと発表している。これは結局この時の通訳に問題があったとされているが、公はこの時点から憲法改正に積極的態度をとる様になった。

同じ日に総司令部は〈自由の指令（覚書）〉を出したことから現行の帝国憲法の改正が必要となった。十月十一日に幣原首相は首相就任の挨拶のため総司令部にマックアーサー元帥を訪ねた。その席で元帥から憲法改正の必要を指示されている。これにより政府は憲法改正という重大問題と取り組むことになった。

貴族院　貴族院でも十月三日貴族院調査会の世話人、理事連合会にて貴族院制度の改正の必要を認め、議会制度審議会を発足させた。総裁には東久邇首相（東久邇首相は十月五日に総辞職）を決め、委員は侯爵佐佐木行忠ら三〇名で研究会は伯爵林博太郎、子爵大河内正敏、子爵八条隆正、勅選村瀬直養、勅選堀切善次郎、勅選関屋貞三郎、勅選松尾国松の七名を選任した。この審議会は当然憲法改正問題に触れることになっていた。しかし審議会が成立した翌日東久邇内閣が総辞職し、又幣原首相が十月十一日マ元帥訪問の時、憲法改正を政府に指示されたことから、会合は一回開かれただけで十月十五日に廃止となった。

政府の対策　政府はマ元帥の指示により、松本烝治国務大臣を主任とする憲法問題調査委員会の設置を決め、はじめは議会制度改革をとり挙げ、その後に憲法改正をも目標とした会議が開かれた。この改正は現行の帝国憲法に明記してある改正手続によってのものであった。この調査会はその年十二月二十六日の総会をもって一応改正案を纏めた。

近衛公の改正案　公はマ元帥から依頼されたとして、憲法改正問題を検討する決意をなし、総司令部の政治顧問であったアチソンも、近衛公に憲法改正についての私案を提供し支援したこともあり、内大臣御用掛を拝命して、憲法改正の調査に着手した。公は京都帝国大学名誉教授の佐佐木惣一博士を迎え、両者によって調査検討を行い、内大臣府の廃止の直前の十一月二十二日に公は〈憲法改正の大綱〉を奉答し、一方佐佐木教授は別に〈佐佐木草案〉を作成の上、これを奉呈している。

これとは別に衆議院では憲法研究会を設けて検討を始め、貴族院においても研究会の勅選山川端夫が中心となり子爵松平親義ら有志は議院内で研究討議を行った。この会に何人参加したか、又議員名は記録がないので判明しないが、二十年の夏、暑い中を集り、熱心に検討していた様子は記憶にある。これらは何れも占領軍の指示を受けるより先に新しい時代に即応するため、帝国憲法第七三条の規定に基いて改正をしたかったので、その構想は敗戦の現実とはかなりかけ離れたものであった。憲法第七三条の改正手続は

「将来此ノ憲法ヲ改正スルノ必要アルトキハ　勅令ヲ以テ議案ヲ帝国議会ニ付スヘシ　此ノ場合ニ於テ両議院ハ各其ノ議員ノ三分ノ二以上出席スルニ非サレハ議事ヲ開クコトヲ得ス　出席議員三分ノ二以上ノ多数ヲ得ルニ非サレハ改正ノ議決ヲ為スコトヲ得ス」

とある。

三、第八十九臨時議会

昭和二十年十一月二十六日召集された臨時議会は山積している戦後処理と憲法問題にあった。第二は占領軍の指示

による衆議院の改選で、この二つの目標が幣原内閣の最初の議会における任務であった。先ずこの議会での論議は戦争責任の問題であった。戦争責任はどう追及してよいのか、敗戦国が処分をすることは不可能に近かった。軍人は戦争の責任者ではあるが一面功績もあり、活躍には敬意を払う必要もあったし、戦没者への感謝や遺族への同情論も少くなかった。

大河内子の質問書　議会再開の劈頭に憲法改正の手続上の疑問につき大河内輝耕子（研究会）は〈国務大臣輔弼の責任に関する質問主意書〉を政府に提出した。その全文は次の通り。

一、国務大臣責任の制度は憲法政治の基本なり　若し他の機関にして之に介入する如きことあらば　啻に責任の帰着する所の曖昧ならしむるのみならず　政治の運用上多大の障害を来す虞ありと認む
　政府の所見如何

一、若し然りとせば相当の方法を以て之を明確にする必要ありと認む
　政府の所見如何

である。この質問書の趣旨説明を大河内子は十二月一日本会議で行った。これにたいし、松本国務大臣は次の様な趣旨の答弁を行った。

「国務大臣の責任の制度は憲法政治の基本であることは御説の通りで、従来統帥大権に関する事項並に編制大権に関する事項等動もすれば国務大臣輔弼の責任外であると解釈せられたるものがあった。責任の帰着する所が曖昧となったのみにあらず、政治の運営上多大の障害を来した。ポツダム宣言の受諾により我が国には陸海軍は無くなるので統帥大権、編制大権にたいする輔弼ということは今後は考える必要はないかもしれないが、国務大臣の責任の範囲を明確にすることは必要で、その対策として憲法を改正して明確にする方法、若し憲法を改正しないとすると憲法第五五条の規定の解釈によって確立する方法がある。政府は目下憲法問題に関しまして研究中で、この点については最も重要なる事項であると考え、慎重に研究している。若し第二の方法による必要があれば法令の適当なる

改廃をも行いたい所存である。」

との説明であった。結局憲法の改正が必要であるが、憲法改正は天皇の大権事項となっているから慎重を要するとの警告でもあった。

憲法改正と天皇制　この様な情勢下において、憲法の改正問題の中で当時最も重大視されたのは、国体護持と天皇制の維持であった。幣原内閣はこれにつき各閣僚は同意見であったが、憲法改正となると基本から論議されることになり、外国には天皇制否認の空気がかなり濃かったことからして憂慮されていた。しかし、天皇制のもとにおいての民主主義国家を堅く守りぬく方針をとった。研究会の伯爵二荒芳徳の質問もその点の確認にあった。昭和二十年十一月二十九日の貴族院本会議において幣原首相は「民意の尊重を最高理念とするという意味における民主主義は、我が陛下の絶えず心とされたところと信ずる」といい、日本は天皇と国民との関係が国民の心情に深く根ざしていることを認めて、「固より民主主義にも国々によってその形は異るが」「日本もその運用の実際に至っては、また日本独特の民主主義制度を発達せしめて然るべきだと考える。即ち我々は陛下を政治の中心として奉戴し奉り、君民一体となって行わねばならない」と述べ、又「玆において日本特有の民主主義の発達というものが期待されるものと存ずる」と所信を述べたが、天皇制問題は必ずしも楽観は許されず、占領軍の中には、天皇にたいする戦争責任論があり、天皇を戦争責任者から更に戦争犯罪人として扱うとする動きさえ起った。

この不安な空気の中で、昭和二十一年一月元旦に年頭の詔書が出た。世に「天皇の人間宣言」といわれるものでこれが外国側の印象を改めさせ、天皇制否認の焔も消えたとされている。これはマックアーサー最高司令官の心証にもよく、後の憲法起草と天皇制への理解に無限の力となった。この間の努力は幣原首相の功績でもあり、貴族院議員は、この首相の努力を徳とし、戦後の日本再建のために幣原内閣に協力する態度を示す基盤ともなったのである。

ポツダム宣言と議会　第二にこの議会の重要法は〈ポツダム宣言ノ受諾ニ伴ヒ発スル命令ニ関スル件ニツイテ承諾ヲ求ムル件〉であって、開会第一日に貴族院に〈昭和二十年勅令第五四二号承諾ヲ求ムル件〉として提出、衆議院で承諾したのは十二月十二日で成立した。これによって最高司令官の要求を実施するにあたっては、必ずしも法律によらず命令をもって所要の規定をなすことになり、議会を軽視することにもなる広範囲の委任立法であった。

衆議院議員選挙法改正　第三は衆議院議員選挙法の改正で、衆議院では種々の改正案が提出され纏まらず漸く十二月十五日にいたり、貴族院の修正議決に同意し成立を見た。その内容は選挙者、被選挙者共に年齢の引き下げを行い、婦人の参政権が認められた。衆議院はこれにより総選挙の準備に着手した。(十二月十八日解散、昭和二十一年四月十日総選挙)

第七節　公職追放

一、追放令

戦争犯罪者の逮捕に続き、占領政策の処置として最も特異であったのは戦争協力者を公職から追放する指令であった。これによって日本は主要なる地位の人物を失うことになり、敗戦国として大きな痛手であり制裁であった。昭和二十一年一月四日総司令部より〈公務従事ニ適セザル者ノ公職ヨリ罷免排除ニ関スル件〉なる覚書が政府に渡された。この覚書を一般に〈公職追放令〉と呼んだ。これはポツダム宣言の規定により発せられた覚書であるから、当然受けねばならないもので、この覚書には

「われわれは無責任なる軍国主義が、世界から駆逐せらるるにいたるまで、平和、安全、および正義の新秩序が生じ得ざることを主張するものなるを以て、日本国民を欺瞞し、世界征服の挙に出ずるの過誤を犯さしめたる者の権力および勢力は永久に除去せられざるべからず」

と表明している。更にこれを実施するために、日本政府にたいし左に該当したる一切の者を公職より罷免し、且つ官庁より排除すべきことを命じると記し、

第一、軍国主義的国家主義および侵略の活発な主唱者

第二、一切の極端なる国家主義的団体、暴力主義的団体または秘密愛国団体および機関、または関係団体の有力分子

第三、大政翼賛会、翼賛政治会または大日本政治会の活動における有力分子

と列挙している。その付属書には〈罷免オヨビ排除スベキ種類〉として七項が示された。

A項　戦争犯罪人

B項　職業陸海軍職員、陸海軍省の特別警察および官吏

C項　極端なる国家主義的団体、暴力主義的団体、又は秘密愛国団体の有力分子

D項　大政翼賛会、翼賛政治会および大日本政治会の活動における有力分子

E項　日本の膨張に関係せる金融機関ならびに開発機関の役員

F項　占領地の行政長官等

G項　その他の軍国主義者および極端なる国家主義者

とある。日本が無条件降伏し敗戦国としての処分を受けることは覚悟はしていたが、その具体的な事は誰れも分らなかった。その受けなければならない処分の第一がこの追放令であった。条項や文意はかなり不明確であって解釈によりかなりの巾があった。例えば「極端なる」とか「有力なる」はそれで、追放にならない人物は無力者との不名誉な立場に立たされることになったし、「戦争に駆り立てた人物」とは、広義に解するならば、日本の全指導階級がその対象となって国の中核は全部失脚し、国内は混乱するかも知れないと思われた。この指令はポッダム宣言に「軍国主義的指導者は永久に除かるべし」との声明を具体化したもので、これによって日本を再び軍国主義国とならない様にすることが目的で、これは日本を民主主義国家に構造改革する手段であった。それ故国内の一部では歓迎するものがあった。

指　令　続いて第一指令が出て「政府は日本人の民主的傾向を復活助長し、人間の基礎的諸権利と言論、宗教、思想の自由を尊重するような人物を公職につけること」を要求した。つゞいて第二指令において、政府並びに政治的諸団体に関する要求が出て「超国家的分子の支配力を解放し、政府、官公吏が秘密テロ結社よりの襲撃をおそれる必要

をなくならしめること」を要求して来た。これら指令は何れも原文は英文であるから、日本語に訳されると感覚からして、又用語の解釈からして受け入れるのに困難し、連合軍の要求に合致させる処置は容易でなかった。政府はこの指令にもとづき、二月二十七日に勅令第一〇九号として（就職禁止、退官、退職等ニ関スル件）を公布施行した。勅令第一〇九号は全八条よりなる

第一条　昭和二十一年一月四日付連合国最高司令官覚書公務従事ニ適セザル者ノ公職ヨリノ除去ニ関スル件ニ掲グル条項ニ該当スル者トシテ内閣総理大臣ノ指定スル者（以下覚書該当者ト称ス）ニシテ通常勅任待遇以上ノ者ノ占ムル官職ニ在ルモノハ退官又ハ退職セシメラレ爾後官職ニ就クコトヲ得ズ

第二条　前条ニ於テ官職トハ官庁ノ特別ノ支配ニ属スル会社、協会其ノ他ノ団体トシテ内閣総理大臣ノ指定スル団体ノ職員ノ職ヲ含ムモノトシ通常勅任待遇以上ノ者ノ占ムル官庁トハ此等ノ団体ニ付テハ其ノ幹部タル職員ノ職ニシテ内閣総理大臣ノ指定スルモノヲ謂フ

第三条　第一条第一項ノ覚書ニ基キ退官又ハ退職シタル者ハ内閣総理大臣ノ特ニ定ムル場合ヲ除クノ外公私ノ恩給、年金其ノ他ノ手当又ハ利益ヲ受クルコトヲ得ズ

第四条　覚書該当者ハ帝国議会ノ議員又ハ市長ト為ルコトヲ得ズ其ノ現ニ帝国議会ノ議員タル者ハ其ノ職ヲ失フモノトス

第五条　地方長官貴族院多額納税者議員互選規則第四条及第三十九条ノ互選人名簿ヲ調製セントスル場合ニ於テハ互選人タルベキ者ヲシテ其ノ者ガ覚書該当者ニ非ザル者ナルコトヲ証スルニ足ル書面ヲ提出セシムベシ
地方長官前項ノ書面ヲ受取リタルトキハ直ニ内務大臣ヲ経テ内閣総理大臣ニ之ヲ送付スベシ
前二項ノ規定ハ貴族院帝国学士院会員ノ議員ノ選挙ヲ行フ場合ニ之ヲ準用ス　但シ地方長官トアルハ貴族院伯子男爵議員ニ付テハ宗秩寮総裁、貴族院帝国学士院会員議員ニ付テハ選挙管理者トシ書面ノ送付ニ付テハ内務大臣ヲ経ルコトヲ要セザルモノトス

第六条　覚書該当者ハ衆議院議員候補者タルコトヲ得ズ
衆議院議員選挙法第六十七条第一項乃至第三項ノ規定ニ依ル議員候補者ノ届出又ハ推薦届出（以下届出又ハ推薦届出ト称ス）ヲ為サントスル者ハ選挙長ニ対シ議員候補者タルベキ者ガ覚書該当者ニ非ザル者ナルコトヲ証スルニ足ル書面ヲ併セ提出スベシ
選挙長議員候補者タルベキ者ガ覚書該当者ナルコトヲ確認シタルトキハ其ノ者ニ係ル届出又ハ推薦届出ヲ受理スルコトヲ得ズ
選挙長第二項ノ書面ヲ受取リタルトキハ直ニ内務大臣ヲ経テ内閣総理大臣ニ之ヲ送付スベシ
議員候補者ニ付第一条第一項ノ指定アリタルトキハ当該議員候補者ハ議員候補者タルコトヲ辞シタルモノト看做ス

第七条　各庁ハ内閣総理大臣ノ定ムル所ニ依リ第一条ノ規定ノ適用ニ関シ必要ナル調査表ヲ徴スベシ

第八条　第五条第一項（同条第三項ニ於テ準用スル場合ヲ含ム）若ハ第六条第二項ノ書面又ハ前条ノ調査表ニ虚偽ノ記載ヲ為シ又ハ事実ヲ隠蔽シタル記載ヲ為シタル者及同条ノ調査表ヲ徴セラレ之ヲ提出セザル者ハ一年以下ノ懲役若ハ禁錮又ハ三千円以下ノ罰金ニ処ス　各庁ガ第一条第一項ノ覚書ニ基キ報告書ヲ連合国最高司令官ニ提出スル場合ニ於テ其ノ報告書ニ虚偽ノ記載ヲ為シ又ハ事実ヲ隠蔽シタル記載ヲ為シタル者ニ付亦同シ

付　則

本条ハ公布ノ日ヨリ之ヲ施行ス

これは日本が出した正式の公職追放令である。日本にとって前例のない又予想もしなかった処置であったし。該当の範囲も漠然としていたので、政府も該当予想者も眩惑の中にいるような心境であった。該当は日を経るにつれて最初の予想よりはるかに範囲が拡がる様になった。

適用対象をA項よりG項までに区分し、それぞれ具体的に該当者を決めることになったが、貴族院議員では早くも八八名の名が挙がり、その中で研究会員は三七名を数えた。具体的に区分の対象となる内容を示すと

一、戦争中の内閣関係（主として閣僚で、戦争中の指導者であり、戦争犯罪容疑者）
二、大政翼賛会及び大日本政治会の首脳（両会に関係する主要人物及び諸団体の役員）
三、陸海軍勅任官（政務官を含む）
四、陸海軍職業軍人（現役の他退任者を含む）
五、極端なる国家主義者、暴力主義的団体の有力分子（国粋論者、思想家を含む）
六、日本の膨張政策に関係した金融機関、開発会社の役員（主として在外機関で監査役監事を含む）
七、占領地の行政長官、軍国主義論者

などを挙げ、或る書では各項該当者数を次の様に示している。

A項三、四二二名　B項一三二、二三五名　C項三、〇六四名　D項三四、三九六名　E項四八名　F項八九名
G項四六、二七七名

更に第二次の追放令により地方議員や市区町村長も追放の対象の公職とすると約七、〇〇〇名を数えるので、その合計は二二六、五三〇名に達する（松浦総三・思想の科学八月号）といわれ指導者は全滅に等しい結果となる。内閣は公職追放審査機関を設け、該当者を決めることとしたが。その範囲は広くなり審査は円滑には進まなかった。一方幣原内閣の各大臣や書記官長も追放の対象となる不安があり政治上の危機であった。重ねて昭和二十一年五月三日「帝国議会議員の公職よりの罷免及び除去に関する覚書」を受けた政府は楢橋渡内閣書記長官の名によって直ちに小林次郎貴族院書記官長に宛てこの覚書の内容の説明書を作り通達を出した。ここに議会に関係ある部分を記す。

通　達

一、連合国総司令部発日本政府宛一月四日付覚書「公務従事に適せざる者の公職よりの除去に関する件」実行に付

ては最近の諸状勢に鑑み厳正且早急に其の成果を収むる様各段の努力を致され度い　随って苟も右指令の各条項に違背し或は明瞭な覚書該当者を正規の手続なくして留任又は再任用する様な事なき様特に留意せられ度い

二、尚別紙「連合国総司令部発日本政府宛一月四日付覚書「公務従事ニ適セサル者ノ公職ヨリノ除去ニ関スル件」付属書A号G項該当者の審査基準中第五項及第六項の解釈に関する件は未だ司令部との諒解を取付くるに至ってない　随って未定稿であるが参考までに取敢えず送付する極秘扱として取扱われたい

三、別紙様式に依り処理状況日報を提出せられ度い

一月四日以後現在迄の退官退職又は就職拒否の状況調を右様式に準じ本月十四日迄に報告せられ度い

連合国総司令部発日本政府宛一月四日付覚書「公務従事ニ適セサル者ノ公職ヨリノ除去ニ関スル件」付属書A号G項該当者の審査基準中第五項及び第六項の適用に関する件

付属書A号G項該当者の審査基準中第五項及び第六項の詳細な解釈は左の通りとする。

一、第五項の適用を受くるもの

イ・官　吏

（1）戦時中（昭和十二年七月七日より昭和二十年九月二日に至る迄の間）左に掲ぐる事項に関係ある戦時重要政策の中枢に参画したる各庁課長以上（之に準ずる者を含む）の者、但し特に短期間在職の者を除く

a　戦争挑発、反戦思想抑圧、独裁主義又はナチ的若はファシスト的全体主義の鼓吹、軍国主義或は極端な国家主義の鼓吹を目的とせる宣伝情報

b　同様の目的を有せる思想言論の誘導又は取締

c　占領地各国に対する政治的指導又は経済開発

d　重要なる戦時動員諸計画或は戦時統制の諸計画

e　前記審査基準備考（Gに該当すべき明瞭なる事実）に列記せる各事項

f　其の他戦争指導計画

（2）職務の内外を問わず、戦争挑発、反戦思想抑圧、独裁主義又はナチ的若しくはファシスト的全体主義の鼓吹、軍国主義或は極端な国家主義の鼓吹を目的とせる顕著なる言論ありたるもの

ロ、貴衆両院議員

議会の内外を問わず左に該当する顕著なる言動ありたるもの

戦争挑発或は戦争指導

反戦思想弾圧

独裁主義又はナチ的若しくはファシスト的全体主義の鼓吹、軍国主義又は極端な国家主義の鼓吹

二、議員辞任

この通達によって議員で該当者が出ることになったが、具体的に適用方法や追放処置は決まらず、時期も決っていなかったが、これらの手続の如何にかかわらず、自ら議員辞任を決意し、進んで貴族院議長にその手続をとった議員が研究会には三人あった。伯爵児玉秀雄（東条内閣閣僚）、子爵八条隆正（大政翼賛会総務）と子爵大島陸太郎（東条内閣陸軍政務次官。陸軍少将）で研究会は二十一年二月八日付で児玉伯と大島子の議員辞任による退会を認め、八条子は同年二月十二日付をもって議員辞任による退会を認めた。八条子は二月二十七日に開かれた研究会総会の席で辞任の挨拶があった。同子は公職追放令に該当はするが、それよりも敗戦の責任によっての理由が強かった。同席していた同僚は、お互に戦争遂行に献身的に尽していながら、この様な場面に臨み、深く敗戦の悲しさを味い、会場は無言で粛然となり。出席の全員は沈痛やる方ない趣であった。大島子はこの日から後は一切の公的な会合には出ていない。後にその時の思い出を「私は長い間貴族院議員各位の御世話になったことは忘れません。たまたま日本は敗れ

連合軍によって占領されたし、そのなかに、私の陸軍士官学校時代の同窓生であり、特に親しかった東条君は逮捕されたし、その他自分の同僚や先輩に多くの戦争犠牲者が出ているのを目のあたりに見て、自分はお世話になった皆様にご迷惑をおかけしたくないと存じまして、あの時自発的に議員を辞職することを決めたのです」と語っている。

子爵松平康春はこの追放令の発令より以前に、敗戦の責任を感じ、すすんで単独で議員の辞任を申し出ている。議員は誰しもその責任を感じてはいたが、同子はその中で一番早かった。この申し出を受けた研究会は、同子は常務委員の職にあり、たゞ辞任だけで責任が全うできるものではない、天皇も退位を望まれておられるが退位されず、日本の将来のため責任をとられていることであるとの意見を同子に伝えた。子は研究会の意向を受け入れてこの時は単独辞任は取り止めている。

三、適否審査

勅令第一〇九号によって議員の職を去るものが出ることとなったが、これは処分と見るのか、該当の有無を自ら判断して自発的に反省の上辞任するのか、該当か否など誰がどこで判定するのか不明確であったから、後まで自分の判断から辞任の手続をとる必要なしとした者や、時効となっていると判断したが、認められなかったり、異議の申立てを考える者などがあって混乱した。貴族院事務局は全議員に調査書の提出を求める公文書を発送し（二十一年十一月六日）貴族院で審査しその決定を占領軍から受けることとなった。この書類を「昭和二十一年勅令第一〇九号第七条ノ調査表」という。その調査書は七事項二二項目に及ぶ詳細を極めたものである。次にその項目内容を示す。

調査表記載項目

イ、個人的事項

一、現ニ保有スル地位

二、氏名
三、従来使用シ又ハ一般ニ通用シタル他ノ名称
四、生年月日
五、出生地
六、身長（米）
七、体重（瓩）
八、傷痕、特徴又は畸形
九、現住所
一〇、本籍地
一一、逮捕セラレタルコトアル一切ノ事例及其ノ理由並ニ有罪ノ判決ヲ受ケタルコトアル一切ノ犯罪ノ列記
一二、現ニ保有スル一切ノ文官官等等級
ロ、職業及軍務ノ履歴
一三、職業ノ履歴　昭和六年一月一日以後在任シタル一切ノ地位官職ニ付テハ前項ノ時期ノ前後ヲ問ハズ一切ノ官職
一四、軍務ノ履歴
イ　陸海軍高等武官トシテ保有シタル一切ノ階級、服役関係、勤務シタル部隊及職並ニ事業シタル陸海軍部内ノ学校名及幹部候補生、二年現役見習尉官其ノ他高等武官トシテ任命セラルルニ至ル迄ノ経歴
ロ　陸海軍判任武官若ハ兵トシテ又ハ軍属其ノ他ノ軍人以外ノ職員トシテ昭和二一年閣令内務省令第一号別表一ノニノ６ニ掲ゲル勤務ヲ為シタル部隊及職並ニ服役関係
ハ、団体ノ会員

一五、大政翼賛会、翼賛政治会又ハ日本政治会トノ関係
各会ノ本部又ハ都道府県支部ノ会員、創立者、組織者又ハ役員タリシコトノ有無及其ノ地位
更ニ此等ノ団体ノ刊行物ノ編輯者トシテ活動シタルコトノ有無又ハ此等ノ団体ノ為何等カノ支部若ハ特別ノ活動ヲ組織シタルコトノ有無及其ノ事実
一六、社交、政治、軍事、愛国、職業、文化、名誉、体育其ノ他ノ諸団体トノ関係
種類ノ如何ヲ問ハズ一五所掲以外ノ一切ノ党、結社、協会、懇親団体、倶楽部、組合、学会等ノ会員タルカ又ハ会員タリシコトアラバ其ノ団体名、尚、右ガ秘密結社ナルヤ否ヤヲモ記載スベシ
右団体ニ於テ創立者、組織者、指導者其ノ他ノ要職ヲ占メタルコトノ有無及其ノ地位並ニ刊行物ノ編輯タリシコトノ有無
一七、家族ノ各種団体ニ対スル関係
家族（父母、配偶者、兄弟姉妹及子）ノ中一五及一六所掲ノ諸団体ニ於テ権威アル職務・階級又ハ地位ヲ占メ其ノ他、勢力ヲ有シタル者ノ有無及若シアラバ其ノ氏名、住所、続柄並ニ其ノ団体名及地位
一八、各種団体ニ対スル寄付
正規ノ会費ヲ除クノ外一五及一六所掲ノ諸団体ニ対シ直接又ハ間接ニ金銭又ハ財産ノ寄付ヲ為シタルコトノ有無及其ノ詳細
一九、各種団体ヨリ受ケタル栄誉
一五及一六所掲ノ諸団体ヨリ何等カノ称号、階級、徽章、賞状又ハ其ノ他ノ栄誉ヲ受ケタルコトノ有無及若シアラバ其ノ栄誉ノ種類並ニ之ヲ受ケタル年月日及事由
二、其ノ他ノ職務履歴
二〇、ロ項及ビハ項ニ特記シタル以外ノ職務履歴

イ　兼務、名誉職等ノ地位
陸海軍若ハ各省其ノ他ノ中央官庁ヲ代表シテ又ハ大政翼賛会、翼賛政治会若ハ大日本政治会又ハ此等ノ機関、関係団体若ハ後継団体ヲ代表シテ昭和六年一月一日以後兼務、無給又ハ名誉職トシテ占メタル地位
ロ　其ノ他ノ職務
軍事、警察、法律執行、保安若ハ諜報ニ関スル機関、保護観察ニ関スル機関又ハ思想、言論、宗教若ハ集会ノ統制ニ関係アル機関ニ於テ昭和六年一月一日以後従事シタル一切ノ種類ノ職務

ホ、著述及演説
二一、昭和六年一月一日以後全部又ハ一部ヲ著述シ又ハ編輯シタル一切ノ刊行物ニ付、其ノ名称、発行ノ日、発行者名及概略ノ発行部数並ニ右期日以後為シタル一切ノ公開演説ニ付其ノ主眼、演説ノ日及概略ノ聴衆数並ニ右出版又ハ演説ガ何等カノ機関ノ後援ニ依リタル場合ハ右機関ノ名称

ヘ、法人ニ於ケル地位
二二、記載ノモノヲ除クノ外、昭和六年一月一日以後就職シタル一切ノ法人ノ理事其ノ他ノ執行機関ノ地位及勤務ノ場所（日本本土又（海外ノ別）

ト、備考
本調査表ノ記載ハ真実ナリ而シテ余ハ虚偽又ハ事実ヲ隠蔽シタル記載ハ犯罪ヲ構成シ訴追及処罰ヲ受クベキモノナルコトヲ諒承ス

昭和　　年　　月　　日

（署名）　　（捺印）

上司証明書

右ハ本人ノ真正ナル署名及捺印ナルコトヲ証明ス
左記事項ヲ除クノ外、本調査表ノ記載事項ハ余ノ知レル限ニ於テ誤ナキコトヲ証明ス

記

（該当事項ナキトキハ「無」ト記入スベシ）

昭和　年　月　日

（官職）

（署名）　（捺印）

この書類は日英両文（正文は英文）で記載しなければならなかった。日本固有語には適確な英語が無い場合があり、審査は英文によったから、後に訳語の相違のため不利な取扱いを受ける結果となった議員も出た。記入説明事項の中には正しい日本訳とは思われない表示があって記入者を戸惑わせた。例えば「各記載事項ハ空白ノ儘之ヲ残サザル様正確ニ且ツ良心的ニ記入スベシ」とあり、職歴の欄に「昭和六年一月一日以後在任シタル一切ノ地位」、団体の会員について「諸団体ニ於テ権威アル職務、階級又ハ地位ヲ占メ其ノ他勢力ヲ有シタル者ノ有無」最後の署名欄には「本調査表ハ真実ナリ。而シテ余ハ虚偽又ハ事実ヲ隠蔽シタル記載ハ犯罪ヲ構成シ、追訴及ビ処罰ヲ受クベキモノナルコトヲ諒承ス」となっている。回りくどく洗練されていない翻訳調低級日本文で、今までに接したことのない形式であった。ここにも占領下の空気を吸わされた。

議員に関する追放事務は議会事務局が扱い、議員から提出された調査書を内閣は独自に検閲（実際は取次ぎに等しい）をなし、それを総司令部に提出して審査を受けるのである。総司令部では民政局（局長ホイットニー、次長ケーディス、担当官ウィリアムス）の公職審査課が担当している。その間の交渉に当った近藤英明貴族院書記官は次の様に語っている。

「当時追放には三つの型があった。

第一は個人指名追放で、勅選議員松村義一の場合がそれで、松村さんは内務大臣に内定した時新聞記者に今度の日本国憲法には反対だと言明した。それが新聞に報道された翌日に追放になっている。

第二は形式主義の追放で、徳川圀順公の場合がそれで、陸軍少尉なる職業軍人であったことで追放となった。徳川公は日本赤十字社の社会事業に貢献しているので抗議したが、その功績は認めなかった。

第三は日本の内部反発により追放になった場合で、松本治一郎はその例で、人物についての調査はせず、又理由も明示しないでG項に該当とだけを表明して追放している。

実際この様な形で追放が行われ、G・H・Qは資料を充分に検討したとは思えない、一方的であった様だ。判断の基準のとり方など了解できないことがあった。勅選松村義一議員の指名追放は気の毒に思っている。日本の申し出は殆んど聞き入れなかった。ただ南洋長官の追放取消の申し出は受けた。国連による委任統治を依嘱されているから追放には当らないと申し出たらそれを認めたので、これが唯一であった。追放の結果はすべて総理大臣の責任となっていた。」

と語っている。

追放に該当しない議員には、内閣書記官長よりその旨を貴族院書記官長に通達がある。それにより本人には次の様な文書が送付される。

連合国総司令部承認人事通達の件

連合国総司令部より貴庁関係別添左記の者に対し頭書の官職に任命又は留任することに異議がない旨の回答を受けたので御通報申上げる

貴族院議員　爵　　　殿

昭和二十一年十一月三十日

貴族院書記官長　小林次郎

貴族院議員

子爵　水野勝邦殿

今三十日別紙寫ノ通内閣書記官長ヨリ通牒有之候間此段及御通知候

内閣人発第一二七號

昭和二十一年十一月二十八日

内閣書記官長

貴族院書記官長殿

聯合国總司令部承認人事通達の件

聯合國總司令部より貴院關係別紙左記の者に對し頭書の官職に任命又は留任することに異議がない旨の回答を受けたので御通報申上げる

貴族院議員

子爵　水野勝邦殿

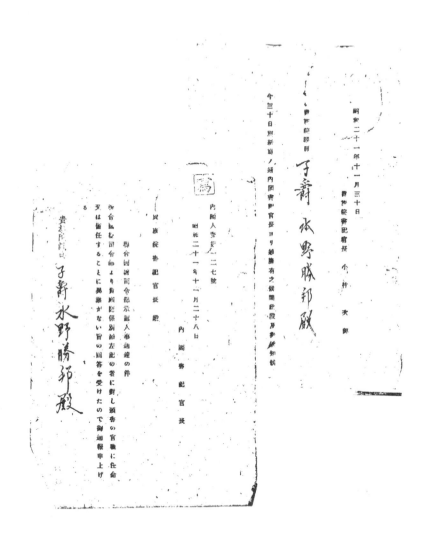

四、貴族院議員の追放

この公職追放とはどういう処置と理解すべきか、ポツダム官言に基く軍国主義を日本から排除する目的ではあるが、刑罰上の禁固の性格か、戦争の責任にたいする処罰なのか、敗戦国の処分なのかなどの解釈が出た。最も問題であったのは、該当の適否で、この点で疑問は大きく、形式的該当者があり、その反対に実質的には該当するも、形式上から非該当者も出た。当時小林次郎貴族院書記官長と近藤書記官が総司令部と交渉に当り、議員の諒解を得るため尽力した。貴族院議長公爵徳川圀順の追放については、近藤書記官も語っている通り、疑問があり、公職追放には不信の念が起った。たしかに徳川公は陸軍少尉に任官した職業軍人ではあるが、間もなく退官し、一民間人として既に三九年を経過していて、その間には国際文化事業や、日本赤十字社社長などの社会事業に専念して、その功績は大きかったが、総司令部は形式上に重点を置き、職業軍人であってしかも貴族院議長なる政治上の重要なる地位にあるからとして追放とした様だとしている。

正副議長就任問題　この様な経緯によって徳川公は貴族院議長を退官（書類上は貴族院議員の辞任届による）となるが、既に副議長伯爵酒井忠正は戦争犯罪容疑で収容となっていて副議長は空席であったため、同時に正副議長の不在は議会構成上認められず、徳川公の公職追放による辞任は一時混乱した。先ず六月十九日に伯爵徳川宗敬（研究会）の副議長勅任が行われ、その後直ちに圀順公の議長辞任が勅許になった。徳川宗敬伯は「副議長の交渉を初めて受けてから僅か二、三時間で就任式もなかった。圀順公の議長辞任の勅許のほんの数分後に公爵徳川家正の議長就任が親任された」とその時のあわたゞしさを述懐している。家正公の議長就任決定にも貴族院として異例で、慣行では次期議長はその時の全院委員長を選ぶことになっていた。第八九議会の全院委員長は公爵島津忠重であったから、慣行上からして島津公が就任することになった処、忠重公は海軍少将の前歴があり、公職追放該当者とされていたため家正公に決ったのである。

〔伯爵　徳川宗敬〕とくがわ　むねよし
議員在職　昭和十四年七月～昭和二十二年五月
研究会役員　研究会幹事・常務委員
旧徳川三卿　明治十七年七月授爵（伯爵）
明治三十年五月生　侯爵徳川篤敬の次男　東京帝国大学農学部卒　農学博士　帝室林野管理局技手　大日本山林会副会長　帝国森林会評議員　同理事　東京帝国大学農学部講師　華族世襲財産審議会委員　同法参事官　貴族院副議長　国土計画審議会委員　講和会議全権　社団法人尚友倶楽部理事　参議院議員（第一回）

五、研究会の議員異動

連合軍の占領下であったから、総て占領軍の指令を待たなければならず、議員は独自に行動はとれず慎重であった。研究会は三月の総会で公職追放に関する申し合せを行い、各員は占領下日本の現実を認識し、相互の連絡を一層密にし、活動の中心を尚友倶楽部に置くこととした。

尚友倶楽部については既に述べた通り、研究会所属議員が退職後も親睦を深め、公益事業に貢献する団体として、昭和三年九月社団法人の認可を得、今回の公職追放とは直接関係はなかったが、自発的に役員の退任者（何れも公職追放該当者）が出た。

退任理事　　八名
伯爵　酒井忠正　　伯爵　溝口直亮　　子爵　大河内正敏　子爵　岡部長景　　子爵　伊東二郎丸
子爵　裏松友光　　勅選　青木一男　　勅選　山川端夫
新任理事（補充）　八名

伯爵　林博太郎　　伯爵　徳川宗敬　　子爵　三島通陽　　子爵　織田信恒　　子爵　北条雋八
子爵　水野勝邦　　勅選　白根竹介　　勅選　松本　学
留任理事　　五名
伯爵　後藤一蔵　　勅選　平塚広義　　勅選　松岡潤吉　　多額　斎藤万寿雄　　多額　渡辺甚吉
であった。

研究会会員　戦犯容疑及び公職追放の五項の何れかに該当した議員は七六名に達し、それぞれ辞任の手続をとった。これを追放該当職務別で分けると次の様になり、内には一つ或いは三つの事項に該当する者もある。

一、戦争中の内閣関係
子　岡部長景（文相）　　勅　湯沢三千男（内相）　　勅　津島寿一（内閣顧問）
勅　木村尚達（法相）　　子　渋沢敬三（蔵相）　　勅　内田信也（農商相）
勅　有田八郎（外相）　　勅　河原田稼吉（文相）　　勅　八田嘉明（拓相）
勅　青木一男（蔵相）　　勅　結城豊太郎（内閣顧問）　　勅　大橋八郎（書記官長）
勅　伍堂卓雄（商相）　　勅　小泉親彦（厚相）　　勅　星野直樹（書記官長）
勅　村瀬直養（法制局長官）　　勅　賀屋興宣（蔵相）　　勅　勝田主計（蔵相）
勅　唐沢俊樹（法制局長官）　　勅　黒崎定三（法制局長官）　　勅　藤原銀次郎（国務相）
勅　広瀬久忠（国務相）　　勅　森山鋭一（法制局長官）　　勅　宮田光雄（警視総監）
勅　藤沼庄平（警視総監）　　勅　斎藤　樹（警視総監）　　勅　横山助成（警視総監）

二、戦争協力の重要な役割
子　大河内正敏（理研）　　子　井上匡四郎（技術院総裁）　　子　野村益三（帝国水産会）

三、大政翼賛会、翼賛政治会、大日本政治会首脳

子　八条隆正（総務）　子　立花種忠（理事）　勅　堀切善次郎（総務）
伯　児玉秀雄（総務）　勅　下村　宏（総務）　勅　小倉正恒（総務）
勅　正力松太郎（総務）　多　松井貞太郎

四、陸海軍勅任官

子　土岐　章（陸軍政務次官）　子　大島陸太郎（陸軍政務次官）　子　大岡忠綱（陸軍参与官）
子　伊東二郎丸（陸軍政務次官）　伯　溝口直亮（陸軍政務次官）　伯　堀田正恒（海軍政務次官）
勅　山川端夫（海軍勅任教官）

五、職業軍人

子　谷　儀一（陸軍少将）　子　宍戸功男（陸軍大佐）　子　松平忠寿（海軍大佐）
子　波多野二郎（海軍大佐）　子　河瀬　真（海軍少将）　伯　山本　清（海軍中佐）
子　米田国臣（陸軍大佐）　勅　大橋理祐（陸軍中尉）　子　曽我祐邦（陸軍中尉）
勅　三井清一郎（主計総監）　勅　坂西利八郎（陸軍中将）　勅　寺島　健（海軍中将）
勅　鈴木貞一（陸軍中将）

六、極端なる国家主義関係

伯　二荒芳徳

七、戦時金融機関

子　松平康春（朝鮮銀行監事）　伯　渡辺　昭（台湾銀行監査役）
子　恵松友光（南方開発銀行監事）　子　舟橋清賢（戦時金融金庫監事）
子　阪谷希一（華北連合準備銀行顧問）　勅　西野　元（日本勧業銀行総裁）
勅　有賀光豊（朝鮮殖産銀行）　勅　関屋貞三郎（日本銀行）

八・その他戦時協力者

勅　井坂　孝（枢密顧問官）

伯　樺山愛輔（同右）

勅　山岡万之助（関東長官）

勅　田口弼一（衆議院書記官長）

勅　竹内可吉（企画院総裁）

多　二瓶泰次郎（翼賛政治会）

多　米原章三（同右）

多　栗林徳一（南洋興発）

勅　安宅彌吉

子　李　埼鎔（朝鮮貴族）

公職追放等の理由により辞任された議員には、今後個人として、又尚友倶楽部員として協力を願うため、これら旧議員を招き、貴族院議員食堂にて送別会を開いた。前議員三〇名を来賓として迎え、席上主催側を代表して伯爵後藤一蔵研究会常務委員の挨拶があったが感無量であった。

公職追放はこの様にして実行されたが疑問は多く問題があった。先ず該当の適否は二つの機関が行っている。第一は日本政府であるが決定はできなかった。最終は総司令部が指示した。しかし責任は政府が負う形であった。第二は該当の規準が不明確で、例えば軍国主義者の追放としながら、戦中から反軍主義を唱えていた者が追放処分を受けている。該当に不服の場合にたいし、訴願委員会が日本側に設けられてはいたが、最終決定は総司令部に在ったから、実質的には無意義な存在であった。又直接総司令部が指名追放を行った例もあり、その場合該当事項が明確でない場合があった。その顕著な一つとして研究会所属であった藤沼庄平勅選議員について記す。

藤沼庄平の抗議　昭和二十二年二月二日にG項該当として総司令部の指名追放を受けた。藤沼は既に前年七月七日に議員を辞任し、必要な審査書類を総司令部に提出し、その認可をとって枢密顧問官に就していたのであり、東京都長官に就任の時にも同様の手続をとって、認可されているので、今回の追放指名は納得できなかった。又追放理由をG項としてあった（G項とは、その他の軍国主義者および極端なる国家主義者とある）。そこで藤沼は「自分は非軍国主義者」であったとする一八項目に及ぶ例証を挙げ、追放該当は理解できないとして、その説明を求めるとともに、解除の申請書を直接マッカーサー最高司令官宛に五回、その他米国の大統領等に併せて一六回も抗議書を出しているが、一度も誰からも回答は得られなかった。結局二十六年八月の解除までには何等の反響がなかった。抗議書の最後のものには

一、審査方法、手続の不明朗
一、調査の不徹底
一、訴願委員会の不可解等

をするどく追求し、その間の経緯を述べ（原稿用紙一千枚を起す）、「指名追放を通観すれば、法律の解釈適用事務処理の能力もなく、所信もなく定見もなく、正義もなく、通常人の能力を有ってるかゞ疑われる。驚くべき文明人です」と酷評し、「アメリカ官憲に対する抗議のパンフレットはこれをもって最後とします。これによって私は私の姿を友人に報じ且つ私の子孫に伝えたいのです」と結んだ。藤沼の信念の強さに敬服するとともに、勝った国の立場と敗けた国の立場をしみじみと感じさせられた。

〔勅選　藤沼庄平〕ふじぬま　しょうへい
議員在職　昭和八年十二月〜昭和二十一年七月（公職追放辞任）
研究会入会　昭和九年十一月二七日
研究会役員　協議員・常務委員
明治十六年二月生　東京帝国大学法科大学卒　奈良・鹿児島・京都・大阪各府県警察部長　大阪府港務部長　茨城県知事　内務省警保局長　新潟県知事　衆議院議員（当選一回）　東京府知事　警視総監　第一次健康保険審査会会長　内閣書記官長（広田内閣）　東京都長官兼警視総監　枢密顧問官　大東亜調査会第一分科幹事　社団法人尚友倶楽部理事　昭和三十七年一月五日没

戦争責任者　ポツダム宣言に基き、占領政策の一つとして戦争責任者の処置が問題であった。第八九議会でも既に

論議されたが結論は得られなかった。占領軍総司令部は先ず前述の様に公職追放を行い、第二に戦争犯罪容疑者の逮捕収容を行った。二十年九月十一日に東条前首相等の逮捕を指令し、同年十二月二日に梨本宮守正王を始め広田、平沼の両前首相等五九名が、続いて十二月六日には近衛公等二八六名にたいし十二日に収容する指令が出た。このうちには研究会会員では、青木一男、藤原銀次郎、星野直樹、下村宏、正力松太郎、伍堂貞雄、酒井忠正伯、岡部長景子、大河内正敏子らが含まれていた。これにつき、収容後米軍にどんな取扱をされるか、全く分らない不安を抱いたにも拘らず、期日よりも二日も早く自発的に巣鴨拘置所に入所した人があった。それは岡部子で、進んで収容所入をした心構は立派なものとされ、そのため米軍の印象がよく好意をもってくれたという。ここで二ヵ年間を過した。岡部子に対する米軍司令部の好意の表明は、同子が巣鴨に拘置中、夫人が病気危篤に陥った際、出所して夫人の臨終に馳せ付けることを特に許したことであった。

六、華族会館接収

昭和二十年秋の或る日研究会事務所（尚友会館）に連合軍の将校が来館し、接収の目的で建物の調査を行った。この時は松平康春子が立会い応待した。連合軍は調査の結果、接収の目的には条件が整わなかったことから、松平子は向側に華族会館があることを伝えた。早速会館の調査を行って帰った。会館は何れは接収されると覚悟した。同年十一月十五日に連合軍から使用の申し出を受け、即ち接収され地上三階建の洋館全部を米軍婦人将校宿舎にあて、〈ピアスクラブ〉と名付けた。尚友会館は連合軍の接収に適せず、接収はその後も免れた。

第八節　憲法改正と研究会

一、議員の補充

戦犯容疑者の逮捕と公職追放の処置によって、貴族院議員四二〇名のうち辞任者は一七八名に達した。（三月二十日現在）又昭和二十一年七月で互選議員の任期が満了となる互選議員については貴族院令を改正して任期の延長を決め、補欠選挙については非常時に対処するため、正規の選挙手続を経る余裕がなかったため略式をもって選任した。

昭和二十一年十二月四日第九二議会で〈昭和二十一年勅令第三五一号貴族院令第一条第三号、第五号、第六号の議員の任期延長に関する勅令の一部を改正する勅令案〉を可決した。有爵互選議員の補欠選挙は同年五月から八月に渉り逐次行い、又勅選議員の任命もあった。これらの新任議員については何れも総司令部の資格審査を受け認承をとって就任した。その結果伯爵議員八名、子爵議員二七名、多額議員三名の他勅選議員では一七名の合計五五名が研究会に入会した。しかしこれら新任議員はやがて実施される新憲法によって議員の資格は解消することが分かっていたから（勿論留任議員も同じで）それまでの短期間の議員就任のために、現在の職場を離れなければならない者もあり、殊に公務の場合に支障が出た。子爵岩倉具正は職場との関係が解決せず、僅か在任一ヵ月で辞任している。子爵田中薫は神戸商科大学教授であったため、貴族院の解消までの期間（二十一年五月十日より）休職とし二重身分の特例として了解事項の扱いとなっている（神戸大学経済学部の回答）。従って田中教授は議会解消後自動的に復帰が認められたのである。

二十一年八月を最終として三ヵ月間に選任された伯・子爵議員は次の通り。（カッコ内はその時の職名）

伯爵　前田利男（宮内事務官）
伯爵　奥平昌平（元貴族院議員）
伯爵　東久世通忠（小西六取締役）
伯爵　南部利英（企画院調査官）

以上五月九日就任

伯爵　壬生基泰（軍需省軍需官）
伯爵　金子武麿（電気化学工業会社）
伯爵　宗　武志（東亜外事専門学校教授）
伯爵　清閑寺良貞（宮内省式部官）

以上五月十日就任

子爵　黒田長敬（宮内省大膳頭）
子爵　松平銑之助（衆議院理事官）
子爵　六角英通（東北帝大教授）
子爵　細川利寿（国策パルプ工業専務）
子爵　交野政邁（松坂屋取締役）
子爵　田中　薫（神戸商大教授）
子爵　岩倉具正（国際電気通信社）
子爵　榊原政春（文化建設会理事）
子爵　七条光明（関東電気工業会社）
子爵　牧野忠永（日本石油）
子爵　井上勝英（農林事務官）
子爵　森　俊成（元貴族院議員）
子爵　内藤政光（帝室学芸員）
子爵　岩下家一（住宅営団事務取扱）
子爵　細川興治（宮内省陵墓監）
子爵　永井直邦（東京都主事）
子爵　青木重夫（元日本火災保険会社）
子爵　土井利章（日本レンズ工業会社専務）
子爵　三宅直胖（飛島組）
子爵　植松雅俊（殿　掌）
子爵　日野西資忠（殿　掌）
子爵　滝脇宏光（元貴族院議員）

以上六月二十八日就任

子爵　三浦矢一（南満州鉄道）
子爵　伊東祐淳（日興木材）

子爵　朽木綱博（東京宝塚）　　　　子爵　鳥居忠博（三井物産）
以上八月二十二日就任

これら有爵議員は全員研究会に入会した。更に勅選議員の補充勅任も行われ、研究会には次の二一名が入会した。月日は就任の日を示す。

三土忠造　　　　　　　　　　　　　　二月五日
松井春生　野田俊作　松尾国松　種田虎雄　以上三月二二日
板谷順助　朽木嘉郎　片岡直方　　　　　以上五月一八日
副島千八　村上義一　　　　　　　　　　以上六月五日
松島鹿夫　高柳賢三　膳桂之助　徳田昂平　以上六月八日
大野良蔵　山地土佐太郎　　　　　　　　以上六月一九日
正田貞一郎　　　　　　　　　　　　　　七月一七日
富山一清　　　　　　　　　　　　　　　七月二九日
石川一郎　　　　　　　　　　　　　　　八月一四日
藍沢弥八　　　　　　　　　　　　　　　八月二一日
深田武雄　　　　　　　　　　　　　　　九月二一日

多額納税者議員の補欠選挙により研究会に入会したのは五月から九月の間に次の三名であった。

長島銀蔵　五月一八日　静岡県
江口文雄　六月二八日　佐賀県
鏑木忠正　九月七日　東京都

これらの新任議員の入会により、研究会は終戦以前に優るとも劣らない充実さを示し、憲法改正という重要議会を控えて、その責務を全うせんとする態勢は整った。有爵互選議員の異動は結局次の通りである。

	辞任	欠員	計（補充）
伯爵議員	七	一	八
子爵議員	二二	五	二七
男爵議員	一九	二	二一

これらの議員へは総司令部の認可を得た後に当選証書が渡された。

二、研究会役員選任

公職追放と戦犯容疑者が研究会内からも多数を数え、憲政史上に例のない改造議会構成となった。二十一年五月三十一日研究会は総会を開いて新しく役員の選出を行った。常務委員の約半数は新任者であった。

常務委員……伯　後藤一蔵　伯　徳川宗敬　子　織田信恒　子　三島通陽　子　北条雋八
子　水野勝邦　勅　白根竹介　勅　山川端夫　勅　平塚広義　多　松岡潤吉
多　斎藤万寿雄　多　渡辺甚吉

幹　事……子　京極高修　子　本多忠晃

会計監督……子　今城定政　子　戸沢正己　子　実吉純郎

協議員……伯　林博太郎　伯　二荒芳徳　伯　柳沢保承　子　西尾忠方　子　大河内輝耕
子　高木正得　子　加藤泰通　子　秋元春朝　子　森　俊成　子　保科正昭
子　高橋是賢　勅　松村真一郎　勅　副島千八　勅　長　世吉　勅　高柳賢三

勅　膳桂之助　　多　古荘健次郎　　多　飯塚知信
調査部部長……子　大河内輝耕
同副部長………伯　大木喜福　　勅　松村真一郎
同幹事…………子　松平乗統　　子　鳥居忠博　　子　三浦矢一
調査部第一部理事……子　滝脇宏光　　子　綾小路護　　子　松平親義
同　　第二部理事……子　北小路三郎　　子　安藤信昭　　子　大久保教尚
同　　第三部理事……子　梅溪通虎　　子　錦小路頼孝　　子　京極高鋭
同　　第五部理事……子　柳沢光治　　子　稲垣長賢　　子　土屋尹直
同　　第六部理事……伯　前田利男　　子　入江為常　　子　斎藤　斉

第四部は軍部関係であったから理事は選任しなかった。その後の変更で第二部理事の安藤子が辞任したので伯爵宗武志が選任され、常務委員の変更は、六月十九日に徳川伯が副議長に就任したため、その後任として伯爵橋本実斐が選任、七月に公職追放令に該当した山川端夫の後任として勅選松本学が選ばれ第九〇議会に臨んだ。その後に多額渡辺甚吉が退ぞき、多額秋田三一が一時就任し、二十二年になって多額結城安次が選任され、これが研究会解消時までの常務委員であった。

三、憲法改正

（此の項は尚友倶楽部刊「貴族院における日本国憲法審議」に精述したので、ここでは研究会の立場からの憲法改正を記す）

日本はポツダム宣言を受諾したことによって、当然帝国憲法の改正が必要となり、併せて議会制度も検討しなければばならなくなった。憲法の改正は日本再建の基礎であったから、政府の態度は極めて慎重であった。連合軍は占領政策として（降伏条件のもとで）日本政府と帝国議会の権能によって行わせる方法をとった。幣原内閣は日本の自主的立場で、松本烝治国務大臣を憲法担当大臣として、憲法問題調査会を設置し、宮沢俊義ら専門学者を加えて極秘のうちにすすめられた。その改正目標がはじめて発表されたのは、二十年十二月八日の衆議院予算総会であった。当時は総司令部の統治下であったから公表はすべてその了解がなければできなかったから、この発表もその意味で重く見られた。これを憲法改正の四原則といわれ、その内容は

一、天皇が統治権を総覧せられることを大原則とす

二、議会の権限を拡大するが、一方統治の大権は或る程度制限する

三、国務大臣の輔弼の責任は国務全般に及ぼす

四、人民の権利と自由の保護を強化するとともに、その侵害にたいし救済を十分ならしめる

であった。貴族院の関心は国会の構成にあり、改正案の中には有爵議員の減員が取り挙げられていた。それによると互選議員の数を三〇名としている。これは現在の一〇分の一に過ぎず、貴族院の本質は全く失われることになる。これは世論の反映か或は占領軍への配慮からであるのか、何れにしても一つの新しい日本が有爵議員を見る態度を示していた。

政府は衆議院予算総会で公表したこの四原則に基き作業をすすめ二十一年一月二十六日に憲法問題調査会総会に要綱を提出した。しかるにそれが奇怪な事に政府の正式草案と決定するより以前に、又総司令部に提出するより先、二月一日に一新聞が政府案として発表してしまった。政府が狼狽したのは当然で、総司令部に先に出さねばならないものであったから、そのため政府はやむなく急拠二月一日に調査会の未承認草案を正式政府案として総司令部に提出した。案の定マックアーサー元帥はその受入れを拒否した。しかも二月三日にマ元帥は総司令部民政局に独自の三原則（マ元帥ノート）を示し、憲法草案の作成を指示している。総司令部民政局はこの指示により六日間で起草を終え、

二月十三日に日本政府に渡し、政府はこれをもって日本の改正草案として議会に提出させられたのである。議会はこれを受け、帝国憲法に明示してある改正規定に従って、自主的に憲法改正を議事としなければならなかったから、全く日本の純粋の自主的構想は葬られることになった。最も落胆の大きかったのは憲法改正担当の松本大臣であった。これまでの苦心は一瞬にして水泡に帰し、政府の面目は全く失なわれてしまった。政府の草案が反古になったばかりでなく、民間や各政党が苦心して作成し発表した試案も全く廃棄されてしまった。

総司令部から渡された草案は勿論総て英文であったから、先ず日本文に訳さねばならず、日本文の憲法改正草案要綱として発表したのは二十一年三月六日であった。しかも総司令部作成であるとの表示は全く出せず、日本政府原案として審議を受けるため議会に提出された。憲法改正の議会は二十一年五月十六日に第九〇臨時議会として召集された。研究会の勅選山川端夫は三月二十一日にこの憲法改正草案要綱にたいし「憲法草案ニ対スル管見」と題する二八頁に及ぶ意見書を出した。山川博士は前年夏から独自に貴族院の有志と共に憲法改正の研究を（前述の通り）行っており、広い視野と日本の将来を深慮する信念によって述べたもので、卓見として注目された。この意見書発表には研究会も支援している。稿末に発表した理由として

「自分トシテモ未タ充分ナル確信ヲ有スルモノニアラサルモ、唯此際議会ノ議事ヲ何等カノ方法ヲ以テ対立的闘争的ノ傾向ヨリ相談的協調的ナル遣ロニ転向スルノ必要ヲ痛感スル次第ナルヲ以テ大方ノ叱正ヲ仰ク為ニ仮リニ提出シタルニ外ナラズ」

と記している。この信念は憲法審議に臨む議員にも共通するものがあった。

憲法改正草案によれば有爵議員は消滅することが決定的で、しかもそれまでの短い期間に重大なる憲法審議という最高の議事に臨むことになり、又それに伴なう諸法案や占領政策のための法案を成立させねばならない責任があり、各議員は最後の職責完遂に遺憾なきよう申し合せをした。その態度は一致協力で滅私の誠に徹し、強い責任感をもって議会に臨んだ。研究会は常務委員会を開いて議会に臨む態度について慎重に協議を重ね、審法審議に臨む心得を確

認し、現段階における議員としての任務と態度について次の四項を確立することを申し合せた。
一、占領軍の対日方策をできるだけはっきり（誤解の起らない様に）国民に伝えること。
二、日本人の信念や国民の気持を端的にアメリカ側に伝えるよう努力する。そのために一時的な反感を起すかもしれないが、将来の両国のよい関係が生れることを期待して、卑屈にならないこと。
三、占領軍の対日処理にはすすんで協力し、円滑な推進を計ること。
四、占領軍の人々に努めて接し、敗戦国として卑屈にならない様に心懸け、意志の疎通に役立つようにする。
研究会のこの申し合せは、実際にはどれだけ実行されたか、その反響は明らかでないが、会員の心構えとしては意義があった。

四、日本国憲法の審議

憲法改正を審議する第九〇臨時議会は六月二十日に開院式が行われて、十月十二日までの一一四日間に渉る空前の長期議会であった。しかも日本の将来はどうなるのか。例え新憲法が制定されても占領は解けないし、改正も占領軍の占領政策の一環として指示を受けての改正であるから、前途については誰も確信はなく、その上戦後の極めて不自由な、不安定な生活に耐えての公務であった。議員一同身心を励まし、全知全能を集中して、敗戦国から新生日本として立ちあがるための第一歩として、憲法の改正の任に当らねばならなかった。

憲法改正については、憲法条文には明記されていて、その手続については承知はしていたが、誰がこの様な形で改正が実際とり行われることとなると予想し得たであろうか。占領下であるからその指示に従って行うのであって、結局は貴族院議員が自分達がやがてその職から消えるであろう処の改正案を、自ら審議しなければならなかった。占領下なるが故に生じたことで社あるが、悲痛な立場にたたされることとなった。

研究会政務調査会　調査部会は提示された憲法草案につき、事前に調査検討を行い、研究会として草案にたいする態度と意見を纏めることとなった。この調査部会では多くの議員から意見が出た。会員の有志は前年夏以来自主的に憲法問題を討議していたから今回の草案には積極的態度で臨み、先ず論議の多かったのは用語の不完全で、条文は勿論、特に前文は完全な日本語の表現ではなく、了解し難く、法律用語としても甚だしく不適当であり、文法上からも極めて不出来であると指摘した。憲法は内容は勿論、文体も荘厳で権威のあるものでなければならない。表現が翻訳調で冗漫だとし不満を表明した。内容では天皇の地位につき議論され、中でも大河内輝耕子は熱心に取り組まれた一人で、一字一句にも疑問があれば指摘した。天皇を国民の象徴としてある点について疑問があり、地位と権限とが弱少である点を問題としたが、大河内子は「これでよいのだ」との考えを一貫して示し、「過去を顧みると天皇に地位と責任を持たせておきながら、実際には他の者がそれを利用したではないか」と主張した。

憲法改正特別委員会と委員長選出　憲法の改正ということは議会における最大の議事であるから、貴族院としては全院を挙げてその重大な責任を果すべしとの見解をとり、審議の方針についても検討した。先ず付託される特別委員会の構成は最大なものとし、その委員長には貴族院の代表的の議員との意見から、公侯爵議員中より選任されることを申し合せた。帝国憲法改正法案は六月二十日に衆議院提出、衆議院にて修正議決して貴族院に上程となったのは八月二十六日であった。この日吉田茂首相の提案理由説明の後、研究会の勅選高柳賢三らが質疑をなし、四五名からなる特別委員会に付託された。各派交渉会では委員長は火曜会の侯爵細川護立を最適任者として推したが、同侯は病身との理由で受けなかった。第二案として慣行により大会派である研究会からとなった。しかし公侯爵を差しおいて伯子爵議員中から選任することには異論があった。もう一つは憲法の改正はその審議の内容から、専門に渉るので、憲法学者の議員から選べとの説が出た。そうなると実際には研究会会員中にはあるが、火曜会には適任者はなく、広く他会派からも選べることになる。各派交渉会では、後藤一蔵伯（研究会）の強い主張があって話し合いの結果研究会から委員長を出す方針となり、他会派もこれに賛成して選考が進んでいた。しかるにその後に最終決定の各派交渉会が召集された時、前回の申し合せに反して、交渉委員の勅選河井弥八（同成会）が同会の勅選安倍能成を推挙して譲らなかったことで、安倍能成を委員長とすることで押し切られてしまった。安倍は幣原内閣の文部大臣となり、それによって昭和二十年十二月に勅選議員に就任したので、議員経験は極めて浅く、しかも法案審議の特別委員長の経験はなかったから、誰しも不安を禁じ得ず。納得できなかった。何故この様に三転したのか、少し考察して見よう。

その理由と考えられることは、従来研究会が貴族院において指導権を握って来たことにたいし、同成会は兼ねてより強い反発があって、それが河井の強い態度となったこと。第二は研究会が自分の会から委員長を出すことに積極性を欠いていたことで、研究会の幹部は憲法改正という重大な立法行為には貴族院一致の形をとることを望み、形式的にも公侯爵より選出することを諦めず、そのため躊躇してしまった。研究会としては細川侯の受諾にこだわり心残りがあったからで。病身が理由なのであるからやむを得ないことではあるが、憲法改正という重大性を考え、貴族院の本質からして最後まで期待していた。それ故研究会としては、同成会から委員長が出たことよりも、細川侯の委員長が実現にいたらなかったことを強く遺憾とした。安倍の委員長にたいし、副委員長には研究会から出すことになり、伯爵橋本実斐が選ばれた。橋本伯は研究会を代表する一人で、豊富な議会経験を持っていたから、経験の少ない安倍委員長を助けて、実際上の委員会運営の大役を荷った。委員は次の通りで、研究会から一五名がはいった。同和会の野村嘉六は委員に選任されたが、辞任しその補欠として勅選高木八尺（同成会）が選任された。高木は昭和二十一年九月十八日に勅任された憲法学者の議員であったから、憲法改正のために勅任された様であった。

委員長　　勅　安倍能成（同成会）

副委員長　伯　橋本実斐（研究会）

公　岩倉具栄（火曜会）	侯　細川護立（火曜会）	侯　浅野長武（火曜会）
侯　中山輔親（火曜会）	伯　後藤一蔵（研究会）	子　高橋是賢（研究会）
子　織田信恒（研究会）	子　三島通陽（研究会）	子　大河内輝耕（研究会）
子　松平親義（研究会）	男　今園国貞（公正会）	男　飯田精太郎（公正会）

男　白根松介（公正会）　男　渡辺修二（公正会）　男　中御門経民（公正会）　男　松田正之（公正会）
男　松平斉光（公正会）　学　山田三良（無所属）　勅　南原　繁（無所属）　勅　平塚広義（研究会）
勅　松本　学（研究会）　勅　三土忠造（研究会）　勅　岩田宙造（同和会）　勅　野村嘉六（同和会）
勅　沢田牛麿（同和会）　勅　田所美治（同和会）　勅　村上恭一（同和会）　勅　下条康麿（同成会）
勅　高木八尺（同成会）　勅　大谷正男（同成会）　勅　小山完治（交友倶楽部）
勅　長谷川万次郎（交友倶楽部）　勅　浅井　清（交友倶楽部）　勅川村竹治（交友倶楽部）
勅　牧野英一（無所属）　勅　霜山精一（無所属）　勅　宮沢俊義（無所属）　勅　佐々木惣一（無所属）
勅　山本勇造（無所属）　多　結城安次（研究会）　多　滝川儀作（研究会）　多　渡辺甚吉（研究会）

審議過程と内容　第一回の委員会は八月三十一日に開き、十月六日まで続いた。幣原内閣では松本烝治国務相が担当であったが、吉田内閣は金森徳次郎国務相を憲法改正の担当大臣とした。限られた期間内に国の最高不滅の憲法の改正を成立させねばならなかったから不安は大きかった。審議する草案は前述の通りもともと総司令部において作成したもので、しかも原案は英文で、それを訳したものであるから、日本の観念とは一致しない点が多く、更に審議の経過は毎回その都度総司令部に報告しなければならない。それも総司令部では英文で検討されて、その指示を受けて議会は審議を進めるのである。その間に日米人の理解事情に相異が出るから、極めて複雑となり、委員会はその煩わしさに耐えねばならず、審議は円滑には運ばなかった。

先ず根本問題として、どういう立場をもって臨めばよいのか。総司令部は現行の帝国憲法に定められている手続で行うことを指示しているので、手続は自主改正であるが、草案は米国案で、しかも日本独自の自由な改正はあり得ないとする変則的な自主改正であった。その点で特別委員会は政府と議員の両者が共に苦心した。論議の中で最も重視した点を三つ選ぶとすれば、一、天皇の地位（国体論）　二、参議院の設置（二院制論）　三、戦争放棄とすることができる。（尚友倶楽部刊　貴族院における日本国憲法審議参照）

シビリアンズ問題（小委員会懇談会）　特別委員会は既に二〇余回に及び一ヵ月を経過した昭和二十一年九月二十三日に総司令部から草案第六六条の第二項として〈将来の総理大臣及び国務大臣はシビリアンズでなければならない〉の一項を加えることを要求して来た。これは既に衆議院の特別委員会にも挿入を要求しているが、その時は日本は戦争を放棄している憲法下に置かれるのであるから、最早や軍人は存在しないとの見解で、この申し出を受け入れなかった。今回は総司令部ではなく、極東委員会からだとして強く要求して譲らなかった。特別委員会は今までに日本は兵役の義務があったから、殆んどの健康な人は大臣になれないことになる一種の公職追放就任制限として反対した。既に一応の審議が終っていたが、連合軍の申出は拒否できないので、特別委員による小委員会を設けてこの取扱いを協議することとなった。

小委員会は懇談会としたから総司令部への報告も必要のない、又速記も付かない懇談会として九月二十六日から開き、そこで政府と委員は自由に発言した（尚友倶楽部刊　貴族院における審議資料―橋本メモを参照）。この会は一五名で研究会からは四名（〇印）が参加した。

侯　浅野長武　　伯　橋本実斐〇　　子　織田信恒〇　　男　飯田精一郎　　学　山田三良　　勅　牧野英一
勅　霜山精一　　勅　下条康麿　　勅　川村竹治　　勅　高柳賢三〇　　勅　田所美治　　勅　松本　学〇
勅　宮沢俊義　　勅　浅井　清　　勅　高木八尺

この委員長は橋本伯が選任され、シビリアンズの取扱を協議した。織田子（研究会）は「今はよいが将来又軍の再建などのことが起らないとは限らない。シビリアンズの一項を入れることは、将来確保のためによい」と発言し、金森国務相から「世の疑惑を解いて、又国家を極度に安定に導いて行く上で、とにかく社会的に見て、略々許され得る範囲の判断を以て考えて行きまするとと、相成るべくはそうありたい」と政府側として賛意を表したことにより挿入と決った。

この様に織田委員の提案が採用と決った経緯には、子爵梅溪通虎（研究会）の努力により、吉田首相―白洲次郎―

Draft of Japanese Constitution

We, the Japanese people, acting through our duly elected representatives in the National Diet, determined that we shall secure for ourselves and our posterity the fruits of peaceful cooperation with all nations and the blessings of liberty throughout this land, and resolved that never again shall we be visited with the horrors of war through the action of government, do proclaim the sovereignty of the people's will and do ordain and establish this Constitution, founded upon the universal principle that government is a sacred trust, the authority for which is derived from the people, the powers of which are exercised by the representatives of the people, and the benefits of which are enjoyed by the people; and we reject and revoke all constitutions, laws, ordinances, and rescripts in conflict herewith.

Desiring peace for all time and fully conscious of the high ideals controlling human relationship now stirring mankind, we have determined to rely for our security and survival upon the justice and good faith of the peace-loving peoples of the world. We desire to occupy an honored place in an international society designed and dedicated to the preservation of peace, and the banishment of tyranny and slavery, oppression and intolerance for all time from the earth. We recognize and acknowledge that all peoples have the right to live in peace, free from fear and want.

We hold that no people is responsible to itself alone, but that laws of political morality are universal; and that obedience to such laws is incumbent upon all peoples who would sustain their own sovereignty and justify their sovereign relationship with other peoples.

To these high principles and purposes we, the Japanese people, pledge our national honor, determined will and full resources.

CHAPTER I. THE EMPEROR

Article 1. The Emperor shall be the symbol of the State and of the unity of the people, deriving his position from the will of the people with whom resides Sovereign power.

— 1 —

特別委員に渡された原文

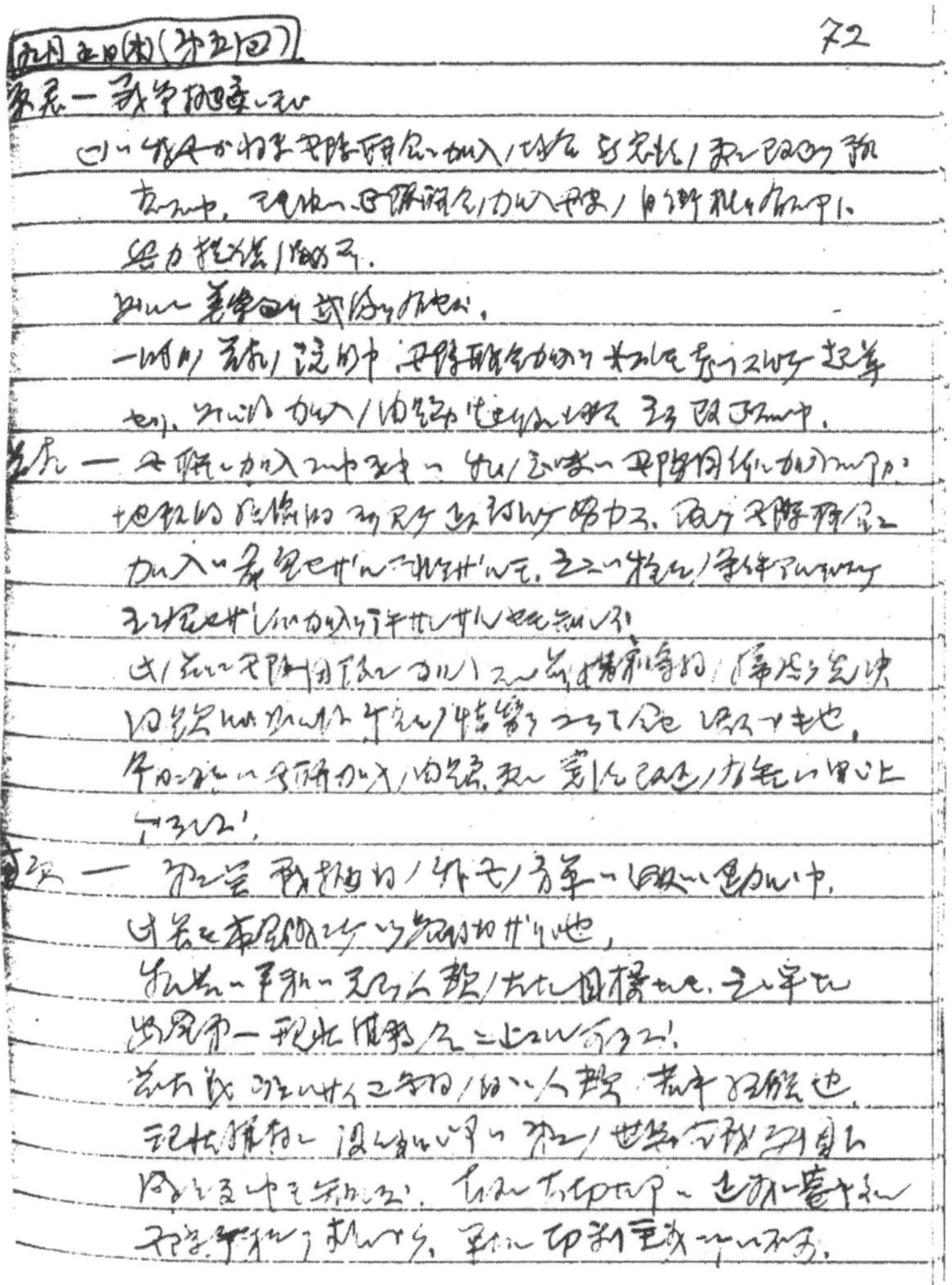

橋本実斐会議メモ

織田子への橋渡しがあったことが後に明らかになった。梅溪子は白洲・織田会談について

「総司令部から吉田首相に、貴族院で目下審議中の憲法を修正し、シビリアンズの一項を挿入するよう申し入れがあった。当時吉田首相と総司令部との連絡役をしていた終戦連絡中央事務局次長の白洲さんはこの申し入れを受けて、首相が心配されているので、何んとか貴族院側に橋渡しをしなければならないと考えたが、既知の議員は既にパージのためその職を去っていたため容易に連絡がとれなくて案じていた時、たまたま白洲さんとは水産事業のことで親しくしていたことから、外に人がないからといって、私にだれか貴族院に連絡のとれる人を紹介してほしいとの相談があった。自分は議員に就任して日も浅く、よく分らなかったが、事が重大であるので、同じ研究会の織田信恒子爵が、当時研究会の常務委員として有力な幹部の地位にあったので、同子がよいと思うと申しご紹介し白洲・織田会談となった。」（昭和四十七年五月二二日談）

この会談の結果は精しく吉田首相に報告され、一方総司令部とも連絡がとれ、それにより織田子は研究会常務委員会に計り、その了解によって、シビリアンズの一項の挿入の修正を研究会案として懇談会に提案されたのである。これを直ちに賛成したのは牧野英一委員で、その他にも賛成者がかなりあったが、下条康麿委員は賛成できないと表明した。

次にシビリアンズなる英語を何んと日本語で表わしたらよいか協議した。字典では市民と訳すが、憲法の用語として、又戦争放棄を定めていることとの関連から各委員は苦心し、色々な日本語が挙げられた。文臣（下条案）、文人（田所案）、民人（浅野案）。文民（三土案）、文治人・文化人（織田案）、現役軍人に非ざる者、その他凡人、平和人、非軍人、世界人、平和的文化人、文化的人民、武官の経歴なき者、平和業務者などが出た。結局「文民」なる日本語としては存在しなかった新語を用いて、総司令部よりの申し出を実現することが決り、第六六条第二項に「内閣総理大臣その他国務大臣は文民でなければならない」を加えることになった。しかしこの文民は一般人の常識の用語ではなく辞典にもないし、世界のどの憲法にも見当らず、総司令部案が最初であった。「文民でなければならない」とは

実際にどういう意味なのか疑問が残った。単純に字句の通りに現在軍人でない者とする説や、過去に遡って軍人経歴のない者とする説などがあって、明確でなかった。例えば元職業軍人はどうなるか、退役軍人は差支えないか、又現役であっても退職すれば就任できるのか、又現在軍隊は存在しないが自衛官はどうなるのかなどがあった。この時の連合軍側の考えは軍隊を置かないことだけを強調していた。

橋本小委員会委員長は特別委員会での報告では「文民と申しますることは、武臣に相対する言葉で、之を英語で云えば、シビリアンズとでも云うつもりの文字であります。聊か慣れない感無きにしもあらずでございまするが、慣熟して参りますれば、段々シビリアンズの気持が滲み出て来ることと考える次第であります」と苦心の説明をしている。文民の定義はその後になってもはっきりしないし、戦争放棄を憲法第九条に明記されていてなお文民でなければならないの一項を加える必要があるのだろうか。憲法第九条と自衛軍の関係は問題となって来た。憲法に認められた自衛であるから自衛官は文民にはいると考えていたが、高辻法制局長官は自衛官は文民でないと解釈している（昭和四十年五月衆議院予算委員会）から、文民の定義は考え直さねばならなくなった。

その他の修正案は小委員会（たゞ一回だけ開かれた）に出たことを報告している（橋本伯報告）。それは大河内輝耕子（研究会）の天皇の権限の縮少と衆議院の優越性強調、山本有三の漢字制限の立場から文字の修正、山田三良及び高柳賢三（研究会）の共同による天皇の権限を増大する修正、田所美治の家族生活を尊重する様に挿入修正案が出たが、全部否決され文民の一項だけが認められた。以上で小委員会に付託された修正案の取扱が決った。しかし最後まで文章全体が翻訳調であることの不満は解けなかった。この英文の表現と日語訳との不明朗さは、占領下という現実の問題であった。若し時間的に余裕があったら、たとえ原案が英文であろうとも立派な憲法用語によって文が作られたと思う。この翻訳は主として外務省が行っていて、国語学者と憲法学者の参加の時間的余裕の無かったことが最大の原因であった。橋本伯は文民についても「後になると立法者の当時の意図はやがて失われて、字句の解釈だけになることを恐れ配慮し、後になって文民は問題になると当時から懸念していた……」と述懐している。

特別委員会には日本の代表的憲法学者が参加していたので、審議における質疑は政治的というよりも、学問的な立場から討議されたから、委員会は一時は憲法学会の観を呈した。しかも学者の発言であるので、一人で数時間に及ぶ憲法論ともなり、一度も法案の委員長をした経験のない安倍委員長は不慣れから、発言に制肘を加えたため、会場は混乱したこともあり、それを補佐する橋本副委員長が苦心したことも多かった。その間橋本副委員長は質疑応答のメモをとって（小委員懇談会もメモがある）いたことは貢献する処が大きかった。

成　立　本会議で委員長から委員会の経過と結果の報告があり、討論では佐々木惣一、沢田牛麿が反対演説をなし、研究会の松村真一郎、大河内子、三土忠造、松本学の四名の他木下謙次郎が賛成演説を行った。その時の模様について佐藤達夫法制局次長は「声涙ともに下るという切々たるものであり、この際は大局的見地から、明治憲法との訣別の私情をふり切って、新憲法に光明を求めなければならないという趣旨だった」（日本国憲法誕生記）と記している。かくして貴族院においては四ヵ所の修正が行われ。文民の項の挿入の他は、何れも法文の解釈上の誤りを正すのみで、総司令部の事前承認をとって修正議決した。衆議院もこの修正に同意したことで両院は通過成立した。枢密院は十月二十九日に可決したことで憲法改正の手続は全部終了した。

五、日本国憲法公布

日本国憲法は枢密院が可決したことにより昭和二十一年十一月三日公布となった。この日は貴族院本会議場に天皇陛下の臨幸を仰ぎ、憲法公布の式典が行われた。議員席には貴衆両院議員全員が参集し、天皇より次の詔書を拝した。

「朕は日本国民の総意に基いて新日本建設の礎が定まるに至ったことを深くよろこび枢密顧問の諮詢及帝国議会の議決を経た帝国憲法の改正を裁可しここにこれを公布せしめる」

参列者一同は唯憲法改正の大任を果したことだけが現実に身に迫まり、それだけの喜びだけで、占領下日本の立場で力を尽したことが心の慰めであった。日が経つにつれ、審議が充分でなかったことの責任と不安が出て来た。

六、橋本副委員長の追憶

憲法改正特別委員会の橋本副委員長は委員会で苦労したことについて

「委員会としては総司令部（G・H・Q）との交渉が必要で、ウイロビー民政局長や、その下のケーディスらと常に直接交渉が行われた。或る日などは指定された時刻に行くと三〇分も待たされてから。二〇畳もある大きな部室にとおされ、そこではアメリカ側は一尺位もある高い所にいて、戦勝者が敗戦者を見下す優越感を以て、我々を見くだしながら問答を重ねたこともあり、却って滑稽であった。それも一一時半頃になって呼ばれるので夜中に出かけたものだ。その日は貴族院議長官舎で色々と打合せ、それから行く。帰りがおそくなって議長官舎に泊まろうかと思ったことが何度かあった。その時の交渉は英文であったから、何んと訳するか苦心した」と追憶し、成立した憲法についても「この憲法には個人の権利を主張する条文が多く、公益を庇護する規定が少なく、たった一ヵ所しかない。その結果が戦後になって、個人の自由と人権を尊重するあまり、一般公共の利益が圧迫されて、憂うべき状態となった。これはこの憲法の影響である。今日となれば、第九条の国防の事項と共に改正しなければならないと思う。公共や国を中心とした考えが疎かにされてしまった。アメリカとしても、こんな結果となるとは思わなかったと思う。これは日本国憲法の欠陥である。制定当時、将来或る時機になったら改正すべきであるということが取り挙げられなかったかというが、当時は、憲法に対して、下手なことを云っては皇室の安泰を脅かされかねないという切り札をGHQ（総司令部）側に握られていたので、この事のみを気にする弱味があったので。これを無視することができなかった。

GHQは一代華族制はよいといっていたにも拘らず、日本は華族制度の存置迄を殊更に遠慮した。今日世の中が落付いて来ると、復活しておけばよかったともいわれるが、果してどうか。当時の華族の人々の行動が必ずしも全部が立派であったとも限らない。これでよいと思っている。

我々がもう一度考えたいのは。曽てのドイツの様に、占領下の憲法は暫定としておけば理想であった。当時のアメリカが考えていた日本とは、今日では全く異ったものとなっている。当時は政治警察（特高）も撤廃、あらゆる共産党の釈放、言論の自由などを緩やかにしたことは、アメリカは日本の将来への達観が実に下手であったといえる。憲法も世界の情勢に適応したものとしなければならない」と感想を語られた。（昭和四六年二月）。

七、日本国憲法の将来

日本国憲法は正規の改正手続によって成立し公布になったのであるが、その後に不備不満が出て来た。憲法改正を協賛した者の中にも色々論議が起り、その一つに貴族院の憲法改正特別委員会に関係のあった有志は〈日本国憲法萃研究会草案〉を作成（昭和二十九年一月）して、今後の研究資料として提供するとし、その望む処は「憲法の本質に鑑み、法律以下の法令を以って規定するを適当とする手続規定的の条文を除き、不要の形容詞を去り、国憲の大綱を規定した簡素のものとし、明治の如く洗練された日本語で表現するにある」として草案を示しているが、これも尚現行憲法に近いものである。

現行の日本国憲法は前述の通り占領下において、総司令部が作成した草案によったのである以上、改めて日本人の発意による自主憲法の制定が必要で、イデオロギーによる改正論などは排し、国民性を尊重した、独立国日本として、戦争のない世界を実現する様、率先して武力排除へと世界を導き出せる力のある憲法を制定しなければならない。今や敗戦後独立を認められて既に三〇余年になる。その間の世界の動きに国内の情勢の変化を反映させ、独立国日本の国民の総意をもって、充分の日数を費し、慎重に検討を重ね新憲法へと改正を行うべきで、その内容は日本の基本を示す大綱に止め、細則的になってはならないし、一度制定された以上は簡易に改正すべきでないし、その必要もない筈である。

第九節　参議院議員選挙法の成立

日本国憲法の公布によって帝国議会は解消し、新しく国会が生れることとなった。その上院を参議院とすることに決まり、新憲法付属法律案の九件のうちの一つが参議院議員選挙法である。最初アメリカが提示した憲法改正草案では一院制であった。政府は日本の国情から二院制の必要を総司令部に申し出た。交渉を重ねやっと上院も公選を条件として二院制が認められ、それによる選挙法の制定である。政府はこの選挙法案を成立させるため第九一臨時議会に提出した。新憲法により貴族院にかわる立法の府となる議員の選出についての法案であるため、貴族院は一層の関心を持って臨んだ。三六名よりなる特別委員会に付託となり十二月四日から審議にはいった。委員は次の通りで研究会からは一四名が指名され、委員長は伯爵林博太郎（研究会）、副委員長は男爵高木喜寛が互選された。○印は研究会

公　桂広太郎	侯　中山輔親	侯　細川護立	伯　橋本実斐○	子　大河内輝耕○
子　秋元春朝○	子　三島通陽○	子　織田信恒○	子　水野勝邦○	子　松平親義○
男　松田正之	男　肝付兼英	男　松平斉光	男　小原謙太郎	学　山田三良
勅　桑木厳翼	勅　平塚広義○	勅　永井松吉	勅　吉田　久	勅　下条康麿
勅　川村竹治	男　伊江朝江	勅　大木　操	勅　田所美治	勅　松本　学○
勅　山地土佐太郎○	勅　浅井　清	勅　小山完吾	多　松岡潤吉○	勅　作間耕逸
多　三橋四郎次	多　結城安次○	多　磯貝　浩	多　秋田三一○	

この委員会で論議された点は

一、公選との条件で衆議院と異なる特色を出せるか
二。衆議院は選挙区に基盤を置いているにたいし、如何にして学識経験者を選出することができるか
三、全国区と地方区の二本立の選挙区としているが参議院の特色が出るか

などで、松平子（研究会）はこれでは衆議院との相違点は不充分であると質した。大村清一担当大臣はこの程度で二院制の価値は出るし、任期が衆議院に比して長いことを大きな特色であると説明したが、納得は得られなかった。それは、始め二院制を総司令部に要請した時には、政府は推薦制と指定選挙団体（選挙母体）を考えていた。総司令部はこの選挙方法を認めず、衆議院と同じ公選として二院制が認められたのである。ここに大きな齟齬が生じた。しかし委員懇談会では山田三良は、推薦制について政府は困難だとするが、総司令部は推薦制に異存はないと云っているから、修正して入れようと提案した。これにつき大村内相は全国区制があるから、自然推薦団体や後援会が動くから、碩学な練達堪能な人が選出されることとなるので、修正までして推薦制を条文に記す必要はないと答弁した。

次に織田子（研究会）は職能代表制を明記せよと強く主張した。これについて政府は、尤もな制度だが、日本にはまだ充分な組織が整っていないから尚早として認めなかった。

これらの修正案を政府が認めなかったのは、実は政府の答弁ではあるが、総司令部の意向なのである。政府が草案の修正を総司令部に出しても認められないばかりではなく、折角苦労して認めさせた二院制も取り消されるかも知れないとの不安があったからである。

最後に大河内子（研究会）は参議院の制度を遺憾なく発揮するためには。立派な人物を選ばねばならないが、そのよい方法はないかと政府に質した。植原悦二郎国務大臣は政府の考えとして、それは国民の政治自覚と責任とがなければならないと述べ、政府は責任を回避した。更に重要問題で苦しくなると〈法制調査会〉が決めたことだとしてしまう。この参議院議員選挙に限らず、国民の政治意識の向上については政府は何等案を示していない。政府は国民への政治的教養に責任を持つべきであった。

かくして各委員は今後は国民の自覚の必要を説き、併せて条文にも多くの意見を陳述している。しかし法制調査会を表面に出し、又「種々ナル方面」とか「大体ノ空気ノ上カラ」という表現を用いて修正には応じなかった。議員も政府も裏面では「総司令部の意向は変えることができない」ことを知っていた。採決には欠席者一四名、出席者二二名で可決した。これは占領下の議会の複雑さを示し、不満を表したものである。

第六章　帝国議会の解消

第一節　最後の帝国議会

第九一臨時議会　昭和二十一年十一月二十六日に開院式が挙行され、前議会で成立した日本国憲法に付属する法令の制定や、改廃など案件は多かった。既に日本国憲法の実施日が決っていたので、限られた日限でこれら法案を成立させねばならなかった。議員一同は新日本の前途に期待しその努力を惜しまなかった。しかし実際議会の運営上には、種々な支障があった。先ず生活事情が悪く、且多くの者が疎開し郊外に移っていたし、又戦災を受けた議員も多かった。その上交通事情や宿舎の事情も悪く、議員の登院には不便と困難があった。このため貴族院事務局は、議会の運営に支障を来たさないため、これらの議員に宿舎の斡旋を行ったが、正規の旅館は僅かしか無く、一部のものは個人宅に分宿し、中には築地の料亭を振当てられたものもあった。この様にして二〇日間議会へ通った。この議会に上程された重要法案は国会法と参議院議員選挙法（前章に記載）で、国会法は遂に未了となったが、その他内閣法、皇室典範などを成立させ議会の最後の近いことが身に迫った。

第九二議会　第九一議会の閉会の翌二十七日に第九二議会の開院式が挙行された。帝国議会として最後であり、新憲法公布後に必要な法案を成立させ、新日本の門出を円滑に進める重大な任務があった。議員一同はこの責務を自覚し、誠意ある態度をもって議会に臨んだ。この議会には新人も旧きものも共に全員で協力する態勢をとり、殊に新任議員がよく重責を果したことを特筆しなければならない。伯爵宗武志（研究会）は二十一年六月に議員に就任しているので、一五ヵ月しか経っていないが、〈昭和二十一年勅令第三五一号貴族院令第一条第三号、第五号、第六号の議員の任期延長に関する勅令の一部を改正する勅令案〉と〈統計法案〉の両特別委員会の委員長に選ばれ、立派にその職責を果した。又子爵梅溪通虎（研究会）も議員就任二年目で〈昭和十四年法律第七八号を改正する法律案〉と〈所得税法の一部を改正する法律案〉の二案の特別委員長として委員会の経過と結果を報告し、成立へと重責を果すなど多くの新任議員の活躍があった。

新憲法下の第一年目の国家予算は三月二十六日に可決成立せしめた時は、一同大役を果したことの気持は盛り上った。三月三十日には公爵徳川家正貴族院議長は貴族院議員を招待し、院内議員食堂にて晩餐会を開催し労をねぎらわれた。翌三月三十一日は議会最終日で、この日の議事日程として貴族院彙報により通知されたものは九件であったが、当日になって追加六件があり合計一五の重要法案が上程となった。その前日には所得税法の改正案他三二件の多数が上程されていたからこれら四八件の法案の審議を一日又は二日間で可決成立させる必要に迫られていたので、全議員の努力と苦心は並々ならぬものがあった。三十一日に上程になった衆議院議員選挙法の一部を改正する法律案の場合は、午前十一時十八分に特別委員会が開かれ、十一時四十八分に可決している。又貴族院での最終の法案審議は〈特別調達庁法案〉で、伯爵後藤一蔵（研究会）委員長により、午後二時二十九分に本会議に上程となり、伯爵後藤一蔵（研究会）委員長により午後三時三十六分には特別委員会で可決している。この法案を最後に貴族院の名において議決されたものは総てゞあった。これらの法案が本会議で可決されたことで日程は全部終り、徳川家正議長は議長席から貴族院の最後を告げる発言があった。

「この際、議長より一言申上げたいと存じます。本日の議事は第九二回帝国議会最後の議事でありますと共に、貴族院最後の議事でございました。顧みれば明治二十三年十一月二十九日大日本帝国憲法施行以来ここに五〇有七年、その間我が貴族院は慎重、練熟、耐久の府として大いに国運の進展に貢献し、ある時は憲法擁護のため、将又綱紀粛正のために尽したことも一再に止まりませぬ。今や追憶感慨殊に深く、而も本日滞りなく貴族院の議事を終り得ましたことは諸君と共に欣慶に堪えませぬと同時に、明治、大正、昭和三代における先輩議員諸公の御功労を偲び、又現議員諸君多大の御努力にたいし、深甚の敬意を表したいと存じます。尚諸君におかせられましては、此の上と

最終貴族院議員　昭和二十二年三月三十日
○徳川家正議長　△徳川宗敬副議長

もいよいよ御加餐の上、我が日本国の再建、世界恒久平和の確保に向って、一般の御努力あらむことを切望して已みませぬ」
と述べ、つゞいて
「本日はこれにて散会いたします」
と宣した。時に午後五時十五分、議員一同は眼を開けているような、心静かに冥るように傾聴した。気のせいか議長の声もいつもよりも力がこもっていた。議長の挨拶が終るや一同は玉座に向かって敬礼し、心の中に新生日本の多幸を祈りつつ、又重かった責任を果した安心感をもって議長席を背にして本会場を退出した。貴族院の名の本会議場はこの時をもって消滅した。

今貴族院の解消にあたり、過去を顧み、果して議員は帝国議会を通じてどれだけの責務を果したか、又歩んで来た道は正しかったか、最後の重大法案であった憲法の改正に示した行為が後世にたいし何等恥じないものであったか、それは後の人によって決められることである。「貴族院議員の各位が新憲法成立までに示された態度は立派なものであり、強い信念をもって、与えられたる職責に精勤されて、新憲法公布にまで運ばれたものであった」と、当時の貴族院書記官長小林次郎の言葉は、たとえそれが事務局側から見たものであるにせよ、真実を伝えているとしたい。以上の様な経過をもって、明治憲法といわれた欽定憲法と共に貴族院は消えた。

議事進行発言　五〇余年に渉る議会を顧み、話題は尽きないがその一つとして本会議における議事進行発言について記す。

法案が議会に提出され、それが本会議に上程された時これを第一読会といい、政府がその提案の理由と法案の説明を行い、それにたいしての質疑を終えると、この法案の審議を特別委員会に付託する。その委員は議長が指名し、九部属から一名づつで九名を最少とし、法案内容により九名以上になるが、それは動議によって決まる。議会末期には長らく研究会の子爵戸沢正己によって出されていた。その進行状況は

戸沢子「議長」　発言の許しを求む。

議長「戸沢子爵」　議長が発言を許す。

戸沢子「只今上程になりました××法案は重要なるものでありまするが故に、その特別委員の数を〇〇名とし、その指名を議長に一任するの動議を提出いたします」

議員「賛成」と呼ぶか、異議なしと認めてこの動議が成立する。法案が特別委員会で議決された後、これが再び第一読会の続きとして開かれ、委員長が審議の経過と結果の報告を行う。それから又一定の形式で進行する。

議長「別に御発言もなければ××法案の採決を致します。法案の第二読会を開くことに御異議御座いませぬか」

議員「異議なし」と呼ぶ

議長「御異議ないものと認めます」

西大路子「議長」　発言の許しを求む

議長「西大路子爵」　発言を許す

西大路子「直ちに本案の第二読会を開かれんことを希望いたします」

秋田子「議長」　賛成発言の許しを求む

議長「秋田子爵」　発言を許す

秋田子「賛成」　動議成立
議長「西大路子爵の動議に御異議御座いませんか」
議員「異議なし」と呼ぶ
議長「御異議ないものと認めます。本案の第二読会を開きます。御異議がなければ全部を問題に供します。本案全部委員長の報告通りで御異議御座いませぬか」
議員「異議なし」と呼ぶ
議長「御異議ないと認めます」
西大路子「議長」　発言の許しを求む
議長「西大路子爵」　発言を許す
西大路子「直ちに本案の第三読会を開かれんことを希望いたします」
秋田子「議長」　発言の許しを求む
議長「秋田子爵」　発言を許す
秋田子「賛成」　動議成立
議長「西大路子爵の動議に御異議御座いませぬか」
議員「異議なし」と呼ぶ
議長「御異議ないと認めます。本案の第三読会を開きます。本案全部第二読会の決議通りで御異議御座いませぬか」
議員「異議なし」と呼ぶ　法案可決
以上の形式で法案は可決成立する。若し反対や修正の動議が出た場合はもっと複雑になるが、この形の発言は最後の議会まで約二〇年間は子爵西大路吉光（研究会）と子爵戸沢正己（研究会）が動議の提出により、賛成の発言には子爵秋田重季、子爵植村家治（両名共研究会）によって議事は進行するのである。表現は簡単ではあるが、非常に重要な動議であって、これがなければ議長は進行しない。この議事発言が、議長との間に一秒のすき間も無駄もなく、水を流した様な円滑さで進行し、三者の呼吸はぴったりと一致していた。四子爵の名調子とこの鮮やかな議事進行は思い出として永く伝えられるであろう。

参議院議員選挙　昭和二十二年四月二十日第一回参議院議員の選挙が行われた。日本国憲法による選出であるから前貴族院議員の立候補は全く異っての立場ではあったが、民主政治の新しい制度のもとに議員としての任務につくことは否定されるものではない。前貴族院議員で立候補した者は五六名で、その中で三五名が当選した。

前研究会会員は伯爵久松定武、伯爵徳川宗敬、子爵三島通陽、村上義一、松村真一郎、市来乙彦、野田俊作、結城安次、板谷順助、上野喜左衛門、渡辺甚吉、長島銀蔵の一二名が当選した。

第二節　貴族院の解消と研究会の解散

貴族院議員の任期は最初は勅令第三五一号をもって昭和二十二年二月十日まで延長されたが、議案を成立させねばならないため更に延長となり、第九一議会の時勅令第六一二号により「二十二年二月十日を日本国憲法施行の日の前日」まで延長され、従ってこの日が貴族院の最後の日と決った。貴族院議員もこの日をもって資格が消滅して、総ての任務が終るのである。日本国憲法は五月三日に施行されたので、正式には貴族院は五月二日まで存在し、この日を最後に消滅し、議員も資格が解かれた。貴族院令及び貴族院議員選挙規則は昭和二十二年五月三日公布の政令第四号（内閣官制の廃止等に関する政令）によって廃止された。この間には何等の摩擦も事故もなく、混乱もなく遷って行った。有爵議員はその消滅を自らその職務によって手続をなし遂げたのである。

一、研究会の解散

貴族院の解消は必然的に研究会の存在理由も解滅となる。先ずこれに先だって四月二十三日の常務委員会は解散の方法や必要な手続をなし準備を行った。明治憲法のもとでの最後の日である五月二日は明治二十二年勅令第一一号による貴族院令、華族令の最後の日でもある。この日貴族院議員一同は天皇の御召により午前九時三十分に宮内庁三階講堂に参集し、拝謁を賜りねぎらいの御言葉があり、一同天盃を拝受した。正午からは院内議員食堂において名残りの午餐会が開かれた。午餐会後研究会会員は院内議員控室に集まり総会を開き、林博太郎伯座長となり研究会解散を

参議院の表札を掲ぐ
昭和二十二年五月三日

日本国憲法可決（修正議決）貴族院本会議
昭和二十一年十月六日　（朝日新聞より）

昭和二十二年五月二日

宣言し、すべてを社団法人尚友倶楽部に合併することを決めた。席上林伯の発声で一同研究会万才を和し、半世紀に渉り憲政に尽して来た研究会は名残りを惜しまれつつ過去のものとなった。総会を終えた一同は議事堂正面にて会員全体の記念写真を撮った。この時何か重責が肩から除かれた様な、又議員の職責とは異った国民としての忠誠の道を進むことを自己にいい聞かせた。これからは尚友倶楽部の一員として、この中での新しい活動を誓い合い、いつまでも尽きない惜別の感に胸をつまらせた。

最終時の研究会員の構成は伯爵議員一八名、子爵議員六六名、勅選議員二五名、多額納税者議員三三名合計一四二名である。

二、貴族院議員の退職金問題

日本国憲法の付属法である国会法の第三六条に「議員は別に定めるところにより、退職金を受けることができる」とある。この条文には貴族院議員とは明記されてはいないが、元貴族院議員もこの恩典に浴すことができると解釈し、又一面過去七〇年間帝国議会において、帝国憲法の定めるところにより立法府の職責を果したこと、殊に新憲法の制定に又国会法の成立に尽したことは認められるべきものであるとの見解が出ていた。両院議員の中には

解散日の研究会会員

若し敗戦の事態を除けば、前例からしても憲法制定の時の議員は充分恩典に浴せるものとする見方があった。これらの情勢から、元有爵議員の有志で、退職金委員会を結成して国会へ陳情と交渉を行った。その恩典の対象となる議員の賛成をとり、交渉委員として研究会からは林博太郎、大河内輝耕の両名が選任された。退職金委員会では恩典を受ける対象者を次の通りとした。

一、議員在職四年以上で協賛の責任を全うしたもの

二、憲法制定のため最後まで在職したもの、従って公職追放者は含まない

三、勅選議員は除く

四、参議院議員、衆議院議員は国会法の適用を受けるから今回は除く

この条件に該当する者は昭和二十一年十一月三日現在で一五六名に達し、その中で最長年間在職者は勅選議員であった山本達雄で、四三年七か月であった。研究会会員は次の五六名であった。

四年以上　稲垣長賢　毛利元良

五年以上　伊集院兼高　大久保教尚　松平親義　藤井兼誼

六年以上　大木喜福　北小路三郎　奥村嘉蔵

七年以上　柳沢保承　錦小路頼孝　本多忠晃　柳沢光治

京極高鋭　水野勝邦　仙石久英　岩元達一

八年以上　中島徳太郎　上野松次郎　秋田三一　斎藤万寿雄
　入江為常　北条雋八
九年以上　飯塚知信
一〇年以上　小野耕一
一二年以上　松平乗統　京極高修
一三年以上　佐佐木長治
一四年以上　後藤一蔵　実吉純郎　富小路隆直　安藤信昭　山隈　康
一五年以上　高木正得　橋本実斐　加藤泰通
一六年以上　植村家治
一七年以上　梅園篤彦
一八年以上　織田信恒
一九年以上　菅沢重雄
二一年以上　綾小路護　保科正昭　板谷宮吉
二二年以上　奥平昌恭　秋元春朝
二三年以上　大河内輝耕
二八年以上　西尾忠方　戸沢正己　秋田重季
三二年以上　清岡長言　秋月種英
三三年以上　林博太郎
三五年以上　今城定政　西大路吉光
以上で、徳川宗敬、三島通陽、結城安次等は参議院議員であったから除かれている。

これらの該当者の意見を纏め、交渉委員はしばしば国会に行き折衝を重ね、衆議院議員側もこれを受け入れる様になり、山村新治郎議院運営委員長によって具体化し、来る第二八国会に提出が予定されている〈国会議員互助年金法案〉の起草にあたり「帝国議会に於ける公選議員」を挿入することを諒承した。一方参議院では河井弥八議長（元貴族院勅選議員）と平井太郎副議長が斡旋の労をとり、自民党は提出を認めた。しかし社会党はそれには反対で、その理由として貴族院の公選は衆議院の公選とは異なり、特定の者による互選であること、改選までは一定期間の在職が決っていて解散がないこと、任期が長いことなど現国会と選挙方法がいちじるしく異なることなどを理由とした。これは反対のための反対で、趣旨を諒解しようとはしなかった。又貴族院廃止の憲法改正の趣旨（占領軍の方針）にも副わないとの見方があったから消極的であった。この院内の情勢により「鈴木衆議院事務局長の容る所とならず…………」（昭和会館蔵交渉経過記録）として法案に挿入は取り止めとなった。

そこで該当者は会合して、この法案に付則を付ける修正案を申し入れた。その付則条項は二項と三項で

二、帝国議会に於ける公選の議員（選挙により又は互選を経てその職についた貴族院議員を含む以下同じ）

三、三行目適用するの次へ左を加える。

昭和二十一年十一月三日現に帝国議会の議員である者又は其の遺族に準用する。

しかしこの修正案も提出されずに、同法案は昭和三十三年四月八日衆議院の特別委員会には付託せずに本会議に緊急上程し、山村委員長より提案理由の説明があっただけで即時可決し参議院へ回付し、参議院では四月十一日にこの法案の取扱いを議員運営委員会で議した。委員長安井謙は島村軍次議員と提案者の一人である山村衆議院議院運営委員長との間で、貴族院議員の取扱いについて次の様な質疑応答があった。これにより当時の国会議員の貴族院についての考え方が窺がえる。（速記録より）

島村委員「新憲法制定当時の貴族院議員の方々に対して何等の措置も講じていない……これらの制定当時貴族院の在職者を除外したことに対してどうも片手落ちではないか」

山村委員「貴族院議員につき同様の取扱いをいたさなかったゆえんは、この制度は一般国民により公選された議員でございませんところの貴族院議員の在職期間を通算することは適当ではない……旧帝国議会の衆議院議員は一貫して国会議員と同じに国民の直接選挙によった……」

「公選制に基かなかった貴族院議員の処遇をこの法案に包含することは筋が通りかねる」……「しかし貴族院議員であられた方々、殊に憲法制定当時活躍された方々の功績と労苦に対しては、深甚の敬意を抱いて参ったのでありまして、適当な機会に、これらの方々の功労に報いる道があればという気持においては皆さんと異なるものではございませんが、このことは本案とは別個に考慮されるべき問題……」である。

島村委員「新憲法制定の当時の貴族院在職者に対する道が講ぜられぬことに対しては、これは相当議論の余地がある」云々

その後参議院の庶務関係小委員会（委員長斎藤昇）でとり上げられ論議されている。その斎藤小委員会委員長の報告には

「本案審議に際し、国会議員の退職金制度とは直接関係を有するものとは申されませんが、わが憲政に貢献せられました旧貴族院議員の方々に対し、適当なる機会に、適当なる措置を講ずべきであるとの意見のありましたことをここに申し添えます」

このことは安井委員長により本会議で報告している。因みにこの法案は四月十七日に可決成立した。

結局最初の付帯希望決議も、修正案も出されず貴族院議員に関する事項には全く触れずに互助年金法が公布となった。国会は憲法制定を含む貴族院の功績を認める具体案は無く、公選制度の相異を理由として退けたのである。憲法には国会議員に年金を支給することを認めていることも無視したことになった。そこには総司令部の意向もかなり反映していたことは充分洞察できるが、憲法を尊重する以上納得できないものがあった。

しかし政府はこの貴族院議員退職金については積極的で、第三八国会に際し、法制局では〈元貴族院議員退職金支

給法案〉の提出を準備した。その提案理由には「元貴族院議員は日本国憲法施行に依り、昭和二十二年五月二日を以て議員の資格を失ったが、その際退職金を支給しなかったので、諸般の事情を考慮し、当時に遡及してこれに退職金を支給しようとする」ものと説明している。その要綱草案によると、在職期間に応じ次の様になっている。

三年以上五年迄の在職者	二〇万円
五年以上七年迄	六〇万円
七年以上一四年迄	一二〇万円
一四年以上二一年迄	一八〇万円
二一年以上二八年迄	二四〇万円
二八年以上三五年迄	三〇〇万円
三五年以上	三六〇万円

とし、このうち一四年以上の元議員には年金制とすることで、大蔵省はその予算として八千万円乃至一億円を見込み予算に計上する準備を始めた。若し本人が死亡していた場合には遺族が受け取れることとした。ここまで準備が進んでいたが、当時衆議院に混乱があったため、この法案は提出されなかった。

請願　第二の努力も実現しなかったことから、第四三国会（昭和三十八年五月二十三日）に請願書を参議院に提出した。該当者三七二名中生存者は二一六名となっていた。これらの中多くの者が長年帝国議会において、その職責を果していながら、何ら報いられることもなく退職していることからとられたもので、請願者は中御門経民、紹介議員鍋島直紹で

請願第二八号

元貴族院議員に対し年金、一時金をもって退職金支給の立法措置を国会において早急に講ぜられんことを請願いたします

とある。この外にも参議院事務局の調べによると、同様な請願が徳川宗敬、大木喜福、中村徹雄、園田武彦、村田保定、梅溪通虎、中村貫之、梅園篤彦、団伊能、多久竜三郎、黒田長敬、渡辺修二、植村家治の計一三名の元公正会・研究会会員であった者によって提出されている。この人選は恐らく退職委員会が必要と認めて作成したもので、各自の自発的の請願ではなかったと見る。これらの請願について、参議院運営委員会（委員長宮沢胤男）は三十八年七月六日の理事会にて討論し、元貴族院議員の退職金に関する請願一四件を審議未了としたため、遂に本会議での採決にはいたらなかった。

この様にして貴族院議員の功績は認められない結果となった。一方この間に積極的に尽力されていた大河内輝耕は昭和三十年五月に死去され、賛成を表明していた旧議員も次第にその数を減じ、打ち切った時の委員は、林博太郎、綾小路護、渡辺修二、肝付兼英、岩村一木、山根健夫、久保田敬一、中御門経民の八名であった。各委員が最後まで堂々と陳情を続けられ、戦後の不自由な社会の中にあって貴族院議員の功績を国会に反映させようと努力されたことは、その篤志を厚く受け止めたい。

永年会の結成　退職金問題とは直接関係はないが永い議員在職によって結成されたもので、昭和二十五年九月二十八日に第一回総会を開いた。目的は会員相互の和親で、退職金運動にも役立たせることにあった。会員資格は二十年以上の議員在職が条件で、事務所は千代田区三番町（霞が関三ノ三）昭和会館内に置き、幹事は広幡忠隆、林博太郎。周布兼道、大河内輝耕、渡辺修二の五名が選任され、会員は二五名で、その中に研究会所属であった者は次の一二名である。

伊集院兼知　今城定政　西大路吉光　秋月種英　清岡長言　西尾忠方　秋田重季
戸沢正己　大河内輝耕　綾小路護　板谷宮吉　林博太郎

第三節　尚友会解散と倶楽部の再出発

尚友会館の使用　霞が関の研究会事務所は戦時中軍需省が分室として使用、終戦後は商工省が使用していた。研究会は麹町二番町の仮事務所が焼失したため貴族院議事堂内の控室に移ったが、貴族院が解消となり立退くこととなった。研究会事務所はこの時は一部を既に霞会館が昭和二十年十二月から使用していたのを、その一階の二室（現在の七号、八号室）の返還を受け、ここに昭和二十二年五月二日から尚友会と尚友倶楽部が共同で入室し、九年ぶりに本館に復帰した。

尚友会解散　子爵議員の選挙母体である尚友会も貴族院の解消により必要がなくなり、昭和二十二年五月七日評議会を開き解散を承認し、五月二十七日尚友会館にて総会を開き〈尚友会の解散並に本会所有財産の処分に関する件〉を議決した。これによって、明治二十五年創立されて以来五六年の長きに渉り、輝かしい足跡を残してここに幕を閉じた。その結果全財産と残務はすべて尚友倶楽部へ移譲した。その手続きは高木正得、三島通陽、北条雋八の三幹事によって行われ、尚友倶楽部理事長林博太郎から「貴会解散ニ依リ財産ヲ本倶楽部へ移譲相受ケ別紙金額相違無之正ニ受領仕候」と記し、金拾万八千六百七十八円五十七銭を受け取り、同年同月同日付の受領書が出た。尚友会会員は全員尚友倶楽部に入会し、今後は倶楽部によって公益事業に活動することになった。

尚友倶楽部の充実　前研究会員はこれからは尚友倶楽部を基盤として活動することとなり、尚友倶楽部としてもこれまでの様な研究会付属機関であったり、不動産所有名義人に止まらず、本来の使命である公益法人としての創立当初の目的に向っての再出発となった。昭和二十三年五月二十七日の総会で〈研究会、尚友会ノ解散ニ伴ヒ両会ヲ本倶楽部ニ合併ノ件〉を計りこの合併を承認し、次に会員組織上の資格を明にするために定款第四条の改正を行い、「昭和二十二年五月二日現在ニ於ケル尚友倶楽部、研究会、尚友会ノ会員ヲ以テ組織スル」と改めた。これによって消滅した研究会、尚友会の会員も倶楽部の構成に明記された。五月二十七日総会で選出された理事は

理事長　林博太郎

理事　後藤一蔵　秋元春朝　大河内輝耕　八条隆正　北条雋八　白根竹介

平塚広義　結城安次

以上により再出発した。又政治経済文化社会等各般の問題を調査研究し、併せて会員相互の知識の向上を図るため、文化部を設置することを決め、部長に大河内輝耕、世話人には元研究会調査部幹事の松平乗統、鳥居忠博、三浦矢一の三名が就任した。曽て研究会に所属していた貴族院議員は、永い間国政に参与し、立法の府において専念した経験を生かし、今後は倶楽部員として友好に教養に、又公益事業に貢献することとなった。

第七章　むすび

日本が近代国家として出発したのは、明治二十三年帝国議会の開設がその第一歩であった。その重責を荷って有爵議員が生れ、貴族院が成立し、以来七〇余年に渉り、憲政に大きな足跡を遺したが、その中で研究会も貴族院の政治会派としての役割を果した。

今顧みて研究会が明治憲法下において何をして来たか、又どれだけ憲政を通じて国家に貢献できたか。既に記録の上からは多くの論評が見られるが、今更めて形には表われていないその中に遺され貫ぬかれた信念を認めたい。それは皇室の御信任を拝しての国家への奉公であった。時にはその努力は実らず、一般から特権社会として批判を受けた。だがそれに屈することなく、明治憲法の消滅まで全うした。帝国議会の最後には憲法改正の審議と協賛の大任を荷い、敗戦国として占領下の議会運営となり、貴族院議員自らが、貴族院消滅の憲法を可決成立させたのである。明治憲法の改正以来三〇余年が過ぎた今日では。研究会の存在すら忘れられようとしている。それ故今はこれらの記録を残さなければならないと考えた。何十年か、或は何百年後に歴史家は研究会をどう評するか、その時が研究会の価値が決るのである。我々はその批判を認め受け入れなければならないと思っている。研究会を貫いている信念は今は尚友倶楽部の中に存在し、いつまでも続くこととなった。

終りに先輩の示した尊皇愛国の信念と誠意を偲い深い敬意を表するものである。

【解説】昭和初年から二・二六事件の頃までの研究会

愛知淑徳大学大学院教授
西尾林太郎

大正期後半の貴族院の動向について触れることから始めよう。

大正八（一九一九）年八月、伯爵議員団である甲寅倶楽部が研究会に合流し、同年末には研究会の会員数はほぼ一四〇に達した。研究会は政友会系の勅選議員団・交友倶楽部と連携することにより、茶話会・公正会・同成会など幸倶楽部の勢力を数の上で大きく凌駕した。この年、第四二議会の招集を前に、研究会は原敬内閣支持を総会で決定した。貴衆両院においてそれぞれの最大会派がそれぞれを牛耳り、両院の最大会派が提携する、「貴衆縦断」「両院縦断」が実現した。大正八年末から、原・高橋内閣そして加藤友三郎内閣は、政—研提携という両院縦断による政党中心の政治を展開させた。その後第二次山本権兵衛内閣を経て、水野直ら研究会幹部が主導した清浦内閣の成立は第二次護憲運動を誘発させたが、その運動の担い手で衆議院総選挙の勝利者である護憲三派は第一次加藤高明内閣を組織した。そして同内閣は男子普選と不十分ではあったが、貴族院改革を実現させた。

大正末から昭和一桁代の貴族院について考えるにあたり、前提として重要なのはこの「大正の貴族院改革」である。それにより、貴族院は数的に華族議員優位から、皇族を除く「非華族」議員すなわち勅選議員・多額納税者議員・学士院議員（大正一四年に新設）優位となった。実際は、子爵議員を中心に、皇族議員を除くあらゆるジャンルの議員を擁する研究会がその改革以後も貴族院の最有力会派であることには変わりなかったが、改革により、華族議員が減少した半面、その数を大きく増加させた多額納税議員の取り込みをめぐり、以前にも増して諸会派が鎬を削った。

こうしたなかで、最大会派研究会は貴族院内においては主導権をもち、広く政界には大きな影響力を有していた。研究会は「大正の貴族院改革」のころより、今度は与党である憲政会系の政党勢力に接近し、第二次加藤高明内閣・第一次若槻礼次郎内閣の貴族院与党であった。大正が終わり、昭和が始まって早々、研究会は青木信光・水野直を中心に憲政会・政友会・政友本党三党間を斡旋し、「大喪」「新帝新政」の大義名分の下で三党の妥協すなわち三党合意を作り出すことに成功した。『研究会史・昭和篇』(以下、『研究会史』)もこれを「会の政治力の大きいことを示した」ものであるとする。同時に、これについては貴族院内では賛否両論があり、公正会はこれに強く反発する一方で、憲政会系の勅選議員団体・同成会や無所属議員が研究会の努力を多とし、研究会に接近したと記している(二一頁)。

ところで、研究会は、非政友会系の勅選議員の増加に加え、大正一四年の選挙で、増加分を含む定員六六名中半数の多額納税者議員の取り込みに成功した。しかし、一方では他派を圧する巨大会派であり続けた結果、以前にも増して様々な考え方や立場の議員を多数抱えることとなった。官僚出身の勅選議員や高等教育を受けた有爵議員の増加もその傾向に拍車をかけた。他方、研究会の単なる対抗勢力ではなく、貴族院の在り方を模索し、研究会に対して批判的な会派が誕生した。「火曜会」である。貴族院改革を目指す近衛文麿ら公・侯爵議員七名が研究会を脱して、会派「無所属」ないしは特定の会派に所属しない世襲議員たちと合流し、新たな会派を立ち上げたのである(昭和二年一一月)。

このような状況下、原敬が率いる政友会と提携する前後から、会派内に成立し継続されて来た、小笠原長幹や青木信光、水野直を軸とする強力な指導体制は昭和初年に至り、翳りを見せるようになった。昭和三年五月に発表された、岡本一平による「ハンドルが違ふ」と題した新聞漫画(昭和三年五月三一日付『東京朝日』掲載)がある。田中義一内閣を乗せた研究会号なる自動車の操作・運転が以前と違ってままならない運転手と整備員(水野と小笠原)が描かれている。それは、この時の水野・小笠原ら幹部派による会の統制がままならない様子をユーモラスに描写する。

その統制の困難さを象徴的に示した出来事が、昭和四年二月二二日の第五六議会における貴族院での「田中義一首相問責決議」採択である。

岡本一平「ハンドルが違ふ」

研究会は第二次加藤高明内閣の成立を期に、一時憲政会・民政党に大きく接近し、一時与党であったことはあったが、原内閣以来おおむね政友会、そして政友会分裂後は政友本党と近かった。が、田中政友会総裁を首班として成立した田中義一内閣は、政務官を研究会はおろか貴族院各派から採ることがなかったため、その成立当初より貴族院との不協和音を生じた。そうしたなか、水野錬太郎（交友倶楽部）文相辞任をめぐる優諚問題に端を発した反田中の動きは、野党民政党を中心に衆議院、そして貴族院で火を噴くことになる。

研究会では、水野や小笠原長幹を中心に「幹部」と呼ばれた指導部は会派内部の突き上げに抗しきれず、その採決に際し会派として前代未聞の自由投票としつつも、懸命に派内の引き締めと「非幹部派」と呼ばれる会員を決議案採決について反対又は棄権するよう説得した。このあたりについて『研究会史』は、会としての態度を決定する総会ではまれにみる激しい論争が起こり、議長の伯爵林博太郎は議事進行ができず、常務委員のひとり松平康春が自由問題とすることを提案することで議論はやっと収まった（五八～五九頁）、とある。

しかし、本会議におけるその採決にあたって、賛成に回った会員が多数出た。その結果、大方の予想に反し、賛成一七二対反対一四九の、二三の多数で問責決議は採択された。それは『研究会史』が言うような「深い思慮」と共に「幹部をたてる気持ち」（六〇頁）によるものだけでは必ずしもないだろう。その時の研究会の投票内容であるが、賛成は反幹部派・改革派五一（伯爵一二、子爵一六、勅選一〇、多額一三）、反対は幹部派八九（侯爵一、伯爵五、子爵四七、勅選一九、多額一七）である。自由投票とはいえ、幹部派は会員の三分の一に上る決議案賛成者を出したのである。それから二か月後、「大研究会」の実現を目指してきた水野が死去した。享年五一。

水野という強力かつ有能な調整型指導者を失った研究会は、その後強力な指導者を得られないまま、動揺を続けた。研究会内の統制の弱体ぶりが露呈されたのは、それから数年後の浜口雄幸内閣の下で招集された第五九議会（昭和五年一二月召集）においてである。この時、浜口は議会招集を目前に東京駅で暴漢に襲われ重傷を負ったため、幣原喜重郎外相が首相臨時代理を務めた。

この議会の貴族院では、婦人公民権法案、労働組合法案そして小作法案など社会労働法制関連法案と減税法案が特に問題となった。前者については研究会を含む各会派は総じて冷淡であった。我が国の社会労働法制史上画期的な労働組合法や小作法に関し、本会議場で同じ研究会員でも伯爵有馬頼寧が政府案に好意的な議論を展開したのに対し、財界を代表して藤原銀次郎（勅選）は批判的な意見を展開した。労働組合法は特別委員会で否決され、婦人公民権法案は特別委員会で修正可決されたのち、本会議で研究会を含む圧倒的多数で否決された。『研究会史』では九六頁以下に、これら法案の帰趨が詳細に述べられている。

予算関連では主に減税関連法案をめぐり貴族院は割れた。減税関連法案とは地租法案、営業収益税・砂糖消費税・織物消費税法案など減税に関する一連の法律案のことである。

なかでも地租法案をめぐる議論が研究会で紛糾した。この法案は従来の地租条例を廃止し、新たに土地税制を地租法として一新することを狙いとした。さらにその中身も、課税標準を従来の地価から賃貸価格に改訂され、税率は地目に関わらず一律三・八パーセントとするなど、画期的であった。ここで減税の意味であるが、従来の地租条例による地租総額を確保する税率は四・五パーセントであったが、一五パーセント減税することにより税率を三・八パーセントとしたのである。

しかし、地租条例では地目別に、宅地二・五パーセント、田畑四・五パーセント、その他五・五パーセントであったため、農村部では減税となるが、逆に都市部の宅地については増税となった。まさにこの点が貴族院、さらには研究会で大議論を呼んだのである。もちろん衆議院でも激しい議論を呼んだが、結局政府原案通り可決された。三月四日、回付案が貴族院本会議に上程されたが、大雑把な意見表明を経て通常即日委員会付託となるべきところ、それに四日を要した。

この時、研究会内部では政府支持の青木信光、大橋新太郎（勅選）ら常務委員に対し、政友会系の前田利定や小笠原長幹らは減税案に反対し、鎬を削っていた。たとえば、青木らは当初賛成していた大阪帝国大学新設費の削除を条件に減税案の通過を図ったのに対し、前田らはこれを減税と切り離して処理するように主張した。最大会派研究会のこの問題をめぐる帰趨が定かにならないままに、時間ばかりが過ぎていった。

会期切れを翌日に控えた三月二五日、協議委員会に宅地課税を減らし、その分田畑課税を増加させる修正案を馬場鍈一らが提出し、それを基に常務委員会案ならぬ幹部案として青木らが総会に再度提出するなど、研究会の混乱は続いた。しかし、その総会も紛糾して、合意を得ることができず、結局これまた前代未聞の投票によって会としての意思が決定された。幹部案である修正案支持六一に対し政府案支持七四であった（九九頁）。

こうした事態に対し、政府は二日間の会期延長を決めた。馬場らの修正案は多額納税議員の大半と農村部を地盤とする政友会系の勢力すなわち前田・小笠原グループの一部を政府案支持へとシフトさせることとなり、減税に向け研究会の基本方針は政府支持として、やっと固まったのである。馬場らの行動が結果的に、研究会の大勢を政府案支持へと動かした。馬場ら幹部に近い勅選議員らの動きが、政府案支持への動きを作り出すきっかけとしようとする計算の上であったかどうかは別として、常務委員会も一枚岩としてまとまることがなく、常務委員会や幹部らが会派内を取りまとめることができない研究会の内部事情が露呈されてしまった。

こうした状況を目の当たりにした徳川家達貴族院議長は、貴族院制度調査会の設置を発議し、研究会を始め貴族院各派に諮り、合意を取り付けた。徳川は政党政治擁護の立場にあり、貴族院改革を目指す近衛ら火曜会のメンバーでもあった。こうして、貴族院自らが政党政治下の上院について改革を模索し始めた。これは満州事変後の中国問題の激化と、二・二六事件など軍ファシズム運動が展開される中での広田内閣による「庶政革新」政策における貴族院改革へと連動することとなる。

なお、徳川議長主導による貴族院制度調査会の設置であるが、『研究会史』は三月事件（昭和六年三月）の衝撃によるものとする。三月事件とは、宇垣一成陸軍大将を首班とする内閣樹立を目指した軍の一部と民間右翼とによるクーデタ未遂事件であり、その計画の露見は政財界を震撼させた。徳川議長はこのような軍の動きを深く憂え、事前かつ自発的に貴族院改革を断行して軍部を含む「外部」からの貴族院への「攻撃」を防ごうとした（一〇二頁）、という。

さて、貴族院において長期にわたり主導権を握ってきた研究会が弱体化し、研究会が貴族院を主導することが困難になりつつあった頃、明治憲法体制運用の主導権が政党から軍部に移りつつあった。桂園内閣期以来、国政の主導権は政友会を中心とする政党勢力に移りつつあり、原内閣の成立を経て第二次護憲運動以来、明治憲法体制の主導権は政党勢力（政友会―憲政会・民政党）に帰しつつあった。しかし、中国問題の激化や軍縮に対する不満が、陸軍を中心に軍内部に少なくない政治勢力を作り出し、軍首脳部を介しての政党勢力や元老らによる軍の統制が弱体化しつつあった。先にも触れた三月事件、満州事変勃発、一〇月事件がそれを象徴している。すなわち、三月事件や一〇月事件は共に未遂におわったが、そのいずれも合法・非合法を問わず軍事政権樹立を狙った陸軍将校を中心としたものであった。

昭和六（一九三一）年九月一八日に起こった柳条湖事件は、東京の軍首脳や第二次若槻礼次郎内閣及びその後継の犬養毅内閣の制止を振り切って、満州事変として全満州に拡大し、関東軍は事実上全満州を占領するに至った。問題は、こうした非立憲的な軍の独断的な行動に対し、軍中枢や内閣は毅然とした対応をとることなく、半ば追認してしまった。こうして、軍部は政党勢力を政治的に凌駕しつつ、ひとり明治憲法体制の中枢へと接近を開始した。

続く永田軍務局長刺殺事件（昭和一〇年）や二・二六事件（昭和一一年）は国の内外を震撼させた。二・二六事件直後に成立した広田内閣は組閣の段階ですでに陸軍の干渉を受けていたが、施策面でも第一次山本権兵衛内閣によって撤廃された軍部大臣現役武官制を元に戻すなど、軍部寄りの内閣であった。現実には予備役・後備役の軍部大臣がその間に誕生することはなかったが、武官制の再改正はその後の軍ファシズム政権の成立を加速させ、政党勢力とそれと連携した貴族院勢力の政治的再浮上は困難となった。

さて、貴族院や政党勢力など議会勢力の権威を大きく失墜させたのが天皇機関説事件である。この事件は単なる学説上の論争ではない。国家権力が軍部の圧力のもとに天皇機関説という学説を、それも立憲政治が開始されて以来概ね通説として学界や広く社会全体に認められ、受け入れられて来た憲法学説が排除され、社会的にも抹殺された事件である。

この事件の主な舞台は第六七議会の貴衆両院であった。まず衆議院において江藤源九郎（元陸軍少将）が天皇機関説、さらにその主唱者である美濃部達吉や一木喜徳郎枢密院議長を非難した。これに連動するかのように、貴族院では前議会に引き続き公正会の菊池武夫（男爵）が、美濃部や一木らの天皇機関説を「緩慢なる謀反」と非難した。それを受け、さらに研究会の子爵三室戸敬光は非難攻撃の矛先を天皇機関説に集中させ、松田源治文相、後藤内相、小原法相さらに岡田首相の見解を質した。彼らは何れも自分はその学説に賛成しないが、学説上の議論や問題は学者に任せればよい、との見解を示した。菊池や三室戸の非難に対し、昭和一〇年二月二五日、勅選議員であった美濃部（昭和七年、犬養内閣時に任命）は、貴族院本会議において「一身上の弁明」演説を行った。天皇機関説とは国家法人説を日本に当てはめたものであり、三〇年来自分は主張したことで、今になっての非難は心外であるという趣旨の演説であった。貴族院では珍しく拍手があったという。

しかし、貴族院での問題を衆議院がさらに大きな問題とした。右翼団体に連なる鈴木喜三郎を総裁とする政友会はこの問題を倒閣の材料としたのである。そればかりではない、中心的に動いた鈴木や山本悌二郎は、美濃部を勅選議員として貴族院議員に奏薦した犬養内閣にそれぞれ内相と農相としていたわけで、彼らにも奏薦に関わる責任があった。与党的立場にあった民政党に対し、政友会は奏薦の責任を回避するためにも、熱が入ったのかもしれない。衆議院側の排撃姿勢を前に、貴族院では「政教刷新に関する決議」が満場一致で可決され、続いて衆議院でも政友会・民政党・国民同盟三党による「国体明徴に関する決議案」が採択された。特に衆議院では、鈴木政友会総裁が、否定はしても排撃には躊躇する政府を激しく非難した。美濃部の天皇機関説は明治憲法体制において政党内閣制を可能とする学説であった。今、それが政党により、そして政党内閣に協力しバックアップしてきた貴族院によって非難され、葬り去られようとしていた。

結局、岡田内閣は第六七議会終了後、軍部や在郷軍人会に押され、地方長官会議で「国体明徴」を訓示し、さらに国体明徴を宣言した。その運動は全国的に展開して行き、帝国議会や政府による〈解釈改憲〉＝通説の変更は半ば国民運動として社会に定着して行ったのである。

さて、この事件の貴族院側の主な担い手は、演壇に立った菊池、三室戸そして井上清純、井田磐楠らであった。菊池、井上、井田は何れも公正会所属の元軍人の男爵議員であり、三室戸は元公家で、研究会所属の子爵議員である。そのほかに政友会系勅選議員が所属する交友倶楽部の議員たちが何名かこの動きに加わっている。この意味では会派縦断的な動きではあったが、諸会派が組織的かつ積極的に動いた様子はない。ちなみに、ある有爵議員の会合で、菊池、井上、井田らによる機関説排撃の建議案の上程の動きがあるにもかかわらず、常務委員はのんきに構えている、との批判があった(「有馬頼寧日記」三月一三日の条)。

決議拘束を伝統とした研究会ではあったが、大正期と異なり常務委員会を中心とする幹部の指導力は減退していた。さりとて、抜きんでた指導力・影響力を確保しつつある軍部に迎合する研究会幹部ではなかった。建議案上程の日、勅選議員の松本学は建議案を「菊池、井上、井田の爆弾三勇士を封じる為の研究会からの妥協案」であり、「奔馬にまかせれば貴族院の醜態となるのでこの案を考へついた訳なり」(「松本学日記」三月二〇日の条)と評している。研究会幹部はともあれこの問題を沈静化させ、蓋をすることを考えた。なお、三室戸は、次の昭和一四年の総改選で(尚友会の)選に漏れ互選されなかった。研究会=尚友会幹部は、その意に反して機関説排撃の先頭に立った彼を許さなかったのであろう。

さて、国体明徴の叫び声をよそに、機関説排撃問題はこうして議会内では収束していった。しかし、翌年、二・二六事件が起こった。明治憲法体制史上空前絶後のクーデタ事件である。反乱軍の蹶起趣意書には「元老重臣軍閥財閥官僚政党等は国体破壊の元兇」とあった。陸軍の皇道派によるクーデタであったが、数日で事件は沈静化した。事件後、軍は荒木・真崎ら皇道派将官を予備役に編入し、皇道派将校を中央から追放した。こうして粛軍が一段落すると軍は政治に一層関与し始める。

二・二六事件の後に成立した広田弘毅内閣は、すでに成立前から閣僚人事について陸軍の干渉を受けていた。軍は

「広義国防政策」の推進を国策の中心に据え、新内閣にその実施を迫り、軍のこうした要請をうけいれた政府は「庶政一新」をスローガンとした。「庶政一新」の掛け声のもと、貴族院では不完全に終わった「貴族院改革」が大きな課題となった。この時の貴族院改革の必要性に関し口火を切ったのが阪谷芳郎（公正会）である。彼は国難打開・挙国一致のため、議員自らによる貴族院改革の必要性を説いた（昭和一一年三月二一日付『東京朝日』夕刊）。そもそも大正一四年の改革後も貴族院では、近衛ら一部の議員たちにより改革に向けての研究が進められ、昭和一一年に至った。阪谷らは貴族院におけるこうした底流をくみ上げ、自己改革の範を国民に見せようとしたのであろう。

これに積極的に呼応したのが公正会であり、火曜会である。貴族院では両会を中心に具体的な改革案を作成されるなど改革に向けての機運が高まった。しかし、研究会はどちらかといえば消極的であった。『研究会史』は、①これを貴族院改革という特別重大問題を火曜会に先駆けられ、一部の研究会員が既に火曜会に参画していたことに幹部は不満であった、そして②時局におもねる必要はなく、定員数減や多額納税議員の廃止の不安もあったから、としている（一四四頁）。

貴族院改革をめぐる院の内外の議論はこの時期大いに盛り上がったが、その後大きく退潮し、広田内閣退陣後、改革論議や構想は雲散霧消してしまった。

これより前、二・二六事件後広田内閣の下で招集された第六九臨時議会で、貴族院にとって未曽有の出来事が生じた。議員の懲罰動議が成立し、一議員が辞職に追い込まれたのである。五月一四日午前の本会議で、研究会所属の多額納税議員津村重舎（東京府選出、中将湯本舗津村順天堂の創始者）が首相への質問演説の際、将校よりもむしろ兵卒の方が「大和魂」をより多く持っているのではないか、将校にたくさんの月給を出しているが、むしろ無しにして実費支給にしたらどうか、との趣旨の発言をした。津村の発言は一般兵士の戦功に労いるつもりからであろうが、広田首相の津村への答弁が終わるや、島田海相は「全軍将校士官に対し重大な侮辱」と津村発言に噛み付いた。これに対し津村は島田の指摘を半ば無視し、首相への質問を続けた。その津村に対し島田は不満であった。続く本会議で、島田は津村に「私の言葉に対して何か申されることはないのでありましょうか」と問いかけたが、津村は海相に尋ねたいことはあるが、時間がないようなので、明日にでも機会があればお尋ねしたいと回答した。

この日の午後、津村の発言をめぐり各派の意見交換がなされ、研究会や同成会は津村の研究会脱会、翌日の本会議での陳謝等で事態の鎮静化をはかった。しかし、軍人出身の男爵議員を多数抱える公正会はこれに不満であった。翌一五日午前、本会議開催に先立って開かれた各派交渉会席上、公正会は懲罰動議の提出を強硬に主張した。しかし、交渉会での調整がつかないまま、本会議が開会されようとした。こうした事態を受け、津村はついに議員辞職を決意、直ちに近衛議長に対し議員辞職の奏請を願い出た。

しかし、近衛は開会を特に遅らせることなく、即ち議員辞職の勅許を待つことなく、本会議を開催した。開会劈頭、男爵議員井田磐楠が津村に対する懲罰の緊急動議を提出した。井田は天皇機関説事件の際にも活躍した議員である。この懲罰動議は二〇名以上賛成を得、その後、起立多数で津村は懲罰委員会の審議にかけられることとなった。その直後、寺内陸相は発言して、津村の発言は「全軍将は校の名誉を汚し、矜持を毀くるもの」であり、軍成立上の重大問題であり、津村の速やかな反省を要望する、とした。

一五日午後、いったん懲罰委員会が開かれたが、津村議員の辞職が勅許されたため、その審議は中止された。その結果は一七日の本会議で近衛議長から報告されたが、この問題をめぐる本会議での審議は貴族院規則第一八一条の規定により、六分間ではあったが、傍聴人を排し秘密会で行われた。

それにしても、『研究会史』が指摘するように、近衛議長は「もっと慎重に、津村議員が辞職を出すか否やを確かめてから本会議を開くよう配慮しなかったのか」（一四七頁）。なぜ、やすやすと懲罰動議を出させたのか。その理由は不明である。ともかく『研究会史』は、この津村懲罰問題に関して「一部の議員にあった軍への不必要なおもねり」があったのではないか、とする（一四八頁）。近衛に軍への「おもねり」があったかどうかは別として、『研究会史』はさらに公正会に僅かな「心のゆとり」があったなら、懲罰動議を可決するなどと云う、「貴族院史に汚点は残らなかった」のではないか（同）とも記している。

こうして津村は、発言の「取り消し」はおろか、一言の弁解も陳謝も許されないまま貴族院を去った。天皇機関説事件そしてこの津村事件の後、少なくとも貴族院では、戦時下の予算委員会で、大河内輝耕（子爵、研究会）や次田大三郎（勅選、同成会）らが政府の施政を鋭く批判したことは別として、国策の根本をめぐる明確な軍部への批判は殆ど聞かれないようになる。

一九七〇年代半ばのことと思うが、私が貴族院研究を始めたころ『研究会史』の著者水野勝邦先生に、天皇機関説事件から津田懲罰事件に及ぶ一連の事件について、当時の貴族院議員はその後どのように思っていたのか、尋ねたことがある。水野先生が議員になったのは事件の三年後であるが、「先輩」たちは一様に口が堅かったという。「帝国議会受難の先駆は貴族院」との水野先生の発言からそのような質問になった。私が「受難の先駆」に多少違和感を持ったのである。新人議員水野に「先輩」たちは苦い思い出を語りたがらなかったのかもしれない。

【解説】戦時から新憲法の成立へ

亜細亜大学法学部准教授
今津　敏晃

一、戦時下の貴族院

満州事変以来、政党政治ひいては議会政治は議会外勢力、特に陸軍による有形無形の圧力にさらされ続けていたが、二・二六事件の発生は状況をさらに悪化させた。村井良太氏は二・二六事件によって政党内閣への復帰ができなくなったとする（村井良太『政党内閣制の展開と崩壊　一九二七〜三六年』〈有斐閣、二〇一四年〉）。これは政党内閣を前提とした議会政治への復帰を一つの目標としていた勢力からすれば、決定的なポイントとなった。

そうした中、議員の中にも陸軍を中心とした革新勢力とともに旧来の政治体制を変革していこうとする者も現れてくる。その代表的人物であり、かつ、首相に就任したのが近衛文麿であった。近衛は議会改革、特に貴族院改革を自己の使命と考えており、内閣成立の一週間後には貴族院制度改革の必要を声明した（『貴族院の会派研究会史』昭和編（以下、『研究会史』）、一六〇頁）。しかし、内閣成立後約一ヶ月で盧溝橋事件が発生し、日本は以後一九四五年に敗戦を迎えるまで戦時を送ることになった。

改革の圧力と戦時という特殊状況。この二つが組み合わさった状況を貴族院議員らはどのようにとらえていたのだろうか。近年の研究の成果も踏まえつつ、昭和編が描く様子を見ていこう。

戦時議会についての通説的な理解に基づけば、日中戦争の勃発は貴族院改革の勢いを削ぎ、最終的にはなし崩し的にうやむやになったという（園部良夫「昭和一〇年代の貴族院改革問題をめぐって」『日本歴史』四四七号、一九八五年）。それは衆議院も含めた議会改革についても同じで、議会制度審議会が設置され、一九三七年末に報告書を政府に提出したものの、その内容は何ら実を結ぶことなかった上、審議会そのものも一九四〇年に廃止された。その点では貴族院は戦時という特殊情況によって従来のあり方を守ったように見える。

一方で、国家総動員法などの戦時立法や大政翼賛会の成立により、政党や議会の力が削がれ、発言力を失っていったというイメージも未だに根強い。たしかに、近年、古川隆久氏や米山忠寛氏らの研究によって戦時下であっても政党勢力が一定程度の影響力を持ち、時には国内の安定を必要とする内閣から協力を求められるほどの存在であったことが示されている（古川隆久『昭和戦中期の議会と行政』吉川弘文館、二〇〇五年、米山忠寛『昭和立憲制の再建一九三二～一九四五』千倉書房、二〇一五年）。しかし、政党勢力はそうであっても、貴族院がそれだけの力を発揮できたわけではなかった。戦時の圧力は貴族院にはやはり効いていたと言える。

たとえば、多年の懸案であったという宗教団体法の成立（『研究会史』一八〇～一八一頁）、研究会の決議拘束主義の撤廃（『研究会史』一九六頁）など平時で成立しなかった案件が成立を見ているのである。特に決議拘束主義についての次の記述は意味深長である。

近衛新体制が発足するや研究会は常務委員会において先ず新体制に即応する態度を決めたが、衆議院の政党解消などの情況から、政見の発表に挙国一致が求められて来るので、今後の議会での態度はすべて政府に協力しなければならなくなると判断し、政策や法案について批判の余地がなくなり、会が今日まで堅持して来た決議拘束主義が無意味となった。既に拘束主義には会内で革新派からしばしば撤廃すべきものとの意見が出ていたし、貴族院制度調査会でも拘束は治安警察法に抵触するのではないかと指摘されていたことは既述の通りであって、貴族院の各会派中にはこの様な決議拘束主義を規定している会は他にはなく、一人一党とか、各自の政見は自由としていた（『研究会史』一九六頁）。

研究会は明治時代以来、政府に対して「自制」的傾向があり、桂園時代には幸倶楽部と提携して桂内閣を支える基盤ともなった（小林和幸『明治立憲政治と貴族院』吉川弘文館、二〇〇二年）。その一方で第一次西園寺内閣に入閣した堀田正養を除名するとともに、秋元興朝を中心とする談話会の勢力と徹底的に争い、一九一〇年（明治四四）の改選に際しては圧倒的勝利を収めるなど、勢力維持にかなりの力を注いできた（西尾林太郎『大正デモクラシーの時代と貴族院』成文堂、二〇〇五年）。このようにして維持された巨大会派としての存在感が政権に対する影響力を担保した。政権を支持するとはいえ、いざというときは重要政策の死命を制するだけの数の力をもっていたからこそ、歴代政権が研究会を無視しては政権運営をできなくなっていたのである。

この会としての一体性を保持する上で重要な役割を果したが有爵者議員選挙に際しての、無制限連記制という投票方式と研究会の決議拘束主義だった。

実際、水野勝邦氏が本書で指摘するように、決議拘束主義は幹部専制の道具であった。無制限連記制を盾に選挙団体の幹部が子爵、伯爵の同爵集団ひいては子爵議員、伯爵議員をコントロール下に置き、その力を決議拘束主義によって勅選議員、多額納税者議員に及ぼして研究会という巨大会派を動かす仕組みになっていた。その集団の力が政府に対する圧力となり、研究会、ひいては貴族院の政府への発言力につながっていたのである。そうであるからこそ、決議拘束がなくなることは政府に対する発言力を弱めることになるのは明らかであった（『研究会史』一九七〜一九八頁）。

しかも、これは戦時に限らない話である。もし、日中戦争が終結して平時に戻った時、あれは戦時という特殊情況だったからということで、決議拘束主義を復活できるだろうか？貴族院改革でしばしば議論に上った無制限連記制は確かに残ったが、それのみで研究会という大きな集団をまとめ続けることは、どこまで可能だったのだろうか。そう考えた時、戦後の発言力すらも失いかねない決議拘束主義の撤廃が、それは近衛が満州事変以前から主張していた改革であるが、戦時という特殊情況で、戦争協力という大義名分の下、大政翼賛会の成立などを梃子にして成立したことの意味は大きいと筆者は考える。

このような研究会単体での発言力の低下の契機が見られる一方、貴族院総体として見た場合、戦時下での活動には興味深い点も見られた。一九四一年に設置された貴族院調査会である。『研究会史』二〇二頁以下に言及される貴族院調査会は、それ以前はなかなか実現がされなかった会派横断的な調査組織であった。しかも、同時に衆議院に設置された衆議院調査会が、近年の研究において戦後自民党政治下における事前審査制との関係から注目されるように、貴族院調査会の活動と戦後政治との関係は検討されるべき課題といえる（衆議院調査会の位置づけについては矢野信幸「戦時議会と事前審査制の形成」（奥健太郎・河野康子編『自民党政治の源流』吉田書店、二〇一五年を参照））。

このような戦時下で実現した諸変革が大日本帝国憲法が戦後も存続し続けたときどのような作用をもたらしたか、今となっては知るべくもないが、日本国憲法成立とはまた違った形でのインパクトを日本の議会政治に与えたのではないかと思われる。

二、敗　戦

しかしながら、周知のように日本はポツダム宣言を受諾、連合国に降伏した。敗戦である。昭和編の記述に従えば、敗戦は貴族院議員らに困惑や悲哀、惨めさをもたらしたようだ。

光輝ある日本を敗戦国とした責任は議会にもあるし、今後日本の存在についての責務など重且つ大であることは充分に心に焼き付いていたが、今はどうすればよいのか、方策は何も浮かんでは来なかった。只「お召によって議員として議会に参じたとする」それだけでしか脳裏にはなかった。(『研究会史』二五三頁)

議会はその活動は認められたが総司令部の支配下の存在であった。敗戦国として当然ではあるが、形式的存在となった。(中略)しかも書類は降伏文書の第五条に「軍事管理期間ハ英語ヲ以テ一切ノ目的ニ使用セラルル公用語トスル」となっているから、日本語訳文は日本人のための便宜上のものに過ぎないこととなっていた。それ故翻訳上から両国間に種々な問題が起って来る。これも敗戦国の悲哀であった。(『研究会史』二五四頁)

幣原首相は総司令部から出される対日処理の諸指令の実施の責任を負って、戦争犯罪人の逮捕、財閥の解体、農地の解放、公職追放などと敗戦国の惨めさの渦の中に立たされることとなった。(『研究会史』二五五頁)

こうした表現からは、戦争の終結によって軍人からやっと政治を取り戻せたという感覚や、混乱はありつつも、復興に期待する感情とも違った感情を貴族院議員が抱いていたことがよく伝わってくる。敗戦への責任感から貴族院議員を辞職した大島陸太郎や松平康晴らの行動はその象徴的事例といえるのだろう(『研究会史』二六七～二六八頁)。

さらに、昭和編には戦争を担った人々へアンビバレントな思いも記されている。たとえば第八十九議会について次のような記述がある。

先ずこの議会での論議は戦争責任の問題であった。戦争責任はどう追及してよいのか、敗戦国が処分することは不可能に近かった。軍人は戦争の責任者ではあるが、一面功績もあり、活躍には敬意を払う必要もあったし、戦没者への感謝や遺族への同情論も少なくなかった。(『研究会史』二五八頁)

また、この問題は公職追放とも連動した。

日本が無条件降伏し敗戦国としての処分を受けることは覚悟はしていたが、その具体的な事は誰れも分らなかった。その受けなければならない処分の第一がこの追放令であった。条項や文意はかなり不明確であって解釈によりかなりの巾があった。例えば「極端なる」とか「有力なる」はそれで、追放にならない人物は無力者との不名誉な立場に立たされることになったし、「戦争に駆り立てた人物」とは、広義に解するならば、日本の全指導階級がその対象となって国の中核は全部失脚し、国内は混乱するかも知れないと思われた。(『研究会史』二六二頁)

こうした思いもあってか、昭和編では議員の公職追放について多くのページを割き、かつ、「G・H・Qは資料を充分に検討したとは思えない、一方的であった様だ。判断の基準のとり方など了解できないことがあった。」と否定的評価を下している(『研究会史』二七三頁)。

三、新憲法と貴族院

このネガティブな意識は戦後日本の出発点となった新憲法に対するネガティブな表現にも現れている。

憲法改正を審議する第九〇臨時議会は六月二十日に開院式が行われて、十月十二日までの一一四日間に渉る空前の長期議会であった。しかも日本の将来はどうなるのか。例え新憲法が制定されても占領は解けないし、改正も占領軍の占領政策の一環として指示を受けての改正であるから、前途については誰も確信はなく、その上戦後の極めて不自由な、不安定な生活に耐えての公務であった。議員一同心を励まし、全知全能を集中して、敗戦国から新生日本として立ちあがるための第一歩として、憲法の改正の任に当たらねばならなかった。

憲法改正については、憲法条文には明記されていて、その手続については承知はしていたが、誰がこの様な形で改正が実際とり行われることとなると予想し得たであろうか。占領下であるからその指示に従って行うのであって、結局は貴族院議員が自分達がやがてその職から消えるであろう処の改正案を、自ら審議しなければならなかった。占領下なるが故に生じたことではあるが、悲痛な立場に立たされることとなった。(『研究会史』二八九頁)

この記述からは憲法の審議を新生日本の復興として素直には喜べていないことが強く伝わってくる。しかも、公職追放などで議員の顔ぶれも大きく変わり、新たな情況を背景に従来の慣例とは異なる行動をとる議員が出るなど、混乱が生じていたことも昭和編の記述からはうかがえる。

敗戦、占領の中の貴族院議員の心境は思うにあまりあるが、彼らは新憲法の審議などを通じて、近代日本の、また、そこでの華族の在り方について問い返しをしていたようだ。たとえば、憲法草案を事前に調査検討した研究会政務調査会に関する、大河内輝耕についての次の記述を挙げることができる。

内容では天皇の地位につき議論され、中でも大河内輝耕子は熱心に取り組まれた一人で、一字一句にも疑問があれば指摘した。天皇を国民の象徴としてある点について疑問があり、地位と権限とが弱小である点を問題としたが、大河内子は「これでよいのだ」との考えを一貫して示し、「過去を顧みると天皇に地位と責任を持たせておきながら、実際には他の者がそれを利用したではないか」と主張した。（『研究会史』二九〇頁）

また、憲法改正特別委員会で副委員長を務めた橋本実斐は次のように感想を述べたという。

ＧＨＱは一代華族制はよいといっていたにも拘らず、日本は華族制度の存置迄を殊更に遠慮した。今日世の中が落ち付いて来ると、復活しておけばよかったともいわれるが、果たしてどうか。当時の華族の人々の行動が必ずしも全部が立派であったとも限らない。これでよいと思っている。（『研究会史』二九九〜三〇〇頁）

自らが歴史の審判に立たされているという実感が過去への問い返しを促したようにも思えてくる。その思いは水野勝邦氏が『貴族院の会派研究会史』を執筆した動機でもあったようだ。「むすび」の次の記述はそれを強くうかがわせるので以下に紹介しておきたい。

今顧みて研究会が明治憲法下において何をして来たか、又どれだけ憲政を通じて国家に貢献できたか。既に記録の上からは多くの論評が見られるが、今更めて形には表われていないその中に遺され貫ぬかれた信念を認めたい。

それは皇室の御信任を拝しての国家への奉公であった。時にはその努力は実らず、一般から特権社会として批判を受けた。だがそれに屈することなく、明治憲法の消滅まで全うした。帝国議会の最後には憲法改正の審議と協賛の大任を荷い、敗戦国として占領下の議会運営となり、貴族院議員自らが、貴族院消滅の憲法を可決成立させたのである（『研究会史』三二四頁）。

四、通史としての『貴族院の会派研究会史』昭和編

以上、筆者の関心に沿って昭和編を通じて戦時、戦後の貴族院の活動を概観してきた。次に視角をかえて『研究会史』の持つ特色について検討していこうと思う。

まず、『研究会史』をある集団の活動の通史として見た場合、次のようにまとめることができると考える。それは、当時の研究水準でのオーソドックスな歴史理解に基づく時代状況の推移と、貴族院内の動向を、貴族院会派にやや擁護的に描いた、というものである。そして、叙述としては、ことさら顕彰することもない抑制的な叙述となっている。それが戦争指導や、戦時体制への協力／抵抗、民衆の動員、民衆が被った被害といった、よく取り上げられるテーマとの切り結びが弱いという特徴を『研究会史』に与えることになった。

その結果、昭和期の貴族院勢力が時代の趨勢に大きな影響を与えなかったとする研究者の通説的理解とも相まって、『研究会史』が貴族院研究者以外には利用されてこなかったのが実情ではないだろうか。

余談になるが、正直に白状すれば、筆者（今津）も初めて本書を読んだときの記憶は曖昧である。学部ゼミで桂園内閣期の『原敬日記』を読み、「よくわからない集団」と感じた貴族院について、卒業論文で大日本帝国憲法起草前後の多額納税者議員や、大正一四年の貴族院改革などを調べることから貴族院研究へと進んだ筆者としては、明治・

大正編はしっかりと読んだように思うのに対し、修士論文もメインは第一次若槻内閣期の大正一五年だったので、昭和編は博士課程に入ってからしっかりと読んだというのが実情である。会派同士の政治的争いや制度の変化という点に興味があったのもあるが、前のことから順番に理解しないと頭が追いつかない筆者としては戦時体制期の貴族院については遙か先のことと思っていたのは確かである。そんな人間が『研究会史』の、それも戦時体制期から解散までの部分の解説を担当することになったのだから、何がどう転ぶかわからないものである。

さて、この『研究会史』、そうはいっても刊行当時には戦時期の国内の政治過程を描く研究が、戦時体制の構築、国家総動員法関連や衆議院議員による戦争への抵抗や協力といった点を除けばそれほど多いとはいえない状況下では希少な成果であったのは間違いない。ただ、本文中にも述べられているが、戦災による資料の喪失（『研究会史』二二九頁）や、他の歴史資料の公開状況が不十分だった時代状況の結果、文書実証主義の点からは不十分さが拭えない。もっとも、これは後世の研究者に託された課題である。実際、本書で詳細への言及がない内容でも近年の資料発掘や資料公開の進展から明らかになったものもある。例えば、貴族院議員も参加した翼賛政治会の活動について、本書の第四章第五節に言及があるが、成立過程や役員、委員の就任などに止まり、活動の実態までは描かれていない。しかし、本書の刊行されたころから、『資料日本現代史』五（大月書店、一九八一年）や『大政翼賛運動資料集成』（柏書房、一九八八年）や古川隆久編・解説『戦時下政治行政活動資料』（「十五年戦争極秘資料集」補巻四四〈全三巻〉、不二出版、二〇一五年）などが刊行され、活動の実態が明らかになってきている。

また、敗戦後の内容から拾えば、日本国憲法萍研究会がその例にあたる。同研究会について、『研究会史』では第五章第五節七に次の記述がある。

日本国憲法は正規の改正手続によって成立し公布になったのであるが、その後に不備不満が出て来た。憲法改正を協賛した者の中にもいろいろ議論が起り、その一つに貴族院の憲法改正特別委員会に関係のあった有志は〈日本国憲法苹〔萍〕研究会草案〉を作成（昭和二十九年一月）して、今後の研究資料として提供するとし、その望む処は「憲法の本質に鑑み、法律以下の法令を以て規定するを適当とする手続規定的の条文を除き、不要の形容詞を去り、国憲の大綱を規定した簡素のものとし、明治の如く洗練された日本語で表現するにある」として草案を示しているが、これも尚現行憲法に近いものである。（『研究会史』三〇〇頁）

ここで言及のある「日本国憲法萍研究会」およびその活動の成果である憲法草案については、その一部が、元貴族院書記官長で同研究会の世話役的存在だった小林次郎によって「元貴族院議員団有志による日本国憲法草案」と題して発表されたが（『国会』第一〇巻七号、一九五七年）、その活動の実態はながらく不明だった。それが近年、同会の活動を示す資料が発見され、赤坂幸一編・校訂『初期日本国憲法改正論議資料』（柏書房、二〇一四年）として刊行された。

『研究会史』の記述もこうした史料状況の改善に応じた検証により、叙述の相対化・再評価がなされる時代になったのである。

五、証言録としての『貴族院の会派研究会史』昭和編

その一方で、著者である水野勝邦氏所蔵資料や執筆当時に存命していた関係者への聞き取りなど、現在では入手できない歴史資料が用いられている点は『研究会史』に独自の価値を与えている。

まず言えるのが、水野勝邦氏自身が一九三九年以後、貴族院議員として活動していたことで、本書は当事者による

記録という性格を有していることである。このことは『研究会史』で度々示される「貴族院議員は〜であった（思っていた）」という記述に重みを加える。特に『研究会史』第三章以降は、自身が議員を務めていた時代にあたり、「貴族院議員」を主語とする叙述が、水野勝邦氏もしくは氏が同時代に感じ取った貴族院議員たちの偽らざる実感を反映していると読むことができる。

その水野勝邦氏が執筆したからこそ記録されたのが、『研究会史』の二三四頁にある「或る若手議員の和平運動」である。水谷川忠麿（男爵、近衛篤麿四男、近衛文麿は実兄）を中心とし、近衛文麿の支援を期待するこの和平活動は他の文献で記述されることもあまりない。

貴族院議員による和平運動、終戦工作については重光葵と加瀬俊一（かせとしかず、いわゆる「小加瀬」）が貴族院書記官長だった小林次郎に連絡を取って進めていたことが確認されているが（尚友倶楽部・今津敏晃編『最後の貴族院書記官長小林次郎日記』芙蓉書房出版、二〇一六年）、小林らを通じた重光の活動が貴族院議長徳川圀順や松平康昌ら「貴族院の高名なる幹部」への接触だったので、水野勝邦氏らの活動と重なるところは少なかった。一方、近衛の周辺では高松宮や細川護貞を含む重臣グループによる東条内閣打倒、和平工作の動きがあった。

このような種々の和平工作が一部重なり合い、また互いに接する形で進められていたことが昭和編の記述から浮かび上がってくるのである。当事者の一人である水野勝邦氏が書かなければ、歴史の闇に埋もれていたかもしれないエピソードが記されたことは『研究会史』の持つ特徴をよく表している。

また、入閣者や政務官就任をしっかりと記述しているのは本書の特徴である。

近年では古川隆久氏が一連の研究で、閣僚や政務官への旧政党員の就任に着目し、当該期の政治において旧政党勢力の影響力上昇を指摘しているが、それと視点を共有している、もしくは、議員経験者である著者の叙述が、古川氏の視点を補強しているとみることもできるのではないか。

学術的手続きを踏んだ検証が必要であることは当然だが、このように同時代人による証言録としての価値があることは、明治大正編とは異なる価値が昭和編にあることを示している。

むすびにかえて

以上、見てきたように『研究会史』にも内容上の、また、視角や叙述上の特色を指摘することができる。こうした指摘を踏まえて、今後の読者には『貴族院の会派研究会史』を活用して欲しいと考える。著者の水野勝邦氏は「むすび」で次のように述べている。

明治憲法の改正以来三〇余年が過ぎた今日では、研究会の存在すら忘れられようとしている。それ故今はこれらの記録を残さなければならないと考えた。何十年か、或は何百年後に歴史家は研究会をどう評するか、その時が研究会の価値が決まるのである。我々はその批判を認め受け入れなければならないと思っている。（『研究会史』三二四頁）

この表現を援用すれば、研究会だけでなく、『貴族院の会派研究会史』の価値も後世の歴史家の評価によって決まることになる。バトンは読者の手にあるのだ。

【解説】『研究会史』著者　水野勝邦
―中国と貴族院研究に捧げた生涯―

皇學館大学文学部助教
長谷川　怜

水野勝邦は、一九〇四年（明治三十七年）六月二十七日、水野家（旧結城藩主：子爵）第十九代として東京市小石川区に生まれた。父親は貴族院の会派「研究会」で中心的役割を果たした水野直《なおし》＊1であり、母親は、水野忠敬（沼津）の三女貞子《ていこ》である。

学習院在学中の活動と満洲修学旅行

勝邦が学習院初等科に入学したのは一九〇九年である。当時の院長は陸軍大将の乃木希典で、乃木が一人ひとりを面接した。勝邦も乃木による面接を受け入学した。

中等科に進学すると、自宅を離れて目白のキャンパス内に設けられた寮に入寮した。勉学に励むかたわら、毎年三月に開催された全寮茶話会や輔仁会（学習院の学生組織）の大会では演劇に参加し、「ヴェニスの商人」のバッサーニオや「ウィリアム・テル」のテルなどを熱心に演じた。

学習院時代の勝邦を語る上で重要な出来事は、一九二五年の夏季休暇に実施された満洲修学旅行である＊2。この旅行に参加した勝邦は帰国前に病にかかり、哈爾賓日本共立病院で入院を余儀なくされるというトラブルに見舞われるが、「強い感銘をうけたのです…この旅行から中国と取り組む決意を持ちました。それからは、事に臨み、考えるのに常に中国研究を前提とし…」と後に回想しており、この旅行を契機として中国研究を志すことになった＊3。なお、旅行中に収集した各地のパンフレット類や二〇三高地の石などは封筒に入れて現在も丁寧に保存されている＊4。

東京帝国大学進学から外務省在外研究員―中国研究のはじまり

一九二八年（昭和三年）に学習院を卒業すると、東京帝国大学文学部に進学した。大学では「支那哲文学」を専攻した。指導教員となったのは漢学者の塩谷温《しおのやおん》であった。塩谷は勝邦の父である直と学習院の同窓生であり、親交は生涯にわたって続いた＊5。

一九二九年に父親の直が死去すると、勝邦は水野家第十九代の当主となった。直は研究会の領袖として昼夜を分かたず精力的に動き回っており、勝邦とは日常的にコミュニケーションを取る時間があまりなかったようである。勝邦は、父親の生前は「学生生活を終つて居らず…殆んど顔を見なかつた。話をしたことも一年を通じて指折数へる程」であったと後に回想するが、父から「人間の一生は真に短いものである。その間に為すべきはなし働けるだけ働かなければならない、一生を平凡に過すとも唯無暗に終るに忍びないものがある」という人の生き方について示唆を受けたと記している＊6。

一九三一年（昭和六年）、大学院に入学すると同時に昭和第一商業学校講師となった。同年、外務省派遣中華民国調査員を委嘱され、六月〜十一月に中国へ派遣された。この派遣期間中、勝邦は溥儀とも対面している。溥儀『わが半生』には、一九三一年七月二十九日、天津で満洲行きを待つ期間中に勝邦の接見を受けたことが記されている＊7。

大学院修了後、一九三三年からは専修大学講師を務め、経済学部で東洋経済事情や中国文化の講座を担当した。

一九三一年の中国派遣を皮切りとして、勝邦は中国や台湾に渡航して精力的に調査を行った（表参照）。一九三一年の派遣では「胡琴の響　中華民国旅行土産」と題した映像記録も残している。勝邦が中国を訪問したこの時期は満洲事変の直後であり、上海市内に各種の抗日ポスター、ビラが貼られていた。それらを丹念に撮影した映像も含まれており、当時の中国における対日感情を考察するうえでの資料的価値は高い。

数年間に及ぶ中国研究の実績が認められ、一九三八年三月には財団法人日華学会からの推薦で任期二年の外務省在支特別研究員に選出された（所轄は文化事業部）。派遣地は北平（現在の北京）である。

調査時期	調査地(滞在地)	調査題目／渡航理由
1931年6月～11月	北平	語学
	天津	支那全般予備知識
	河南・陝西	支那上代史蹟
	河南	中支那綿花
	上海	国際都市トシテノ上海
	青島	山東半島ニ於ケル独逸ノ施設
1932年9月～8月	青島	山東省経済事情
	上海	上海事変ト上海
1933年6月～8月	台湾	台湾ノ漢人、南支トノ関係
	上海	支那思想問題
	蘇州	日本租界ノ問題
	福州	福州ニ於ケル十九路軍
	汕頭	汕頭ノ排日
	香港	香港ニ於ケル支那勢力
	澳門	澳門ニ於ケル支那人
1934年8月～9月	山海関	満漢人ノ国民性
	山海関	満支関税問題
	北平	北支経済事情
	天津	停戦協定後ノ北支
1935年8月～9月	上海	中国経済資料蒐集
	南京	国民政府及首都
	九江・南京	新生活運動
	漢口	長江経済、日本租界
	長沙	長沙事情
	桃源	共産軍占領地視察
1936年7月～9月	済南	山東ト日本ノ関係
	北平	北支事件後ノ事情
	通州	冀東地域
	包頭	蒙古通商
	包頭	黄河貿易
	太原	経済建設計画
1937年7月～9月	英領香港、暹羅、馬来半島、蘭領東印度、比律賓	南洋華僑

「水野勝邦履歴書」(外務省外交史料館蔵)より作成。調査題目名は履歴書に記された内容ママ。

特別研究員としての研究題目は「現代支那文化ト社会経済思想ノ研究」であり、「蒙古民族文化視察旅行」をはじめ、各地での調査旅行を実施した。現在、外務省外交史料館には勝邦がまとめ文化事業部から関係者・機関へ配布された報告書「北京ノ新聞ニ就テ」＊8、「満洲蒙古旅行により得たる対蒙問題の結論」＊9などが所蔵されている。

外務省在支特別研究員となった一九三八年には、専修大学教授にも就任し、日本での研究環境も整い中国研究に邁進することとなった。

水野公館の設置と北京での生活

外務省からの派遣二年目にあたる一九三九年、勝邦は北平の西城屯絹胡同（現在の北京市西城区）に住居「水野公館」を構えると共に、北支那開発会社調査局の嘱託を兼任した。

勝邦は中国滞在中、各地での現地調査の成果を報告書にまとめて様々な専門雑誌に掲載していた。対象とする地域の歴史や地理的な概説、近代以降の状況や同時代の日中関係における位置づけなど詳細なデータを提示しながら緻密に記述している。現地（中国側）機関が作成した統計資料もふんだんに活用したこれらの論稿は勝邦の面目躍如たるものがある。

貴族院議員として

北平に水野公館を開設した一九三九年、勝邦は貴族院議員（子爵議員、研究会所属）に当選し、研究会では調査部理事を務めた。

勝邦は外務省文化事業部長宛に「議員トシテ其任ヲ全フスルト共ニ従来通リ研究モ相続度候」旨の届出を提出し*10、同様の通牒が在中華民国日本大使館名で外務大臣宛に送られて許可を得た。通牒には「議会開会中ハ自然登院ノ筈ニ付、併テ御了承アリ度」との文言があり、通常は中国に滞在していても議会には出席することが許可条件になっていたことが分かる*11。

北京に拠点を置く「中国通」議員として、研究会の中国視察・皇軍慰問では現地での

水野公館内の貴族院議員皇軍慰問団一行（左から宍戸功男、柴田兵一郎、一人おいて丸山鶴吉、水野勝邦）
一般社団法人尚友倶楽部蔵

案内も行った＊12。議員として皇軍慰問には二度参加している。

議員となった勝邦は、予算委員会委員を務め＊13、また戦時期には議員の傍ら一九四〇年に拓務省委員、一九四三年に大東亜省委員、一九四五年に大蔵省戦時財政参画委員会委員を兼任した。この時期、勝邦は家族と共に茨城県（結城）へ疎開しており＊14、議会出席に合わせて東京と結城を往復し、また中国へも渡航するという多忙な生活を送っていた。

議員時代の勝邦について特筆すべきは、東条内閣打倒運動に加わり活動したことである。勝邦は、昭和十四年の有爵議員総改選で当選した若手議員の集まり「十四会」の一員として島津忠承（公爵）、桂広太郎（公爵）、中山輔親（侯爵）、坊城俊賢（男爵）、水谷川忠麿（男爵）、島津忠彦（男爵）、村田保定（男爵）らと会合を行い、一九四二年頃から東条内閣打倒のための行動を開始した。彼らは戦争に勝利する見通しがないことを悟り、研究会の上層部に働きかけ政権へ圧力を加えることで東条の更迭を実現しようとした。この運動は極秘のうちに行う必要があり、勝邦らは「東条さんの輩下のスパイ」に会合場所を特定される恐れがあったため場所を「何度も何度も変えて、自転車でいった」と語っている。水面下で活動するグループは勝邦らの十四会以外にも存在し、皇族・重臣・貴族院と華族という幅広いつながりを持って他方面で運動が行われていた＊15。

勝邦は一九三九年から一九四四年にかけて、合計二十二回にわたって日中を往復したが、一九四四年末に議会出席のため一時帰国し、戦局悪化のため再び中国の地を踏むことなく疎開先の結城で終戦をむかえた＊16。

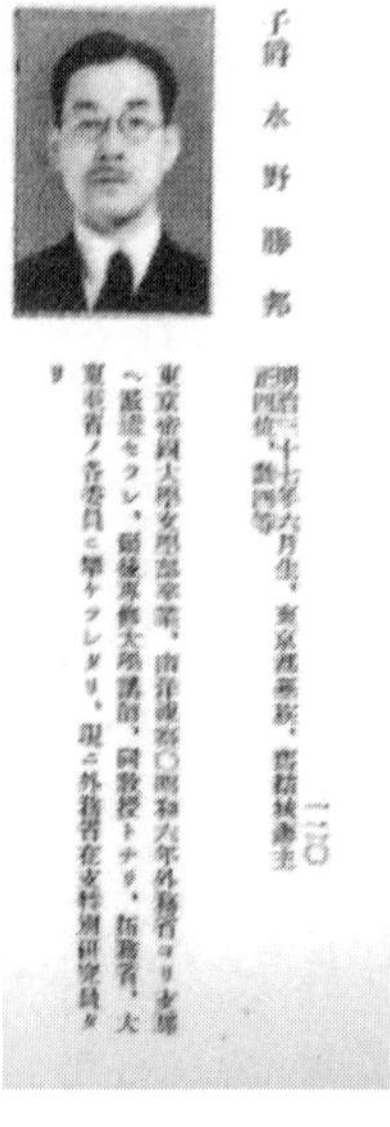

『貴族院要覧』に掲載された勝邦の顔写真とプロフィール（筆者蔵）

敗戦後の一九四六年（昭和二十一年）、勝邦は研究会協議員

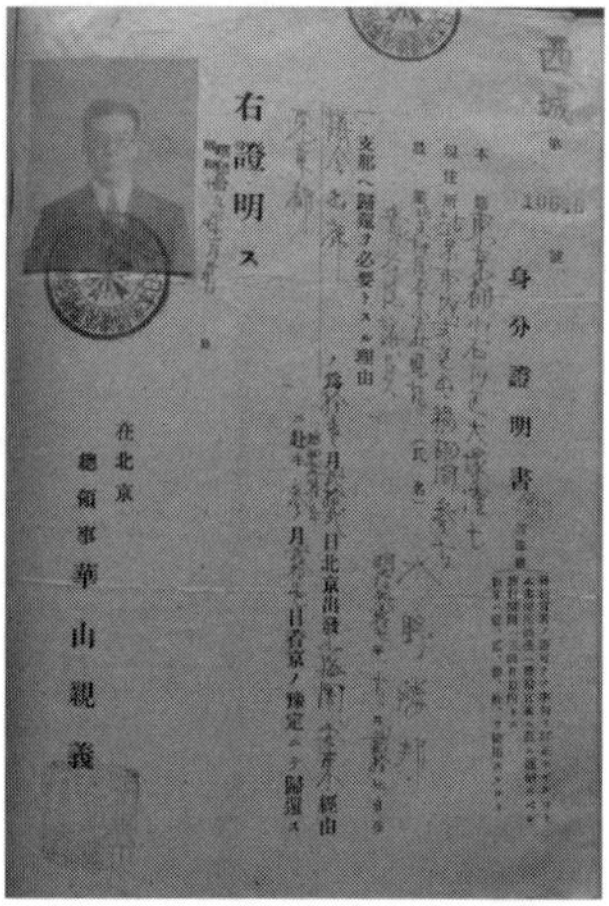
身分證明書
右證明ス
在北京
總領事　華山親義

1944年末に北京から一時帰国した際の証明書
（学習院大学史料館蔵）

会常務委員となった。この人事は、委員から公職追放による辞任が見込まれたための補充であり、勝邦は岡部長景の補充として就任している。

一九四七年、前年の日本国憲法公布によって帝国議会は解消し、新たに国会が生まれた。当初アメリカは一院制を提示したが、政府は二院制の必要性を主張し参議院の設置が認められた。貴族院では特別委員会が組織され、参議院議員選挙法案の制定に向けた審議を行った。研究会からは勝邦を含む十四名が指名され、委員長は林博太郎が務めた＊17。

勝邦はこの時期、「貴族院消滅と研究会の解散」という手記を書いている。当時から貴族院の存在意義について考え、また記録を残そうとする強い意識を持っていたことのあらわれである＊18。その意識は後に、貴族院研究の成果として昇華することになる。

中国研究

一九三二年の講師就任以来、勝邦は長らく専修大学に所属してきた。どのような契約形態であったのかは不明だが、中国滞在中及び議員当選後も専大では「東亜経済」、「経済地理」、「支那産業の特質」といった講義を担当しており＊19、中国での調査・研究の成果は大学の講義によって社会へ還元されていた。

一九四九年に同大学を辞職すると、翌年、立正大学経済研究所研究員に迎えられ、さらに経済学部助教授に就任して再び教育に従事することとなった（一九六〇年に教授、六一年に学部長）。麗澤大学では非常勤講師を務めた。大学では中国経済を中心に講義を行い、またゼミを運営した。経済発展や工業地域の構成、鉄道建設、農業発展と労働力などに関する論文を主に立正大学の『経済学季報』に執筆し、旺盛な研究活動を展開していた。

ジェスチャーを交えた講義は非常に好評で、常に教室は聴講する学生で満員だったというエピソードも残っている。

貴族院研究への取り組みと尚友倶楽部

勝邦が尚友倶楽部の理事に就任したのは一九五二年（昭和二十七年）三月である。勝邦は、国政に多大な貢献をした研究会の後身にふさわしい事業を行うことが尚友倶楽部の存在意義であると考えていた。そして、昭和四十年代になると「ともすれば社会から忘れられようとしている貴族院のことを、一日も早く調査研究しておかなければ、悔いを千載に残すであろう」＊20との思いから、貴族院研究会に関する資料の収集と調査を開始した。

酒井忠正、岡部長景、橋本実斐ら尚友倶楽部の歴代理事長が支援し、勝邦と京極高鋭の共同作業によって一九七一年に『研究会史』が刊行された。本書の刊行後、尚友倶楽部会員や関係者から多数の資料・助言が寄せられ、勝邦は自身でも資料を精力的に収集して研究を継続した。その成果を用いて一九八〇年に『貴族院の会派研究会史　明治大正篇』を、二年後には『貴族院の会派研究会史　昭和篇』をそれぞれ新たに刊行した。

なおこの間、勝邦は別冊として『貴族院の会派　研究会政治年表』（一九七五年、尚友倶楽部。加筆・増補を行い一九八二年に『研究会政治年表』として再刊）及び『華族会館の百年』（一九七四年、霞会館）の編集にもあたっている。前者は、大政奉還から貴族院解消に至る約八十年間にわたり研究会会員と

貴族院研究に取り組んでいた時期の勝邦。自宅書斎で撮影

研究会の活動の詳細な記録である。当時の尚友倶楽部理事長である橋本実斐による序文には、当時の勝邦について「夏冬を通じて払暁四時に起き八時の出勤に至る三時間を以て」執筆にあたったことが記されている。後者については、大久保利謙、稲垣長賢、林友春らと編集委員を務め、勝邦は貴族院に関わる第三章〜八章を執筆した。

一九七六年、霞会館に貴族院関係調査委員会が設置されると、勝邦は大久保利謙と共に委員となり『貴族院と華族』出版に向けて構成と執筆方針の策定、執筆・編集に従事した（一九八八年刊）。

また、明治時代における貴族院子爵議員選挙の派閥抗争について『貴族院子爵議員選挙の内争』を一九八七年に出版した。勝邦は出版にあたり「当時の良識の府とされた貴族院でも、今の政界と同じように、多数派工作のために金が動いた。現在の政治や参院のあり方を考えるうえで手がかりになれば」と語り＊21、強い信念を持って貴族院の記録を後世に残すため努力すると共に、現代的な課題も持ちながら研究を行っていたことがうかがえる。

一九八八年一月十二日、勝邦は神奈川県の病院で死去した。戦後は大学での中国研究の傍ら、貴族院関係者の未公開史料を精力的に渉猟して成果をまとめた。死去した後も、勝邦が収集した史料を基礎とした史料集が刊行されている＊22。貴族院の歴史が忘却されようとしていることに危機意識を持ち、華族議員の活動の事実を伝えることを使命とした後半生であった＊23。日中を往復するという苦労を背負いながら、議員として「国を愛し民を愛し最も正しい道」＊24を歩んだという矜持こそ、精力的な貴族院研究の原動力であっただろう。勝邦の戦後の取り組みによって、それまでほとんど研究蓄積のなかった貴族院研究の基礎が形作られ、現在に続いているのである＊25。

本稿の執筆にあたっては、上田和子氏・水野勝之氏・水野節子氏から多くの史料の提供を受け、同時に聞き取りにより様々な情報をご教示頂きました。また、関係史料の閲覧に際しては学習院大学史料館の長佐古美奈子氏のご協力を得ました。記して御礼申し上げます。

註

1　水野直は、水野忠幹（新宮）の五男で、結城水野家の養子となり跡を継いだ。一九〇四年から一九二〇年、一九二二年から一九二九年にわたって貴族院議員を務めた。直については、川辺真蔵『大乗乃政治家水野直』（水野勝邦、一九四一年）、尚友倶楽部調査室『水野直子を語る　水野直追憶座談会録』（社団法人尚友倶楽部、二〇〇六年）、尚友倶楽部調査室・西尾林太郎・松田好史編『貴族院研究会の領袖　水野直日記―大正五年～大正七年』（一般社団法人尚友倶楽部、二〇一七年）を参照。

2　学習院の海外修学旅行については、拙稿「満洲を旅した学生たち　旧制学習院の満洲修学旅行を事例として」（福井憲彦監修・伊藤真実子・村松弘一編『世界の蒐集　―アジアをめぐる博物館・博覧会・海外旅行』（山川出版社、二〇一四年）を参照。勝邦が参加した旅行の概要は「海外修学旅行」（『学習院輔仁会雑誌』第一二五号、一九二五年）を参照。

3　水野勝邦「私と中国（旅の思い出）」（一九七五年、上田和了氏蔵）。

4　現在は学習院大学史料館蔵。

5　塩谷は勝邦の娘の名付け親にもなり、水野家には塩谷による命名書が保存されている。

6　水野勝邦「序」『大乗乃政治家水野直』。

7　愛新覚羅溥儀（小野忍ほか訳）『わが半生　「満州国」皇帝の自伝』上　筑摩書房、一九七七年、二四六頁。

8　「北京ノ新聞ニ就テ（支那視察報告第六号）」（文化_56、一九三九年　外務省外交史料館蔵）。

9　前掲「在華本邦特別研究員関係雑件」所収。

10　水野勝邦「御届」（前掲「在華本邦人留学生補給実施関係雑件」）。

11　「在支特別研究員水野勝邦ノ貴族院議員当選届ニ関スル件」（在中華民国大使館参事官堀内干城より外務大臣有田八郎宛　一九三九年六月二十三日、前掲「在華本邦人留学生補給実施関係雑件」）。

12　一九四一年に水野勝邦が中心となり、土岐章、宍戸功男、柴田兵一、丸山鶴吉と共に行った貴族院皇軍慰問については、千葉功監修、尚友倶楽部・長谷川怜編『貴族院・研究会写真集』（芙蓉書房出版、二〇一三年）を参照。

13　議員としての自身の活動の詳細を勝邦自身はほとんど残していないが、委員会速記録や『朝日新聞』の記事などから、戦時期には貴族院外資金庫特別委員会で生保会社の整理統合に関する意見を述べたり、また戦後の貴族院選挙法委員会で制限速記投票制に関する討議に加わったりしていたことが分かる。

14 水野家が疎開先の結城で暮らしていた木造の家は、直が大正時代に池袋の猿田彦大明神から結城の城で埋蔵金が出るというお告げを受け、採掘事業を行った際の人足小屋を転用したものであった。ここでの水野家の生活は、『アサヒグラフ』に「お殿様藩士へ帰る」の見出しと共に写真が掲載された。

15 内藤一成『貴族院』（同成社、二〇〇八年）二〇六～二一二頁。霞会館編『貴族院と華族』（社団法人霞会館、一九八八年）五〇二頁。

16 この帰国（一九四四年十一月）の際、北京総領事の華山親義が発行した勝邦の身分証明書が残っている。本書類には、議会出席後、一九四五年三月に再び北京へ戻る予定であることが記載されている（学習院大学史料館蔵）。

17 本法案の審議については本書（『貴族院の会派研究会史　昭和篇』）三〇二頁を参照。

18 本手記に関しては、内藤一成が勝邦長女の上田和子氏から提供を受け、前掲『貴族院』で紹介している（二三四～二三五頁）。現在は一般社団法人尚友倶楽部所蔵。

19 前掲「中国研究の履歴書」。

20 渡辺昭「水野理事を悼みて」（前掲『桃花流水』）五頁。

21 「水野勝邦さん　元貴族院議員（人きのうきょう）」（『朝日新聞』一九八七年九月四日）。

22 『尚友倶楽部の設立事情と終戦前後の研究会 尚友倶楽部』（社団法人尚友倶楽部、一九九八年）など。「刊行のことば」には本書に用いられた数々の史料が勝邦によって収集され散逸を免れたことが記されている。

23 『貴族院と華族』（霞会館、一九八八年）諸言、大久保利謙「故水野勝邦君の業績 労作『貴族院と華族』の意義を思う」（前掲『桃花流水』）一二～一三頁、大久保利謙「『貴族院と華族』と故水野勝邦会員」（「霞会館会報」一九三号、一九八八年）。

24 水野勝邦「貴族院消滅と研究会の解散」。

25 勝邦の貴族院研究については、北原進「水野勝邦教授の近業について」（『経済学季報』第二十六号、一九七七年）も参照。立正大学で勝邦と共に教鞭をとった北原は、本稿の中で「議員として活躍されていた当時を強記していられる上に、諸記録を編集する労も厭われぬご性格」と勝邦を評している。

原著者
水野 勝邦（みずの かつくに）
元子爵、旧茨城県結城藩主の裔。明治37年生まれ。東京帝国大学文学部卒業、外務省在支特別研究員（北京留学）、貴族院議員（昭和14年7月～昭和22年5月）、研究会常務委員、社団法人尚友倶楽部常務理事、社団法人霞会館常務理事、専修大学、立正大学経済学部教授（同経済学部長、図書館長）、麗沢大学講師。昭和63年没。

編者
一般社団法人 尚友倶楽部（しょうゆうくらぶ）
1928年（昭和3年）設立の公益事業団体。
旧貴族院の会派「研究会」所属議員により、相互の親睦、公益への奉仕のため設立。戦後、純然たる公益法人として再出発し、学術研究助成、日本近代史関係資料の調査・研究・公刊、国際公益事業、社会福祉事業の支援などに取り組んでいる。その成果は、『品川弥二郎関係文書』『山県有朋関係文書』『三島弥太郎関係文書』『阪谷芳郎東京市長日記』『田健治郎日記』などの資料集として叢書44冊、ブックレット34冊が出版されている。

貴族院会派《きぞくいんかいは》〈研究会《けんきゅうかい》〉史《し》　昭和編

2019年11月18日　第1刷発行

原著者
水野《みずの》 勝邦《かつくに》

編　者
一般社団法人尚友倶楽部《しょうゆうくらぶ》

発行所
㈱芙蓉書房出版
（代表 平澤公裕）
〒113-0033東京都文京区本郷3-3-13
TEL 03-3813-4466　FAX 03-3813-4615
http://www.fuyoshobo.co.jp

印刷・製本／モリモト印刷

ISBN978-4-8295-0777-3